Lob für *Es gibt mehr*

»Brian Houston ist ein lieber Freund, der weiß, was Gott in deinem Leben tun kann, wenn du ihm alles übergibst. *Es gibt mehr* wird dir helfen, ein erfülltes Leben zu leben, indem du vertraust, dass Gott die Führung übernimmt. Nimm die Herausforderung an und lass dieses Buch dein Leben verändern.«

Rick Warren, Hauptpastor der Saddleback Church

»Wenn du jemals das Gefühl hattest, dass du für etwas Größeres geschaffen wurdest, dann ist Pastor Brian Houstons neues Buch *Es gibt mehr* genau das, was du brauchst. Vollgepackt mit geistlicher Wahrheit, tiefen Einsichten und praktischer Weisheit zeigt dieses Buch, dass deine Zukunft mehr bereithalten kann, als du je für möglich gehalten hast. Lies *Es gibt mehr* und mach dich darauf gefasst, dass Gott deinen Glauben aufbaut, dein Denken herausfordert und deine Sichtweise darüber erweitert, was er durch dich tun will.«

Craig Groeschel, Pastor der Life.Church und Autor von *Divine Direction: 7 Decisions That Will Change Your Life*

»Warum ist es so, dass die meisten von uns haben, was sie brauchen, und trotzdem nach mehr streben? Mein Freund Brian Houston greift diesen Zwiespalt auf und fordert uns in einer Weise heraus, wie nur er es kann. Wenn du dich auf dieses Buch einlässt, wirst du am Ende sehr viel größere Erwartungen an deine Zukunft haben, davon bin ich fest überzeugt.«

Steven Furtick, Pastor der Elevation Church und *New-York-Times*-Bestsellerautor

»Es gibt derzeit wohl kaum ein aktuelleres oder notwendigeres Buch. In diesen verwirrenden Zeiten müssen wir über unser begrenztes Denken und unsere zu kleinen Träume hinausgeführt und daran erinnert werden, dass unser Gott kein Gott der Verwirrung ist. In Brian Houstons *Es gibt mehr* werden wir ermutigt, an der Wahrheit festzuhalten und zu glauben, dass Gottes Friede, seine Kraft und sein Licht selbst in den dunkelsten Zeiten reichlich vorhanden sind und dass er durch uns unermesslich viel mehr tun kann und wird, als wir uns jemals vorstellen können.«

Roma Downey, Schauspielerin, Filmproduzentin und Vorsitzende von LightWorkers Media

»Brian Houston ist ein ganz außergewöhnlicher Leiter – Gott liebend, auf Jesus konzentriert, mit dem Heiligen Geist gesalbt, authentisch, glaubwürdig und jemand, der Pionierarbeit leistet. *Es gibt mehr* ist eine Schatztruhe voll mit inspirierenden, visionären Lehrinhalten und Leiterschaftsprinzipien, kombiniert mit faszinierenden Anekdoten und seinem eigenen mächtigen Zeugnis. Ich hoffe, du wirst das Buch genauso sehr genießen, wie ich es genossen habe.«

Nicky Gumbel, Vikar der HTB Church, London

»Brians Ansatz, zu erklären, wie man Gott sucht, im Glauben handelt, große Träume träumt und Gott vollkommen vertraut, ist sehr effektiv. Ich glaube, dass durch die Inspiration, die er weitergibt, viele der Leser mehr von Gottes Absichten in ihrem Leben erfahren werden.«

Joyce Meyer, Bibellehrerin und Bestsellerautorin

»Gott hat einen Plan und eine Absicht für dein Leben, die größer sind als du. Aber du musst es Gott glauben, wissen, was in dir steckt, um es zu erreichen, und den Charakter entwickeln, der es aufrechterhält. Brian Houstons neues Buch *Es gibt mehr* zeigt dir den Weg! Mach es nicht einfach nur zum Teil deiner Büchersammlung, mach es zu einem Teil deines Lebens!«

A. R. Bernard, Gründer des Christian Cultural Center

»Ich respektiere und bewundere Pastor Brian so sehr, dass es für mich ganz natürlich war, Pastor Brian als Vater, Ehemann und Pastor zum Leitbild für mich zu machen, als mein eigener Vater und Pastor tapfer gegen den Krebs kämpfte. Ich fing tatsächlich an, ihn »mein Pastor« zu nennen, und der Rest ist Geschichte, wie man so schön sagt. Als ich *Es gibt mehr* las, fiel mir auf, dass das Wesen Gottes Pastor Brian dazu angeregt hat, mehr von ihm zu wollen, mehr über ihn zu erfahren und seiner führenden Hand mit großem Vertrauen zu folgen und in allen Lebensumständen seine Güte zu erwarten. Dieser Hunger nach mehr ist aufrichtig und tief und absolut echt – nicht nach Dingen, sondern nach einer lebendigen Beziehung mit seinem Gott. Nicht, weil er ein Pastor oder Ehemann oder Vater ist, sondern weil er zuallererst ein Nachfolger Christi ist. Auf den Seiten dieses Buches wird deutlich, dass Pastor Brian diesen wunderbaren Appetit auf mehr von Gott aktiv fördert. Und jetzt macht er auch noch uns Appetit.«

Judah Smith, Leitender Pastor von Churchome und Bestsellerautor von *Jesus ist*

»Mein Freund Pastor Brian ist ein starker Mann Gottes und ein phänomenaler Leiter im Leib Christi. Sein neues Buch *Es gibt mehr* wird dich herausfordern, die Berufung, die Gott dir gegeben hat, mit neuer Leidenschaft und Begeisterung zu verfolgen. Dieses Buch ist eine Einladung, dich von Gott über das hinausführen zu lassen, was du in deinen Träumen für möglich gehalten hast!«

John Bevere, Autor und internationaler Sprecher, Messenger International

ES GIBT MEHR

WENN DIE WELT SAGT, DU KANNST NICHT, SAGT GOTT, DU KANNST

BRIAN HOUSTON

*Aus dem Australischen von
Gabriele Kohlmann*

Die amerikanische Originalausgabe erschien im Verlag Waterbrook unter dem Titel
There Is More. Copyright © 2018 by Aider Pty Ltd. This translation published by
arrangement with WaterBrook, an imprint of the Crown Publishing Group, a division of
Penguin Random House LLC.

Die Deutsche Nationalbibliothek verzeichnet diese Publikation in der Deutschen Nationalbi-
bliografie; detaillierte bibliografische Daten sind im Internet über http://dnb.dnb.de abrufbar.

In einigen Anekdoten und Geschichten wurden Details geändert, um die Identität der
beteiligten Personen zu schützen.

Bibelzitate, sofern nicht anders angegeben, wurden der Schlachter Bibelübersetzung
entnommen. Bibeltext der Schlachter, Copyright © 2000 Genfer Bibelgesellschaft. Alle
Rechte vorbehalten. Alle Bibelübersetzungen wurden mit freundlicher Genehmigung
der Verlage verwendet. Hervorhebungen einzelner Wörter oder Passagen innerhalb von
Bibelzitaten wurden vom Autor vorgenommen.

ELB   *Revidierte Elberfelder Bibel* © 1985, 1991, 2006, SCM R.Brockhaus, Witten.
EÜ   *Einheitsübersetzung der Heiligen Schrift*, Copyright © 2016 Kath. Bibelanstalt GmbH,
       Stuttgart.
GNB   *Gute Nachricht Bibel*, Copyright 2000 Deutsche Bibelgesellschaft Stuttgart.
HFA   *Hoffnung für alle* © by Biblica, Inc.®, hrsg. von Fontis.
LUT   *Lutherbibel*, revidiert 2017, © 2016 Deutsche Bibelgesellschaft Stuttgart.
NEÜ   *Neue evangelistische Übersetzung,* Copyright © Karl-Heinz Vanheiden.
NGÜ   *Neue Genfer Übersetzung* – Neues Testament und Psalmen, Copyright © 2011 Genfer
       Bibelgesellschaft.
NLB   *Neues Leben Bibel*, Copyright © 2006, SCM R.Brockhaus, Witten.
ZÜB   *Züricher Bibel*, Copyright © 2007, Verlag der Züricher Bibel beim Theologischen
       Verlag Zürich.

Zitate aus den folgenden Bibeln wurden aus dem Englischen übersetzt:
AMP   *Amplified Bible*, Copyright © 1987, The Lockman Foundation. www.lockman.org
KJV   *King James Version.*
MSG   *The Message*, Copyright © by Eugene H. Peterson 2002. NavPress Publishing Group.
NKJV   *New King James Version,* Copyright © 1982 by Thomas Nelson, Inc.
NLT   *New Living Translation*, Copyright © 2007 by Tyndale House Foundation.

Umschlaggestaltung: Jay Argaet, Nathan Cahyadi and Nick Dellis
Umschlagfoto: River Bennett
Corporate Design: Gabriel Walther – www.gabrielwalther.com
Lektorat: Thilo Niepel, Nina Strehl
Satz: Grace today Verlag
Druck: CPI – Clausen & Bosse, Leck
Printed in Germany

1. Auflage 2018

© 2018 Grace today Verlag, Schotten
Hardcover: ISBN 978-3-95933-082-4, Bestellnummer 372082
E-Book: ISBN 978-3-95933-083-1, Bestellnummer 372083

Nachdruck und Vervielfältigung, auch auszugsweise, nur mit Genehmigung des Verlages.

www.gracetoday.de

An die wunderbaren Menschen, die mich durch die Höhen und Tiefen meiner besten und schlechtesten Zeiten hindurch geliebt haben, allen voran Bobbie und unsere fantastische Großfamilie: Danke, dass ihr den Weg mit mir gegangen seid.

An den langjährigen Vorstand und die Ältesten der Hillsong Church: Ihr habt die Richtung gewiesen und seid uns, stets den Willen Gottes suchend, treu zur Seite gestanden. Ich bin jedem Einzelnen von euch auf ewig dankbar.

Und an das Team, das in all den Jahren eng mit Bobbie und mir zusammengearbeitet hat, das stets nur Gottes Bestes für uns wollte und uns zum »Mehr« in den sich immer weiter entfaltenden Absichten Gottes anspornte: Euch gebührt mein tiefster Respekt und meine größte Wertschätzung.

INHALT

EINLEITUNG

Unendlich viel mehr

B itte, Herr, ich möchte noch etwas mehr.«[1] Diese berühmten Worte eines ausgehungerten Oliver Twist hallen zweifellos in den Herzen und Köpfen von Millionen Menschen wider, die sich ebenfalls danach sehnen, nur ein kleines bisschen mehr zu haben. Vielleicht sehnst du dich nach mehr Zeit, mehr Mitteln, mehr Raum. Vielleicht brauchst du auch nur ein wenig mehr Energie und Motivation, um den Weg, auf dem du gerade bist, weitergehen zu können. Oder vielleicht ist da ein Traum in deinem Herzen, der unerreichbar scheint. Vielleicht lebst du schon in deiner Berufung, fragst dich aber trotzdem: *Worum geht es hier eigentlich? Sollte ich mehr aus meinem Leben machen?*

In diesem Buch geht es nicht um Selbstsucht oder Unersättlichkeit. Es geht darin nicht um Besitzanhäufung, Habgier und Schwelgen im Genuss. Es ist auch keine Abhandlung über Zufriedenheit und Selbstverwirklichung. Es geht um Berufung, um Gottes erstaunliche Pläne für dein Leben und darum, dass seine Gnade deine kühnsten Träume zu übertreffen vermag – all das mit Blick auf eine Bestimmung, die größer ist als du selbst.

Hast du je innegehalten und dich gefragt, wie Gottes Reaktion auf den Schrei deines Herzens nach mehr wohl aussehen könnte? Ich glaube fest daran, dass der Retter des Universums, anders als Mr. Bumble (der tyrannische Waisenhausleiter in Charles Dickens' Klassiker), sich hinunterbeugen und auf fürsorglichste Weise sagen würde: »Mehr was? Und wie viel mehr? Meine Versorgung ist endlos. Meine Barmherzigkeit ist grenzenlos. Meine Gnade ist größer als dein Bedarf.«

Weißt du, das Mehr, das Gott für unser Leben vorgesehen hat, übersteigt jedes Fassungsvermögen. Es ist nicht auf Raum und Zeit beschränkt und lässt sich nicht mit irdischen Mitteln oder menschlichem Denken bemessen. Epheser 3,20–21 (MSG) sagt uns deutlich: »Wisst ihr, Gott kann alles tun – weitaus mehr, als ihr euch je vorstellen, erahnen oder in euren kühnsten Träumen erbitten könntet! Er tut es nicht, indem er uns herumschubst, sondern indem er in uns wirkt, indem sein Geist tief und sanft in uns tätig ist.« Andere Übersetzungen drücken es so aus: Er kann »über alles hinaus« (ELB) bzw. »unendlich viel mehr tun, als wir erbitten oder erdenken« (NEÜ).

Hast du darüber je nachgedacht? Gott kann *alles* tun. Und nicht nur ein kleines bisschen mehr als das, worum du bereits gebeten hast oder was du dir erträumt hast. *Unendlich viel* mehr.

Was sind deine kühnsten Träume? Deine verrücktesten Ideen, tiefsten Sehnsüchte und größten Pläne – die Dinge, die du niemandem zu erzählen wagst und auch deiner Seele kaum sich vorzustellen erlaubst? Ich sage dir nämlich, dass genau dieser Traum, diese Vision, diese großartigen Pläne nicht genug sind. Du denkst viel zu klein! Der ganze Himmel blickt auf dich hinunter, schüttelt den Kopf und sagt: »Das ist *alles*?! Ist das alles, was er will? Ist das alles, wovon sie träumen kann?«

Lass mich dein Denken hier mal etwas erweitern, lieber Leser, schließlich dienen wir dem ultimativen Großen Denker. Keiner deiner Pläne kann es auch nur *ansatzweise* mit den seinen aufnehmen. Dein Herzensschrei nach mehr ist mit einem vergnügten

Schmunzeln beantwortet worden, das aus dem Herzen eines Vaters kommt, der das nimmt, was du siehst, und es zu etwas ausweitet, was du nicht sehen kannst.

Gott kann jede Begrenzung, die dein Leben erfahren hat – durch dich selbst oder durch andere – nehmen und dein Herz und deine Ziele in einer Weise erweitern, die *viel* großartiger, *viel* besser und *viel* effektiver ist als alles, was du dir vorstellen kannst.

Ich habe es selbst erlebt. Ich kann seine Treue bezeugen, wenn es darum geht, mehr zu bekommen – mehr als ich wollte, mehr als ich mir erträumte, mehr als ich je zu brauchen glaubte. Ich spreche nicht von einfachen materiellen Dingen oder finanziellen Mitteln oder von Dingen, die nach irdischen Maßstäben berechnet oder bewertet werden können. Ich habe gesehen, wie Gott die Träume in meinem Herzen übertroffen hat, die Visionen, die ich für mich und für meine Familie hatte, und für die, die mir am nächsten stehen. Ich habe die »Viel-mehr«-Gunst Gottes in Bezug auf meine Ehe, Leiterschaft, Kinder und Freundschaften erfahren.

In den vergangenen Jahren, wenn ich in einer unserer Hillsong-Kirchen war oder während einer unserer jährlichen Konferenzen neben der Bühne stand, wurde ich von Leuten immer wieder gefragt: »Konntest du dir das alles vorstellen, als du anfingst?« Ich bin ja schon immer ein entschlossener Visionär gewesen, aber selbst in meinen kühnsten Träumen hätte ich mir nicht alles ausmalen können, was Gott getan hat und tut. Ich hätte das, was wir heute erleben, nicht planen, nicht ausführen und mir auch nicht erträumen können. Und ich versuche es auch nicht mehr. Du kannst Gott mit deinen Träumen niemals übertreffen.

Ich habe gelernt, Gott zu vertrauen, was die geheimen Wünsche meines Herzens angeht – die Dinge, von denen ich nicht weiß, dass ich sie brauche, und die Dinge, von denen ich dachte, dass ich sie nicht brauche. Oftmals stellte ich fest, dass es in den

Tälern, durch die ich ging, mehr gab als nur den Schmerz, den ich erlebte. In Stürmen gab es mehr zu lernen als nur das, worauf meine Augen im Natürlichen geheftet waren. Meine Versorgung erfüllt einen größeren Zweck als nur meine eigene Erfüllung und Freude – einen so viel größeren.

Tatsächlich bekommen wir in den Sätzen, die den wunderbaren Versen vorangehen, die ich bereits zitiert habe (Epheser 3,20–21), einen Einblick in den Grund für unser Mehr:

Darum beuge ich meine Knie vor dem Vater, von dem jedes Geschlecht im Himmel und auf Erden seinen Namen empfängt, und bitte ihn, euch nach dem Reichtum seiner Herrlichkeit durch seinen Geist zum Aufbau des inneren Menschen so mit Kraft zu stärken, dass Christus durch den Glauben in euren Herzen Wohnung nimmt und ihr in der Liebe tief verwurzelt und fest gegründet seid. So werdet ihr befähigt, mit allen Heiligen zusammen die Breite und Länge und Höhe und Tiefe zu ermessen und die Liebe Christi zu erkennen, die alle Erkenntnis übersteigt, und so werdet ihr immer mehr erfüllt werden von der ganzen Fülle Gottes. Ihm aber, der weit mehr zu tun vermag, als was wir erbitten oder ersinnen, weit über alles hinaus, wie es die Kraft erlaubt, die in uns wirkt, ihm sei die Ehre in der Kirche und in Christus Jesus durch alle Generationen dieser Weltzeit hindurch bis in alle Ewigkeit, Amen. – Epheser 3,14–21 ZÜB

Erfüllt von der ganzen Fülle Gottes. Ehre durch alle Generationen hindurch.

Genau darum geht es in diesem Buch: um das Wesen und die Natur des Gottes, dem wir dienen, und um seinen Wunsch, dass jeder von uns das in Epheser 3 beschriebene Leben erfährt. Er möchte, dass wir bis zum Überlaufen mit jedem guten, wunderbaren, vollkommenen, von ihm kommenden Geschenk gefüllt werden, mit dem Zweck, seine Kirche zu bauen, das Königreich auszudehnen und seinen Namen durch die Generationen hindurch bekannt zu machen. Die folgenden Kapitel enthüllen den Sinn und Zweck und die Quelle unseres Mehr und wir erfahren, dass es bei diesem Mehr weniger um uns geht, mehr um andere und ganz um ihn. Doch zuerst musst du verstehen, dass unser himmlischer Vater mehr in dir sieht, als du selbst es je könntest.

Ich bete, dass du in den Texten aus alten Zeiten, die verstreut im ganzen Buch zu finden sind, mit jedem Umblättern etwas Neues entdeckst. Ich hoffe, dass du ungeachtet der gebeteten Gebete, der gefeierten Triumphe und der durchlebten oder empfundenen Misserfolge zu der Erkenntnis kommst, dass mehr Gnade, Güte, Barmherzigkeit, Freundlichkeit, Liebe, Vergebung und Gunst auf dich in deiner Zukunft warten. Gottes Wille für dein Leben – die vollkommene himmlische Bestimmung – geht in der Tat über deine kühnsten Träume hinaus. Und falls du jemals um mehr gebeten hast und man dir, wie Oliver Twist, mit verärgerten Worten oder einem gleichgültigen Geist begegnete, oder falls man jemals deine Motive in Frage gestellt oder dich zu Unrecht angegriffen hat, dann bete ich, dass du durch meine persönlichen Erfahrungen und Erkenntnisse Heilung findest, indem du ein wenig mehr über das wahre Wesen unseres großzügigen Gottes und seine Wünsche für dein Leben erfährst.

Es gibt immer noch mehr zu enthüllen – mehr darüber zu entdecken, wer er ist und wer du seinen Worten nach bist. Vor dir liegt mehr, als du dir selbst zu träumen oder zu glauben erlaubt hast. In deinem Leben gibt es mehr Raum für die Dinge Gottes und für Gottes Menschen, als du überhaupt für möglich gehalten hast – mehr Platz für Gott, damit er seine Gegenwart in dir und durch dich sichtbar machen kann. Und falls du aus irgendeinem Grund aufgehört hast, dir Großes für dein Leben zu erträumen, aufgehört hast, dir vorzustellen, dass dein Leben eine Geschichte ist, die erzählt werden will, oder ein Vermächtnis, an das man sich erinnern soll, dann ist dieses Buch ein gute Gelegenheit, um wieder damit zu beginnen.

I

Träume und Bestimmung

Siebzehn. Wovon hast du geträumt, als du siebzehn warst? Hast du es gewagt, zu träumen? War es dir erlaubt, zu träumen? Wurdest du für deine Träume ausgelacht? Vielleicht fühlten sich Familie oder Gleichaltrige durch deine Träume bedroht. Oder bist du das Produkt eines Umfelds, das dich ermutigt hat, groß zu denken und Unmögliches zu erträumen? Und falls du noch keine siebzehn bist oder die Siebzehn schon weit hinter dir gelassen hast, von welchen großen Dingen träumst du gerade jetzt?

Ich war ein Träumer. Du musst wissen, ich stamme aus einem Land, von dem es damals hieß, es sei von drei Millionen Menschen und siebzig Millionen Schafen bevölkert. Das ist großartig, wenn der größte Ehrgeiz deines Lebens darin besteht, Wollpullover oder Roquefort-Käse herzustellen, aber es ist nicht unbedingt ein guter Ausgangspunkt, wenn du davon träumst, etwas aufzubauen, das weltweit Einfluss und Wirkung hat. Interessanterweise hat dieses kleine Land im Südpazifik (neben vielen anderen tollen Leistungen) den Mann hervorgebracht, der als erster den Mount Everest bestieg, sowie den Mann, der das erste Atom spaltete. Es ist Heimat der berühmten Landschaften, die in der prächtig gefilmten Herr-der-Ringe-Trilogie zu sehen sind, und Geburtsort vieler weltbekannter Unterhaltungskünstler, Schauspieler, Sportler und

Unternehmer. Und natürlich rühmt es sich des weltweit erfolgreichsten und bekanntesten Rugby-Teams, der *New Zealand All Blacks*. Also vielleicht, nur vielleicht, sind bescheidene Anfänge der perfekte Nährboden für ein blühendes und fruchtbares Leben.

In den 1960ern lebte meine Familie in einem staatseigenen Sozialbau. Es war eine Holzbehausung, die wie ein mürrischer Soldat zwischen all den anderen gleichartigen Häusern in Taita, einem Vorort von Lower Hutt in Neuseeland, stand. Es handelte sich um ein Arbeiterviertel, mit allen damit verbundenen sozialen Problemen, in der Nähe von Wellington.

Als Kind oder Jugendlicher gab es nichts, worin ich mich besonders hervorgetan hätte. In der Schule konnte ich mich kaum konzentrieren und meine langen Beine waren mir auf dem Sportplatz eher hinderlich als hilfreich.

Ich habe lebhafte Erinnerungen an meinen Weg von der Hutt Valley High School nach Hause. Mein täglicher Heimweg führte mich vom Bahnhof auf die High Street, von dort ging es nach links, vorbei am Tocker-Street-Kiosk, unserem örtlichen Gemischtwarenladen, wo ich mir, wenn ich etwas Kleingeld hatte, ein Hokey-Pokey-Eis kaufte (Vanille-Eiscreme mit kleinen Honigtoffee-Stückchen). Danach bog ich rechts in die Reynolds Street ab, überquerte Pearce Crescent, Molesworth Street und Compton Crescent, bis ich schließlich in die Nash Street einbog. Dort musste ich noch an drei Häusern vorbei, bis ich schließlich an unserem Haus an der Ecke von Nash Street und Taita Drive ankam. Und Tag für Tag auf diesem immer wieder gleichen Weg nach Hause träumte und träumte und träumte mein junger, schüchterner, aber abenteuerlustiger Verstand vor sich hin. Es war ein Traum, dessen Inhalt immer in die gleiche Richtung zu gehen schien.

Solange ich mich erinnern kann, wollte ich eines Tages Jesus dienen und das Evangelium verkünden. Tatsächlich kann ich mich an keine Zeit erinnern, in der ich nicht davon träumte, genau das zu tun. Ich träumte im Klassenzimmer, ich träumte auf dem Heimweg und ich träumte, während ich sonntags zwei Mal im Gottesdienst saß. Jeden Sonntag, meine ganze Kindheit hindurch.

In diesen Momenten stellte ich mir vor, wie ich zu großen Menschenmengen sprach oder durch die ganze Welt reiste, Tausende von Menschen zu Jesus Christus führte und vielleicht eines Tages eine große Gemeinde aufbaute. Ich fragte mich auch, wer wohl meine Frau sein würde, wie sie aussehen mochte und wo sie war und was sie gerade tat. Und ich träumte, dass ich sie vielleicht treffen würde – diese eine Person, die gemeinsam mit mir diesen Traum verfolgen wollte.

Gut vierzig Jahre sind seitdem vergangen, und ich befinde mich auf einem Weg, der sehr viel länger ist als mein Schulweg aus Kindheitstagen vom Bahnhof nach Hause. In diesem fortwährenden Abenteuer, das man Leben nennt, erlebt dieser kleinstädtische Tagträumer die Verwirklichung jener Träume und staunt über noch viel größere.

Wage es, zu träumen

Wie schon erwähnt, war Konzentration nie meine Stärke. Ich erinnere mich deutlich, dass die Anmerkungen meiner Schullehrer immer dem gleichen Tenor folgten: »Brian hört nicht zu.« »Brian könnte so viel besser sein, wenn er nicht ständig tagträumen würde.« »Brian schiebt alles vor sich her.«

In den 1960er bestand unsere Gemeinde aus etwa 500 bis 600 Leuten. Zur damaligen Zeit mag es die größte Gemeinde des Landes gewesen sein, trotzdem war es noch keine besonders große

Gruppe. Im Rückblick wird mir klar, dass viele höflich gelacht oder mit anderen Erwachsenen im Raum ein gönnerhaftes Lächeln geteilt hätten, wenn ich meine blauäugigen, wunderbaren, weltumspannenden Träume laut vor ihnen ausgesprochen hätte. Was waren das für unerhörte Träume für den Sohn eines jungen Pastors aus einem einkommensschwachen Viertel in einem einzigartig schönen Land mit Millionen von Schafen! Obwohl ich nie das Gefühl bekam, dass irgendjemand hohe Erwartungen an meine Zukunft hatte, träumte ich trotzdem weiter.

Als ich siebzehn war, hatte ich elf verschiedene Aushilfsjobs, um genug Geld zusammenzubringen, damit ich auf die Bibelschule gehen konnte. Das sind zu viele Jobs, um sie alle einzeln aufzuzählen, aber keiner davon begeisterte mich. Dennoch arbeitete ich hart, weil ich die Dinge vorbereitete und plante, die mir wirklich am Herzen lagen. Obwohl also vieles gegen mich sprach und trotz der ungeliebten Jobs verlor ich die Träume in meinem Herzen nie aus den Augen.

Ich glaube, dass die Fähigkeit zu träumen eine von Gottes größten Gaben ist. Also lass mich dich noch einmal fragen: Wovon träumst du? Träumst du von Dingen, die sehr viel größer sind, als du es bist? Ich glaube, es waren diese kühnen Träume, die ich als Junge hatte, die mich zur Bibelschule führten und mich auf den Weg brachten, auf dem ich heute bin.

Je größer, desto besser

Hast du schon einmal den Spruch gehört: »Wenn du auf nichts zielst, triffst du jedes Mal«? Wenn du andererseits ein Ziel anpeilst, magst du vielleicht nicht immer ins Schwarze treffen, aber immerhin kommst du so nah heran, wie du es schaffst. Selbst wenn deine

Träume nur zu achtzig Prozent wahr werden, ist das immer noch besser als gar nichts!

Die Wahrheit ist, du *solltest* nach den Sternen greifen. Gott hat dir die Fähigkeit gegeben zu träumen, zu gestalten und dir unendliche Möglichkeiten vorzustellen. In vielerlei Hinsicht ist das Träumen wie der Glaube, und die Größe deines Traumes kann in direktem Zusammenhang mit deinem Glauben daran stehen, was Gott erreichen kann. Ich bin der Ansicht, wenn du von etwas träumst, das du selbst zustande bringen kannst, träumst du viel zu klein! Träume, die Gottes Kaliber haben, sind Träume, die nur realisiert werden können, wenn du dein Vertrauen in den Schöpfer setzt, den Einen, der Anfang und Ende kennt und sich für dich eine Zukunft wünscht, die mit Hoffnung und Überfluss gefüllt ist. So viel Potenzial geht verloren, weil es an einem kühnen, unerhörten Traum mangelt.

Wie also hat dein Leben ausgesehen, als du siebzehn warst? Was ließ dich die Gegenwart vergessen und von der Zukunft träumen? Träumst du auch jetzt noch? Vielleicht hast du von nichts Außergewöhnlichem geträumt oder vielleicht warst du auch nie geneigt, etwas zu erwarten, was außerhalb deiner gegenwärtigen Realität lag, aber ich glaube, jeder sollte einen Traum haben – einen Traum, der größer ist als man selbst und der sich unmöglich durch die Kraft eines einzelnen Menschen verwirklichen lässt. Träume gibt es in verschiedenen Formen. Du kannst bewusst träumen, indem du hoffnungsvolle Erwartungen an deine Zukunft hast, und du kannst physisch träumen durch Visionen während deines Schlafs. Ich glaube, dass Gott durch beides wirkt und zu uns spricht. Träumen ist wichtig, denn deine Träume können zu deiner Bestimmung werden. Wenn du also keinen Traum hast, schränkst du deine Zukunft damit ein.

Ich fordere dich heraus, große, furchteinflößende und ungeheuerliche Träume zu träumen – die Art von Träumen, die andere Leute zum Lachen bringen würden, wenn sie davon wüssten. Die Bibel erzählt uns von genau solch einem siebzehnjährigen Träumer. Dieser junge Mann hatte einen ganz unerhörten Traum, und für ihn war dieser Traum nur der Anfang.

Die Sonne, der Mond und die Sterne

Der junge Träumer, den ich meine, ist natürlich Josef. Hier ist die Geschichte von seinem Traum:

Jakob ließ sich im Land Kanaan, in dem schon sein Vater gelebt hatte, nieder. Dies ist die Geschichte von Jakob und seiner Familie. Josef war 17 Jahre alt. Er hütete häufig gemeinsam mit seinen Halbbrüdern, den Söhnen von Bilha und Silpa, die väterlichen Schaf- und Ziegenherden. Doch Josef hinterbrachte es seinem Vater, wenn sie etwas Schlechtes taten. Jakob liebte Josef mehr als seine anderen Söhne, weil er ihm erst im Alter geboren worden war. Deshalb ließ er Josef eines Tages ein prächtiges Gewand machen. Seine Brüder hassten Josef, weil sie merkten, dass ihr Vater ihn lieber hatte als sie, und redeten kein freundliches Wort mehr mit ihm.
Eines Nachts hatte Josef einen Traum, den er seinen Brüdern erzählte. Da hassten sie ihn noch mehr. »Hört, was ich geträumt habe«, begann er. »Wir waren draußen auf dem Feld und banden das Getreide in Garben zusammen. Meine Garbe stellte sich auf und blieb stehen. Eure Garben scharten sich um sie und verneigten sich vor ihr!« »Du willst also

*König werden und über uns herrschen?!«, verhöhnten ihn
seine Brüder. Und sie hassten ihn noch mehr wegen seines
Traumes und dem, was er gesagt hatte.*

*Später hatte Josef noch einen Traum. Auch diesen erzählte
er seinen Brüdern. »Ich träumte«, sagte er, »die Sonne, der
Mond und elf Sterne verneigten sich vor mir!« Diesen Traum
erzählte er nicht nur seinen Brüdern, sondern auch seinem
Vater, und dieser wies ihn deswegen zurecht. »Was für einen
Traum hast du da gehabt?«, fragte er. »Sollen deine Mutter,
deine Brüder und ich uns etwa vor dir verneigen?« Josefs
Brüder waren eifersüchtig auf Josef. Aber sein Vater dachte
über den Traum nach. – 1. Mose 37,1–11 NLB*

Getreidegarben, die sich vor ihm verbeugten, und dann auch
noch die Sonne, der Mond und die Sterne! Von Josef aus betrachtet, der Schafe hütend in Kanaan saß, wirkten seine Träume ab-
surd. Wenn das nicht nach den Sternen greifen bedeutet – er stellte sich vor, dass sogar die Sterne in seiner Reichweite sein würden!

Wenn ich als Kind davon träumte, an Orte zu reisen, über die
ich in der Schule etwas gelernt hatte, gab es im Natürlichen nichts,
was diese Träume hätte möglich erscheinen lassen. Ich nahm einen Stift und malte auf die Rückseite meiner Schulbücher Bilder
von Orten wie Paris mit seinen Straßencafés, Pudeln und endlos langen Baguettes. Ich träumte von London mit seinen einzigartigen schwarzen Taxis, Doppeldeckerbussen und Orten, die
ich von unserem Monopolyspielbrett zu Hause kannte, wie Fleet
Street (Museumsstraße), Coventry Street (Schillerstraße), Park
Lane (Parkstraße) und Mayfair (Schlossallee). Genauso war ich
von größeren Orten auf der Welt fasziniert, wie etwa Australien
oder andere Länder, die damals so weit weg zu sein schienen. Die
USA und alles, was sie boten, kamen mir wie eine andere Welt vor.

Heute sind diese Träume so sehr zu einem Teil meines Lebens geworden, dass ich kaum noch an die Tatsache denke, dass sie einst nur ein Traum waren.

Wie oft glaubst du an das Unmögliche?

Vor etwa fünfundzwanzig Jahren saß ich eines Nachmittags in meinem Büro mit einem leeren Blatt Papier vor mir, auf das ich die Worte schrieb: »Die Kirche, die ich sehe«. Das Erstaunliche dabei ist, dass diese Worte, die ich damals aufgeschrieben habe, in vielerlei Hinsicht die Gemeinde widerspiegeln, die wir jetzt, nach fünfundzwanzig Jahren, leiten. Aber es war nicht immer so.

Im Jahr 1983 war die Hillsong Church eine Gruppe von weniger als hundert Leuten, die sich in einer winzigen Schulaula versammelten. Es war eine begeisterte, lebhafte, junge Gemeinschaft von Gläubigen, darunter einige Fast- und sogar Nicht-Gläubige, die Stühle aufstellten, den Boden fegten und vor und nach dem Gottesdienst jeden Sonntag in der Besenkammer beteten. Die »Bühne« war ein Road Case, ein großer Instrumentenkoffer, und das Können der Band war bestenfalls bescheiden. Heute sieht die Hillsong Church völlig anders aus, aber viele der Werte, auf die wir aufgebaut haben, sind immer noch dieselben.

Hillsong war immer eine anbetende Gemeinde. Noch bevor es die Lobpreis-Bands *Hillsong UNITED* oder *Hillsong Young & Free* gab, bevor es Lieder gab wie »Shout to the Lord«, »Mighty to Save« oder »Oceans«, war Lobpreis Teil unserer Kirche. Leidenschaftlicher Lobpreis. Er war nicht immer ausgefeilt, mit Lichtshow und allem, und in jenen frühen Jahren gab es noch nicht einmal eine Bühne, aber trotzdem gab es Lobpreis und Anbetung bei uns. Wir sangen und fingen in kleinen Schritten an, Lieder zu schreiben, die die Herzen der Menschen in unserer Mitte berührten. Zugegeben, das Klavier war vielleicht etwas verstimmt und hatte ein, zwei Tasten, die nicht richtig funktionierten, und der Schlagzeuger hielt nicht immer den Takt. Jack, unser stets lächelnder, schon etwas älterer Akkordeonspieler, und seine Frau Elaine waren nicht nur Teil der Band, sondern kümmerten sich auch um die winzige Gruppe von Kindern in unserem Kinderdienst, zu der auch unsere eigenen beiden achtzehn Monate und vier Jahre alten Söhne gehörten. Das waren holprige, raue Pionierzeiten damals, aber die Frucht der Arbeit vieler treuer Menschen eröffnete schon bald Möglichkeiten, die weit über unsere kühnsten Träume hinausgingen.

Auf dem erwähnten Blatt Papier schrieb ich vor mehr als zwanzig Jahren folgende Worte: »Ich sehe eine Kirche, deren tief empfundener Lobpreis und Anbetung den Himmel berühren und die Welt verändern – Lobpreis, der den Lobgesang der Menschen auf der ganzen Erde beeinflusst und Jesus mit kraftvollen Liedern des Glaubens und der Hoffnung verherrlicht.«

Im Jahr 1992, nur ein Jahr, bevor ich dies schrieb, erschien das erste Live-Album von Hillsong: *The Power of Your Love* (Die Macht deiner Liebe). Aber schon davor nahmen wir in einem winzigen Heimstudio mit *Spirit and Truth* (Geist und Wahrheit) das erste Ergebnis unserer musikalischen Bemühungen auf. Ich war so stolz auf diese kleine Sammlung eigener Lieder, dass ich, als ich die Gelegenheit hatte, als Pastor bei einer stadtweiten Versammlung von Hunderten von Pastoren zu sprechen (die fast alle älter, weiser und erfahrener waren als ich selbst), dafür sorgte, dass sie sich zuerst einige dieser Lieder anhörten. Ich kann noch immer die leer starrenden Blicke sehen, die mir deutlich zu verstehen gaben, dass keiner im Raum auch nur annähernd so begeistert darüber war wie ich. Aber die Idee, ein Album aufzunehmen, kam einfach aus unserer Begeisterung heraus, Gott in unserer lokalen Kirche anzubeten, und unserer Überzeugung, dass wir dazu berufen waren, andere lokale Gemeinden mit Worten und Musik auszurüsten, die unseren anbetungswürdigen Gott verherrlichen sollten. Zu jener Zeit hätten wir uns niemals vorstellen können, dass unser Album auf der ganzen Welt gesungen würde, aber wir hatten den Glauben, dass Gott uns dazu berufen hatte, mit dem, was in unseren Händen war, etwas zu tun, und dass er, wenn wir treu waren, ebenso treu sein würde.

Jetzt, mehr als neunzig Alben später, lässt Gott die Geschichte von *Hillsong Worship* weiter wachsen, lässt sie sich entfalten und verändert sie. Aber schon lange vor diesen ersten Alben etablierte sich der charakteristische Sound unseres Hauses und der Fokus auf die Lieder Gottes. Zusammen bilden sie Speerspitze und Eckstein dessen, wer wir sind – alles wegen eines Traums, dem Gott sein Leben einhauchte.

Die Bibel sagt uns in Sacharja 4,10: »Verachtet nicht diese kleinen Anfänge« (NLT). Was auch immer Gott deinen Händen anvertraut hat – deine Familie, deine berufliche Karriere, deinen Dienst oder andere Dinge –, sieh es nicht als unbedeutend an. Ganz gleich, welche Träume in deinem Herzen sind und so scheinen, als lägen sie in weiter Ferne, sei nicht entmutigt! Ich glaube, dass du, wie Josef, vor den Augen Gottes und mithilfe seiner Führung, Weisheit, Gunst und Versorgung erleben wirst, wie sich der Traum erfüllt, den er dir ins Herz gelegt hat, wenn du nur daran festhältst.

Traumzerstörer

Als einer der jüngeren Söhne in seiner Familie musste Josef vermutlich einiges an Spott und Grobheiten von seinen älteren Brüdern wegstecken. Doch als Josef träumte, dass sich Mutter, Vater und Brüder vor ihm verbeugen würden, zögerte er trotzdem nicht, ihnen von diesem göttlich dimensionierten Traum zu erzählen. Die vorhersehbare Wirkung: Es machte seine Familie wütend. Josefs Brüder warteten auf eine Gelegenheit, es ihm heimzuzahlen. Als sie wieder einmal draußen bei den Herden waren und Josef zu ihnen kam, wussten sie, dass ihre Chance gekommen war.

»Josefs Brüder sahen Josef bereits von weitem kommen. Noch bevor er bei ihnen war, fassten sie den Entschluss ihn umzubringen. ›Da kommt ja der Träumer!‹, sagten sie zueinander. ›Los, wir töten ihn und werfen ihn dann in eine der Zisternen. Anschließend erzählen wir, ein wildes Tier habe ihn gefressen. Dann werden wir ja sehen, was aus all seinen Träumen wird!‹ (1. Mose 27,18–20 NLB).

Wegen Josefs Traum versuchten seine Brüder, ihn zu töten. Er wurde ergriffen, in eine Grube geworfen und schließlich in die Sklaverei verkauft! Wenn das keine Traumzerstörer sind!

Doch Josef hörte nicht auf zu träumen.

Hast du schon mal einen Traum sterben lassen? Hast du irgendwann einmal mit jemandem über deinen Traum gesprochen? Vielleicht wirst oder wurdest du dafür verspottet. Als du endlich den Mund aufgemacht und von der unmöglichen Sehnsucht in deinem Herzen erzählt hast, hast du vielleicht Gelächter oder Zynismus geerntet oder von den Menschen, die du liebst, verletzende Worte zu hören bekommen.

Träumen kann eine einsame Sache sein. Wenn du Dinge träumst, die dich von anderen unterscheiden, werden sich manchmal gerade die Menschen, die dir am nächsten stehen und dich am besten kennen, von dem Kurs, den dein Leben nimmt, bedroht fühlen und sich dir entgegenstellen. Sie werden versuchen, deine Träume zu ersticken und dich zurechtzustutzen. Wenn du also ein Träumer sein willst, dann sei dir bewusst, dass es ein einsamer Weg sein kann. Du wirst an deinen Überzeugungen festhalten müssen. Du musst dich an Gottes Wort festklammern und darfst die Wünsche deines Herzens nicht loslassen, trotz aller Kritik und Lobeshymnen, die du auf deinem Weg bekommst.

Die Wahrheit ist, dass du einen Feind hast, der deinen Traum mithilfe von allen möglichen »Realitäten« wie Widerstand und fehlende Mittel liebend gern töten würde. Oft können die negativen Stimmen anderer Menschen oder auch der falsche Ehrgeiz in deinem eigenen Herzen deine Träume ersticken. Manchmal musst du auf dem Weg zu deinen Träumen Entscheidungen treffen und Opfer bringen, die dir das Gefühl geben, dich rückwärts anstatt vorwärts zu bewegen.

Als ich Bobbie heiratete, sagte ich zu ihr: »Schatz, vielleicht werden wir nie ein eigenes Haus haben oder ein neues Auto oder eine Menge Geld besitzen, aber wir werden gemeinsam Jesus dienen.« Im ersten Jahr unserer Ehe hatten wir beide gleichzeitig jeweils mehrere Jobs, um ehrenamtlich als Jugendpastoren in einer kleinen Vorstadtgemeinde in Süd-Auckland (in der Nähe von Bobbies Heimatort) dienen zu können. Bobbie arbeitete als Sekretärin in einem Pharmazieunternehmen und ich war im Vertrieb tätig. Abends reinigte ich noch die Toiletten in einem Automobilwerk und füllte Regale in einem Supermarkt auf – alles nur, weil wir darauf brannten, Gott zu dienen. Außerdem wollten wir, wenn die Zeit reif dafür war, eine lokale Kirche aufbauen, die freundlich und warmherzig war und lauter Menschen hatte, die in ihren eigenen Wirkungsbereichen etwas bewegen würden. In vielerlei Hinsicht hatten wir es nicht einfach, als wir uns in unserer lokalen Kirche mit Leib und Seele einbrachten, aber es waren gerade die Opfer, die wir damals gebracht haben, die es uns jetzt ermöglichen, weiter zu träumen, im Vertrauen auf einen Gott, der immer für uns sorgt. Wir hätten uns durch die Rückschläge vom Kurs abbringen lassen können, doch wir hielten an der Vision fest, die wir für unser Leben hatten.

Ich weiß nicht, wie es dir geht, aber ich will nicht nur von einem Traum leben, den ich früher irgendwann einmal hatte. Ich möchte immer wieder neue Träume träumen. Ein Träumer zu sein ist nichts, was man irgendwann hinter sich lässt; Träumen bleibt ein fester Bestandteil des Lebens! Genau wie Josef früher, hören Träumer nie auf zu träumen. Trotz der Hindernisse auf ihrem Weg, der Beschränkungen, die ihnen auferlegt werden oder den Traumzerstörern, die ihnen in die Quere kommen, träumen Träumer einfach immer weiter!

Umgeben von Träumern

Um mit dem Träumen nicht aufzuhören, musst du dich mit anderen Träumern umgeben. Finde Menschen, die an deiner Seite bleiben und dich an deinen Traum erinnern, wenn du ihn nach Rückschlägen lieber vergessen willst. Bleibe in der Gesellschaft von Menschen, die dich zum Träumen anregen und dich in deiner Vision bestärken – Menschen, die dich auf Kurs halten werden.

Winston Churchill, Nobelpreisträger und zweimal gewählter Premierminister und Kriegspremier des Vereinigten Königreichs, war nicht immer so angesehen wie heute. Tatsächlich tat er sich in der Schule schwer und blieb sogar mehrfach sitzen. Später musste er über viele Jahre hinweg politische Misserfolge hinnehmen, bis er schließlich im reifen Alter von 65 Jahren Premierminister wurde. Churchill war ein Träumer – er träumte davon, in seiner Nation etwas zu verändern. Und als er schließlich ins Amt gewählt wurde, würdigte er seine Frau, die während der 32 Jahre ihrer Ehe trotz aller erduldeten Misserfolge, finanzieller Nöte und dem Gespött der Öffentlichkeit immer mit ihm geträumt und an ihn geglaubt hatte. Von Clementine Churchill wird nicht oft gesprochen, aber die Leistungen ihres Mannes hätten ohne ihre Unterstützung seiner Träume vielleicht nie einen Platz in der Geschichte gefunden.

Wer feuert dich an? Wer bietet dir Trost in Form von Ermutigung, solange deine Träume noch nicht Wirklichkeit geworden sind?

Mit anderen Träumern zusammen zu sein, gibt den Anstoß zu noch größeren Träumen. Sprüche 29,18 sagt: »Ohne Vision geht ein Volk zugrunde« (KJV) oder »wird zügellos«. Die Elberfelder Bibel sagt, dass das Volk »verwildert«. *The Message* übersetzt es so:

Wenn Menschen nicht sehen können, was Gott tut,
stolpern sie nur herum.
Aber wenn sie darauf achten, was er offenbart,
sind sie überaus gesegnet.

Ein Traum wird dich Opfer bringen und schwere Entscheidungen treffen lassen, aber was vielleicht noch wichtiger ist – er wird dich auch dazu bringen, dass du deine Freunde weise auswählst. An wessen Seite träumst du?

Zum Erfolg entschlossen

Niemand beginnt einen Traum zu verfolgen, von dem er glaubt, dass er scheitern wird. Klingt simpel, oder? Aber viele Leute träumen nicht unbedingt davon, Erfolg zu haben; sie träumen davon, zu funktionieren und über die Runden zu kommen, aber sie träumen nicht von Erfolg. Vielleicht, weil es sich zu schwelgerisch anfühlt.

Lass mich dir versichern, dass Erfolg nichts Falsches ist. Der Gott, der dir unendlich viel mehr geben will, als du erbitten oder dir vorstellen kannst, ist derselbe Gott, der dich erfolgreich sehen möchte!

Josefs Traum war ein Traum vom Erfolg, und er erfüllte sich auch. Jahre nachdem Josefs Brüder ihn in die Sklaverei nach Ägypten verkauft hatten, passierte Folgendes:

> *Und der Pharao sprach zu Josef: ... Du sollst über mein Haus sein, und deinem Befehl soll mein ganzes Volk gehorchen; nur um den Thron will ich höher sein als du! Und der Pharao sprach zu Josef: Siehe, ich setze dich über das ganze Land Ägypten!*
> *Und der Pharao nahm den Siegelring von seiner Hand und steckte ihn an die Hand Josefs, und er bekleidete ihn mit weißer Leinwand und legte eine goldene Kette um seinen Hals; und er ließ ihn auf seinem zweiten Wagen fahren; und man rief vor ihm aus: »Beugt eure Knie!« Und so wurde er über das ganze Land Ägypten gesetzt. – 1. Mose 41,39–43*

Gott wird dir keinen Traum von Mittelmäßigkeit geben. Ob du es glaubst oder nicht, *Erfolg* ist ein biblisches Wort! Sieh dir an, was der Herr zu Josua sagte, als der die Führung über die Nation Israel übernahm:

> *Nur sei recht stark und mutig, dass du darauf achtest, nach dem ganzen Gesetz zu handeln, das mein Knecht Mose dir geboten hat! Weiche nicht davon ab, weder zur Rechten noch zur Linken, damit du überall klug handelst, wo immer du gehst! Dieses Buch des Gesetzes soll nicht von deinem Mund weichen, und du sollst Tag und Nacht darüber nachsinnen,*

damit du darauf achtest, nach alledem zu handeln, was
darin geschrieben ist; denn dann wirst du auf deinen
Wegen zum Ziel gelangen, und dann wirst du Erfolg haben.
– *Josua 1,7–8* ELB

Erfolg.
Definiere Erfolg, wie du willst, Gott jedenfalls definiert ihn auf völlig andere Weise, als die Welt es tut. Es geht nicht um Besitzvermehrung und Eigennutz. Erfolg im Reich Gottes dreht sich sehr oft ums Dienen.

Gottes gute Art von Erfolg

Die meisten Menschen haben den Willen zu *leben*, weitaus weniger Menschen haben den Willen zum *Erfolg*, weil der seinen Preis hat. Noch weniger Menschen haben den Willen zu *dienen*. Gott zu dienen bedeutet leben, um erfolgreich zu sein, und erfolgreich zu sein, um zu dienen.

Wenn du mit einem Traum in deinem Herzen lebst und mit der Demut zum Dienen, dann lebst du *wirklich*. Wenn deine Träume und dein Erfolg darauf ausgerichtet sind, der Sache Christi und den Menschen um dich herum zu dienen, wirst du Teil des einen Prozents. Wer ist dieses eine Prozent? Es ist die Gruppe von Leitern, wie sie nur einmal in jeder Generation vorkommen, und die andere aufhorchen lassen. Es sind Menschen, die ungeachtet ihrer Hemmungen und Begrenzungen entschlossen sind, ihre Träume auszuleben und ihre Bestimmungen zu erfüllen. Menschen, die zutiefst davon überzeugt sind, dass sie dazu berufen sind, mit ihrem Leben etwas Bedeutsames anzufangen.

Warst du schon mal Campen? In einem ausgedörrten und sonnenverbrannten Land wie Australien bedeutet auf dem Boden zu schlafen, gute Bekanntschaft mit Staub zu machen. Aber so ist das Leben. Wenn wir in den Himmel hinaufschauen, können wir von großen Dingen träumen. Es ist, als ob man zu einem Campingtrip aufbricht und sich die wunderschönen sternenklaren Nächte vorstellt. Man denkt an geröstete Marshmallows und eigenhändig gefangenen, frisch gegrillten Fisch. Doch diese Vorstellung in der Realität auszuleben bedeutet auch, dass wir ein Zelt besorgen, das Auto beladen, zum Zeltplatz fahren, das Zelt aufbauen, den Schmutz wegfegen, Fliegen erschlagen, Mückenspray versprühen und ohne die Annehmlichkeiten unseres Zuhauses auskommen müssen – all das, damit wir in den Genuss dieses Traumes kommen können. Sobald der Traum dann zur Wirklichkeit wird und wir die überwältigende Sternennacht genießen, erscheint uns alles noch sehr viel schöner, weil jetzt der Wert unseres Opfers und unsere Mühe ins richtige Verhältnis gesetzt sind. »O ja, das war es *so was* von wert!«

Was passiert also, wenn ganz gewöhnliche Menschen anfangen zu dienen – wenn sie ihr Leben mit einem Ziel vor Augen leben und sich darauf konzentrieren, es zu verwirklichen? Der Staub des Bodens ist die Domäne der Diener, während die Sterne des Himmels die Reiche der Könige sind. Wenn wir das Herz eines Dieners haben, macht uns das zu perfekten Kandidaten für Größe und verwirklichte Unmöglichkeiten, für verheißene Segnungen und für das in unserem Leben wirkende Wort Gottes.

Jesus sagte: »Wer unter euch groß werden will, soll den anderen dienen; wer unter euch der Erste sein will, soll zum Dienst an den anderen bereit sein. Denn auch der Menschensohn ist nicht gekommen, um sich dienen zu lassen, sondern um zu dienen und sein Leben als Lösegeld für viele hinzugeben« (Mt 20,26–28 NGÜ).

Wir sollten nicht unterschätzen, was Gott mit den Träumen in unseren Herzen und dem Staub auf dem Boden tun kann. Ich weiß nicht, was *wir* mit einer Rippe tun würden – wahrscheinlich kochen oder sie dem Hund geben –, aber Gott nahm eine Rippe und machte etwas von ausgesuchter Schönheit daraus: die Frau (siehe 1Mo 2,22). Er begann mit dem Staub, aber er beließ es nicht dabei. Wir dienen einem erstaunlichen Gott!

Wenn du einen Traum in deinem Herzen hast, dann musst du ein Säer sein. Ein Säer bearbeitet den Boden, denn der Vorgang des Säens und Erntens ist eine im Boden verankerte Gesetzmäßigkeit. Zu ernten, was man sät, ist nicht nur ein alttestamentliches oder neutestamentliches Konzept, sondern ein ewiges Prinzip, eine biblische Verheißung. Wer auf guten Boden sät, wird auch eine Ernte einfahren. Oder anders gesagt, was dich zu deinem Traum führt – was du säst –, ist das, was deinen Traum auch dauerhaft gedeihen lässt. Im Wesentlichen leben Diener für etwas, was viel größer ist als sie selbst. Diener verstehen den Wert ihres Beitrags zum Bau von etwas Großem.

Vor vielen Jahren, als mein TV-Dienst noch vor einer ganz schlichten Kulisse in einem behelfsmäßigen Studio hinter einem unserer Bürogebäude aufgenommen wurde, meldete sich ein Junge jede Woche freiwillig, um Kaffee zu kochen, Besorgungen zu erledigen und dem Produzenten und dem kleinen Produktionsteam zur Hand zu gehen. Mit seinen gerade mal vierzehn Jahren setzte seine Mutter ihn jede Woche bei uns ab, und er spazierte dann mit reinem Herzen und lernwilligem Geist einfach durch die Studioräume, staunte über die Wunder von Film und Fernsehen und tat, was immer nötig war, egal, wie groß oder klein die Aufgabe war.

Zehn Jahre später begann der Traum im Herzen dieses Jungen Form anzunehmen, als sein Talent ihm den Weg ins Drehteam bahnte. Schließlich wurde er der Regisseur einer der am längsten laufenden und quotenreichsten TV-Serien Australiens. Am Set dieser Serie lernte er auch seine Frau kennen, eine der Hauptdarstellerinnen, die ebenfalls an Christus glaubte. Es war jedoch nie sein Bestreben, die Erfolgsleiter im Filmgeschäft von Hollywood zu erklimmen. Er bewahrte die geheime Sehnsucht in seinem Herzen, sein unverkennbares Talent ins Reich Gottes einzubringen und diente weiter der Vision von Hillsong durch Beratung und ehrenamtliche Arbeit, wo immer es möglich war.

Heute ist Ben Field der Leiter unserer gesamten Film- und Fernsehabteilung und das kreative Genie hinter dem gesamten Inhalt des Hillsong-Kanals. Woche für Woche leitet er einen wachsenden Stab von Produzenten, Regisseuren, Produktionsteams, Autoren und Redakteuren, die innovative Medien für unsere Gemeinde und für das weltweite Publikum schaffen. Seine Begeisterung für die Gemeinde, seine Bereitschaft zu dienen und sein Fachwissen auf seinem Gebiet haben ihn zu einem großen Segen für Bobbie und mich werden lassen und uns in der Welt des Fernsehens und anderer Medien in einer Weise vorangebracht, wie wir es uns nie vorgestellt hätten.

Unmöglichkeiten werden durch unsere täglichen Entscheidungen möglich gemacht.

Das Wort Gottes sagt es klar und deutlich: Wenn du groß sein willst, dann diene. So hat auch Jesus auf Erden gedient, wobei sein Dienst die Eigenschaft war, die ihn von allen anderen abhob. Unterschätze niemals die Wirkungskraft von dienender Leiterschaft. Denk daran, im Reich Gottes ist Weg nach oben der Weg hinunter. Die Straße, die zu den luftigen Höhen unserer Träume und Visionen für die Zukunft führt, beginnt auf dem staubigen Boden der Dienerschaft. Und die Entscheidung, ein Diener zu werden, wird dich vom Gewöhnlichen ins Außergewöhnliche versetzen.

Deine Träume sind nichts im Vergleich zu Gottes Träumen für dich. Aus deinem Leben kann mehr werden, als du dir jemals vorstellen kannst, also warum wagst du es nicht, groß zu träumen?

Die Bibel sagt uns weiter, dass sich nicht nur Josefs Träume verwirklichten, sondern dass seine unerwartete Stellung und Macht in Ägypten seiner Familie und dem Volk Sicherheit und Versorgung brachten. Deine Bestimmung übersteigt bei weitem alles, was du erbitten oder dir vorstellen könntest; dein Erfolg wurde, ganz wie der von Josef, noch vor Grundlegung der Erde bereits geplant und erträumt. So, wie Josefs Bestimmung ihn letztendlich in eine Position mit großem Einfluss und hohem Ansehen brachte, kann auch deine Zukunft Segen in dein Leben bringen und das Leben der Menschen um dich herum positiv beeinflussen. Für uns als Gläubige ist unser Erfolg nie nur für uns selbst, und sehr oft beginnt er mit nichts weiter als einem Traum.

2

Mythos oder Mysterium?

Wir kennen den Namen dieses Australiers nicht und werden ihn auch nie kennen. Wir kennen weder seinen Rang noch sein Bataillon. Wir wissen nicht, wo er geboren wurde, und auch nicht, wie und wann genau er gestorben ist. Wir wissen nicht, wo er in Australien sein Zuhause hatte oder wann er es verlassen hat, um sich auf die Schlachtfelder Europas zu begeben. Wir kennen weder sein Alter noch seine Umstände – ob er aus der Stadt oder aus dem Buschland kam, welche Beschäftigung er hinter sich ließ, um Soldat zu werden, welche Religion er hatte, falls er eine hatte, ob er verheiratet oder ledig war. Wir wissen nicht, wer ihn geliebt hat oder wen er geliebt hat. Wenn er Kinder hat, wissen wir nicht, wer sie sind. Seine Familie ist für uns verloren, so wie er für sie verloren gegangen ist. Wir werden nie erfahren, wer dieser Australier war.

– Auszug aus der Gedenkrede von Premierminister Hon Paul Keating MP am Gedenktag 1993 für die australischen Gefallenen der beiden Weltkriege

Ähnlich wie andere Länder hat auch Australien ein »Grab des unbekannten Soldaten«, das sich in Canberra befindet. Das Geheimnis, das sich um die Geschichte des unbekannten australischen Soldaten rankt, hat die Fantasie einer ganzen Nation befeuert. Diese Erzählung handelt von einem unbekannten, doch tapferen Mann, der heldenhaft für seine Nation kämpfte und bis zur Unkenntlichkeit verwundet wurde, sodass es der Historie überlassen blieb, seine Geschichte zu schreiben.

Mysterien faszinieren die menschliche Seele schon seit Anbeginn der Zeit. Die unerschrockene menschliche Natur hat Hunderte von Erforschern dazu veranlasst, Berge zu erklimmen, die von anderen für unbezwingbar gehalten wurden. Wir sind fasziniert von Geschichten über die unendlichen Weiten des Weltalls – über Orte, an denen wir nie waren und die wir noch nie gesehen haben. Die Herzen der Menschen sehnen sich danach, weiter zu reisen, als es ihre Vorstellungskraft überhaupt zulässt. Geschichten von vergrabenen Schätzen und mysteriösem Verschwinden lösen in den Köpfen von Kindern Begeisterung aus; das große Unbekannte zieht Menschen an, wie Motten vom Licht angezogen werden.

Als ich ein Kind war, war es dieser Hang, verstehen zu wollen, was nicht erklärt wurde, der mich oft in Schwierigkeiten brachte. »Fass den heißen Teller nicht an, Brian.« »Bleib weg, die Farbe ist noch feucht.« Solche Warnungen waren wie ein Magnet für mein neugieriges Wesen. Bis zum heutigen Tag, wenn mir eine Mahlzeit mit der Warnung »Vorsicht, der Teller ist heiß« serviert wird, löst meine Neugier den Impuls in mir aus, herauszufinden, wie heiß der Teller wirklich ist.

Wir haben den Drang zu erklären, was unerklärlich ist.

Es ist deshalb nur natürlich, von der Schönheit Gottes fasziniert zu sein und über seine unermessliche Größe und sein geheimnisvolles Wesen zu staunen. Unser menschliches Verständnis versucht, ihn auf eine für unsere Vernunft erklärbare und überschaubare Größe zu bringen. Theologen versuchen, ihn zu erklären und immer wieder gestellte Fragen zu beantworten. Dennoch bleibt Gott weit jenseits des menschlichen Verstehens. Wir können ihn nicht handeln oder ihn in unser Begriffsvermögen einpassen. Wir können ihn nicht durch unsere begrenzten Vorstellungen davon, was möglich ist, einschränken. Wir wollen Antworten auf Fragen, die dazu gedacht waren, weitere Fragen aufzuwerfen. Gott ist vielschichtig und mehrdeutig und dennoch einfach und klar.

Wenn wir es wagen, groß zu träumen, führt uns das zu Fragen wie: »Was möchte Gott für mein Leben?« »Wie passt Gott in diesen Plan, oder wie passt dieser Plan in Gottes Plan?« »Interessiert sich ein grenzenloser Gott überhaupt für begrenzte Details?« »Warum hat mir dieses Hindernis den Weg versperrt?« und »Warum scheint diese Person immer mehr zu haben, während andere viel weniger haben?«

Das Geheimnis von Gottes Reich

Während wir auf der Suche sind, um mehr darüber herauszufinden, wer wir sind und wer Gott ist, ist es nur natürlich, dass wir auf das Unbekannte stoßen – das Geheimnisvolle und oftmals Unlösbare. Selbst der Apostel Paulus wies in seinen Briefen ganze einundzwanzig Mal auf das Geheimnis Christi hin. Aber vielleicht hat es Hiob am besten getroffen, als er sagte:

Glaubst du, du kannst das Geheimnis Gottes erklären?
Glaubst du, du kannst Gott, den allmächtigen Gott,
veranschaulichen?
Gott ist viel höher, als du es dir vorstellen kannst, viel tiefer,
als du es verstehen könntest,
und reicht weiter als die Horizonte der Erde, viel weiter als
der endlose Ozean. – Hiob 11,7–9 MSG

Jesus sprach oft in Gleichnissen, um die großen Geheimnisse von Gottes Reich zu enthüllen. Die meisten seiner Geschichten begann er mit: »Das Reich Gottes ist wie …« oder »Das Himmelreich ist wie …«, und dann fuhr er fort, indem er den Zuhörern die Wahrheit erläuterte. Diese Gleichnisse sind simpel und ermöglichen es uns auch heute noch, das Evangelium mit unserem Alltag in Verbindung zu bringen, weil sie von Landwirtschaft, Fischerei, Weinbergen oder Aussaat erzählen. Aber sie sind auch tiefgründig und mit großartigen Geheimnissen durchwoben. Mit einem Mausklick finden wir online verschiedene Auslegungen für jedes einzelne dieser Gleichnisse.

Das Leben mit Jesus ist voller Möglichkeiten, und wenn wir mit ihm eine Beziehung eingehen, betreten wir eine Welt voller großartiger Mysterien und offenbarter Wahrheiten, insbesondere dann, wenn es um Dinge geht, die das menschliche Verständnis übersteigen.

Die Aussage »Es gibt mehr« könnte auf nichts zutreffender sein als auf das, was wir im Leben als Christen erfahren. Es gibt mehr zu wissen, mehr zu verstehen und mehr zu erwarten. Je mehr wir über Gott und sein Wort wissen, desto mehr wird uns bewusst, wie viel wir noch nicht wissen. Schicht um Schicht, Geheimnis um Geheimnis, Kostbarkeit um Kostbarkeit, ja, mehr und mehr wird uns offenbart, wenn wir die Suche nach ihm über alles andere stellen.

Das Mysterium von Gottes Willen

Es war drei Uhr morgens. In pechschwarzer Nacht schauten die Männer über den Rand ihres Segelbootes aufs Wasser hinaus und sahen eine geheimnisvolle Gestalt, die sich auf dem Wasser auf sie zubewegte. War es ein Geist? Was konnte diese furchteinflößende Erscheinung bloß sein? Gerade erst hatten sie ihren Dienst an einer Menge von Tausenden von Menschen beendet und waren nun dabei, den See Genezareth zu überqueren:

Aber um die vierte Nachtwache kam Jesus zu ihnen und ging auf dem See. Und als ihn die Jünger auf dem See gehen sahen, erschraken sie und sprachen: Es ist ein Gespenst!, und schrien vor Furcht.

Jesus aber redete sogleich mit ihnen und sprach: Seid getrost, ich bin's; fürchtet euch nicht!

Petrus aber antwortete ihm und sprach: Herr, wenn du es bist, so befiehl mir, zu dir auf das Wasser zu kommen!

Da sprach er: Komm! Und Petrus stieg aus dem Schiff und ging auf dem Wasser, um zu Jesus zu kommen. Als er aber den starken Wind sah, fürchtete er sich, und da er zu sinken anfing, schrie er und sprach: Herr, rette mich!

Jesus aber streckte sogleich die Hand aus, ergriff ihn und sprach zu ihm: Du Kleingläubiger, warum hast du gezweifelt? Und als sie in das Schiff stiegen, legte sich der Wind.

Da kamen die in dem Schiff waren, warfen sich anbetend vor ihm nieder und sprachen: Wahrhaftig, du bist Gottes Sohn!

– Matthäus 14,25–33

Lass mich dir sagen, was auch die Jünger entdeckten: Es warten eine Menge Faszination, Geheimnisse und Spannung auf dich, wenn du dich entscheidest, Christus zu folgen. Vielleicht stellst du die gleiche Frage wie Petrus: »Gott, bist das wirklich du?« Vielleicht fragst du dich, wo es auf deinem Glaubensweg als Nächstes hingeht. Oder du stellst die Frage, die jedem Gläubigen mindestens einmal im Jahr durch den Kopf zu gehen scheint: *Was ist*

Gottes Wille für mein Leben? Nun, ich habe Neuigkeiten für dich. Manchmal musst du, genau wie Petrus, aus dem Boot steigen, um das Geheimnis zu lüften, was als Nächstes kommt – das Mysterium von Gottes Willen.

Das große Unbekannte

In meinem Leben gab es viele Momente, in denen ich, um weiterzukommen, zuerst meine Komfortzone verlassen musste. Ich musste vertrauen, über mich hinauswachsen und Schritte hinaus auf unbekanntes Terrain wagen.

Die Hillsong Church entstand ohne jegliche Sicherheiten. Es gab keine Zusage über finanzielle Unterstützung, keine Garantie, dass die Menschen auch wirklich kommen würden, und keine – über den Glauben an Jesus und das Vertrauen auf die Berufung durch ihn hinausgehende – Gewissheit, dass Gott diese brandneue, kleine, auf Evangelisation ausgerichtete Gemeinde segnen würde. Wäre Sicherheit unsere Priorität gewesen, hätte uns das dort festgehalten, wo wir waren. Die Gemeinde, die meine Eltern leiteten, war stark und entwickelte sich gut, und es schien unausbleiblich, dass ich, wenn wir weiter ihrer Vision folgen und in dem, was sich uns bot, bleiben würden, eines Tages automatisch Hauptpastor der Gemeinde werden würde. Das war zweifellos die sichere Option. Aber Gott führte mich zu der Überzeugung, dass es noch mehr gab.

Als ich ankündigte, dass wir die Gemeinde verlassen und ins ländliche Randgebiet der Stadt ziehen würden, lehnte sich mein Vater zu keiner Zeit dagegen auf, aber es war klar, dass er die Augen vor den Tatsachen verschloss, wodurch es auch nie eine offizielle Verabschiedung gab. Es war mir überlassen, der Gemeinde zu verkünden: »Das ist heute unser letzter Sonntag.« Ich musste meinen Büroschreibtisch kaufen, damit ich ihn mitnehmen durfte, und meine Freunde fingen an, mich im Scherz bei einem Spottnamen zu rufen, der mit der Gegend zusammenhing, in die wir umzogen. Trotz allem waren wir begeistert. Ich war wegen der Art, wie sich unser Anfang gestaltete, nie betrübt, weil meine Begeisterung über die Geheimnisse, die in der Zukunft lagen, mich mehr beschäftigte als irgendwelche Bedenken wegen des Komforts und der Sicherheit, die wir hinter uns ließen. Wir zogen ohne nennenswerte Unterstützung los und starteten unsere Pionierarbeit in dieser brandneuen Gemeinde mit einer kleinen Gruppe von Leuten, die in der Gegend einen Bibelkreis besuchten, und ich denke, mehr brauchte es nicht. Alles andere war das große Unbekannte.

Oft kommt es vor, dass Leute die Geschichte im Matthäusevangelium vom Gehen auf dem Wasser lesen und denken: *Schön und gut, aber Petrus sank!* Doch wir dürfen nicht vergessen, dass Petrus immerhin aus dem Boot gestiegen ist! Die anderen Jünger sind ja noch nicht einmal aus dem Boot *ausgestiegen*. Wobei man sagen muss, dass die Jünger immerhin *ins* Boot gestiegen sind – es gab weitere fünftausend Menschen, die die Küste nie verlassen haben! Wenn du einen Moment über deine eigene Einstellung nachdenkst, bist du dann eher wie die Menschen, die den Schutz des sicheren Ufers schätzten, oder wie die Jünger, die ein kleines Risiko eingingen und ins Boot stiegen? Oder bist du wie Petrus, der nicht nur das Ufer verließ, sondern auch aus dem Boot stieg, weil Jesus »Komm« sagte?

Ich habe den Willen Gottes schon öfter mit einem Drahtseil verglichen. Zu viele Leute denken jedoch, damit wäre gemeint, dass man leicht auf den Willen Gottes aufspringen, aber schnell auch wieder abstürzen kann. Doch Gott ist viel besser darin, uns auf Kurs zu halten, als wir es ihm zutrauen. Ich glaube, wenn wir im Gleichschritt mit dem Heiligen Geist gehen, gemäß dem Wort und im Willen Gottes, dann gibt uns der Herr laufend Impulse und in den passenden Momenten grünes Licht, während wir einfach einen Fuß vor den anderen setzen. Genauso ist er absolut in der Lage, uns rote Ampeln, Warntafeln und Umleitungsschilder direkt vor die Nase zu stellen, um uns zu signalisieren, dass wir anhalten und unsere nächsten Schritte neu überdenken sollten. Wir müssen nur darauf vertrauen, dass er unsere Schritte lenkt.

Was war deine Reaktion, als Christus dich gerufen hat? Was hast du mit den Empfindungen in deinem Herzen und den Gaben in deiner Hand getan, um Christus in das Geheimnis deiner gottgegebenen Zukunft zu folgen?

Epheser 1,9 (ELB) sagt uns, dass Jesus uns »das Geheimnis seines Willens zu erkennen gegeben [hat] nach seinem Wohlgefallen«. Hast du dir jemals Gedanken darüber gemacht, was dem Herzen Gottes Freude bereitet? Zweifellos wirst du in dem Geheimnis deiner herrlichen Zukunft auch Zeiten haben, in denen du Enttäuschung, Kummer, Schwierigkeiten und Fehltritte erlebst. Aber wenn du Christus nachfolgst und einen Fuß vor den anderen setzt, wenn er dich ruft, dann werden sich sein Wohlgefallen, sein Wille und seine Absicht für dein Leben erfüllen.

Ich denke, allzu oft wollen wir einfach unbedingt wissen, was als Nächstes kommt. Wir hätten gerne, dass Gott uns die Zukunft bis ins kleinste Detail offenbart. Etwa so: »Samstagnachmittag, um 17 Uhr, wird dir auf der Straße ein Mann begegnen und dich anrempeln. Du wirst dir zunächst nicht viel dabei denken, aber aufgepasst – er ist der Richtige!« Oder: »Weißt du noch, der Job, um den du dich letzte Woche beworben hast? Nimm ihn nicht an. Nächste Woche wird dir eine noch bessere Stelle angeboten, wenn du einfach abwartest.«

Doch wozu bräuchten wir Glauben, wenn es so liefe? Warum sollten wir ihm vertrauen, wenn wir schon wüssten, was als Nächstes passiert? Das Leben mit Jesus bedeutet auch, in das große Unbekannte hinauszutreten und zu vertrauen, und es ist meine feste Überzeugung, dass Gott uns für diesen Weg ausrüsten will. Jeder Umstand und jeder Augenblick im Leben kann zu einer neuen Erkenntnis über eine Facette seines Wesens und zu einer Offenbarung über das Kommende führen.

Jesaja 46,10 versichert uns, dass der Herr das Ende von Anfang an kennt. Er ist in allen Dingen und über allen Dingen, und seine Pläne übersteigen bei weitem deine größten Wünsche. Lass dich auf das Mysterium ein. Entscheide dich für das Abenteuer. Du wirst es nicht bereuen.

Der Mythos vom Mehr

Der große Mythos vom Mehr ist die irrationale Vorstellung, dass wir aus eigener Kraft mehr wissen sollten, dass Gott irgendwie erklärbar, verständlich sein sollte – dass er ins Maß unseres Verständnisses passen sollte. Doch abseits von einer persönlichen Beziehung zu seinem Sohn gibt es kein Gottesverständnis. In Johannes 14,23 (EÜ) heißt es:»Jesus antwortete ihm: Wenn jemand mich liebt, wird er mein Wort halten; mein Vater wird ihn lieben und wir werden zu ihm kommen und bei ihm Wohnung nehmen.«

Als ein Nachfolger Jesu Christi kann man leicht dem Irrtum erliegen, man müsse mehr tun, so als wäre christlicher Dienst der Schlüssel zu einer engen Beziehung mit unserem Schöpfer. Aber unsere Verbindung zu Gott hat nur mit ihm und nichts mit uns zu tun. Es geht nur um das, was er bereits getan hat: Sein Erlösungswerk am Kreuz und die Realität des leeren Grabes sind das, was uns Hoffnung für die Zukunft gibt.

Als jemand, der seit vielen Jahren im Vollzeitdienst steht, habe ich den Mythos von »mehr ist mehr« oft beobachtet und bin ihm schon selbst auf den Leim gegangen – dieser Vorstellung, dass konkurrieren, streben und sich beweisen das ist, was uns vorwärtsbringt, und dass mehr Menschen, mehr Konferenzen und mehr Gottesdienste das ist, was Gott gefällt. Aber der Schlüssel »zur ganzen reichen Fülle des Verstehens« (Kol 2,2 GNB) liegt darin, durch die Kraft des Heiligen Geistes von neuem geboren zu werden.

Jeden Tag in Hingabe zum Wort Gottes und im Einklang mit den Impulsen seines Geistes zu leben, wird dich in Gnade, Frieden und in ein erfülltes Leben hineinführen, das dir mehr gibt, als du jemals erbeten, erträumt oder dir vorgestellt hast. Es wird dich nicht in einen Zustand des Ausgebranntseins, in ein hektisches Tempo oder das unerbittliche Streben nach mehr Zeit, mehr Dingen und mehr Ruhe führen. Jesus in persönlicher Weise zu kennen wird dir eine Welt endloser Entdeckungen und Gelegenheiten eröffnen, aber niemals etwas von dir verlangen, was du nicht geben kannst.

Kein Geheimnis mehr

Nicht in Reichtümern oder materiellem Wohlstand finden wir unseren Frieden und unser Glück. Auch nicht durch ein »Mehr« an irdischer Zeit, Management oder Verwirklichung. Es geht darum, die Person Jesu Christi und die Tiefgründigkeit seines Opfers für uns zu verstehen.

Paulus sagt uns: »Ohne Frage ist das Geheimnis unseres Glaubens groß«, und dann fährt er mit etwas fort, das vielleicht sogar ein frühes Loblied der Gemeinde war:

Christus ist als Mensch erschienen
und wurde durch den Geist gerecht gesprochen.
Er wurde von Engeln gesehen
und den Völkern verkündet.
Viele Menschen in der Welt glaubten an ihn,
und er wurde in den Himmel hinaufgenommen.
– 1. Timotheus 3,16 NLB

In diesem kurzen Abschnitt offenbart die Bibel das Kernstück des Evangeliums – das Geheimnis und Mysterium der Göttlichkeit und des Lebens in Christus. Das Geheimnis unserer Errettung war verborgen, doch nun ist es offenbart. Denjenigen, die an Christus glauben, wurde es bekanntgemacht.

Wir können Gott nicht aus uns selbst heraus gefallen oder das überfließende Leben haben, das wir uns so sehr wünschen, ohne von Christus abhängig zu sein. Das Geheimnis Gottes ist im alles umfassenden Sinn sein Heilsplan durch Jesus: sein Tod und seine Wiederauferstehung. Und das »Mehr«, nach dem sich unsere Herzen sehnen, ist im Grunde die Ewigkeit in Gemeinschaft mit dem Einen, zu dessen Anbetung wir geschaffen wurden. Ohne das Kommen Jesu hätten wir den Weg zum ewigen Leben nie begreifen können.

Paulus sagt: »Denn ich möchte, dass sie ermutigt werden und in Liebe zusammenhalten, um die tiefe und reiche Gewissheit zu erhalten, die mit der Erkenntnis von Christus zusammenhängt. Denn er ist das Geheimnis Gottes, und in ihm sind alle Schätze der Weisheit und Erkenntnis verborgen« (Kol 2,2–3 NEÜ). Fang in deinem Streben danach, mehr zu entdecken, bei Jesus an. Lass Platz für das Staunen, das Mysterium und die Anbetung, die mit einem Leben in Christus verbunden sind. Stehe in Ehrfurcht vor einem Gott, den wir nicht bis ins Letzte verstehen können, staune über die Geheimnisse, die hinter jeder Ecke seines vollkommenen Willens warten. Und suche in deinem Streben nach dem Leben von Epheser 3 nie nach mehr für dich, ohne zuvor mehr von ihm entdeckt zu haben.

3

Gehorsam und überfließende Fülle

Ich war alles andere als ein perfektes Kind. Während ich in den 1960er Jahren in Wellington, Neuseeland, aufwuchs, kämpfte ich mit einem unverhältnismäßig starken Bedürfnis nach Annahme und einer überwältigenden Furcht vor Ablehnung durch gleichaltrige Freunde. Dazu kam eine ständige Versuchung, die untrennbar mit dem Jugendalter verbunden ist: Die Versuchung, Kompromisse einzugehen, sich anzupassen und Anerkennung zu erheischen.

Doch gleichzeitig wuchs ich mit dem starken Wunsch auf, Gott mit meinem Leben zu dienen und zu ehren, und mit der Überzeugung, dass ich seine reichen Segnungen erfahren würde, wenn ich es schaffte, mich in drei bestimmten Bereichen rein zu halten. Ich glaube, dass es der Heilige Geist war, der mir starke Überzeugungen in Bezug auf meine Gewohnheiten, Moral und Prioritäten gab. Auch wenn mich die jugendliche Versuchung manchmal bis ans Äußerste führte, so gelang es mir doch, meine Kindheit und Jugend zu überstehen und diese drei Gehorsamsbereiche intakt zu halten.

Mir ist bewusst, dass Gottes Gnade und Gunst nicht auf menschlicher Anstrengung beruhen und dass du nichts tun kannst, was ihn dich weniger lieben lässt, und auch nichts, was ihn dazu bringt, dich mehr zu lieben. Du kannst Gottes segnende Hand nicht durch Anstrengung oder Werke erzwingen; es läuft nicht nach dem »Tu Gutes, empfange Gutes«-Prinzip. Tatsächlich sagt uns die Bibel, dass wir *alle* gesündigt und die Herrlichkeit Gottes verfehlt haben. Aber ich bin mir auch sicher, dass er Gehorsam würdigt und dass dieser durch einfache Treue sichtbar und ausgelebt werden kann. Anders gesagt, Gehorsam und Treue gehören untrennbar zusammen und ergänzen sich großartig.

Genauso, wie wir sicher sein können, dass Liebe eine Tür zur Ehe ist, Disziplin eine Voraussetzung für Gewichtsabnahme und auf eine Saat immer auch eine Ernte folgt, ist es meine Überzeugung, dass du das von Gott verheißene überfließende Leben nicht ohne den guten altmodischen Gehorsam erfahren kannst – den Gehorsam gegenüber seinem Wort und den Gehorsam, seinen Richtlinien zu folgen und seinen Verheißungen zu vertrauen. Gehorsam geht der Fülle voraus. Und das Beste daran ist: Wenn du in der Vergangenheit mit Gehorsam und Treue deine Schwierigkeiten hattest, gibt es keine bessere Zeit als die Gegenwart, um einen Neuanfang zu starten.

Das Wichtigste zuerst

Zweifellos kam Jesus auf die Erde, um die Antwort auf menschliche Verdorbenheit zu sein – um uns zu erlösen und durch die Qual und die Wunden, die er erlitt, die Schläge für unsere Sünde und Krankheit zu tragen. Er kam aber auch, um dir und mir Auferstehungsleben zu bringen. Somit ist es auf kraftvolle Weise tröstlich, dass er das Ganze in einer einfachen, gegenüberstellenden Aussage in Johannes 10,10 zusammenfasst: »Der Dieb kommt nur, um zu stehlen, zu töten und zu verderben; ich bin gekommen, damit sie das Leben haben und es *im Überfluss* haben.«

Wow!

Lass mich das erklären.

Einige ordnen jeglichen Gedanken an Überfluss sofort dem Jenseits und der ewigen Verheißung von Gemeinschaft mit Gott im Himmel zu. Doch nimm dir einen Moment Zeit, um über die Worte Jesu nachzudenken, die er an seine Jünger richtete, nachdem der reiche junge Mann verzweifelt davon gegangen war, weil er nicht bereit war, allen Besitz aufzugeben, sein Kreuz auf sich zu nehmen und Christus zu folgen. Diese Begegnung hinterließ bei den Jüngern viele Fragen darüber, welche Hoffnung auf Rettung es überhaupt für uns gibt, und in diesem Moment meinte Petrus, den Sohn Gottes daran erinnern zu müssen, dass sie alles verlassen hatten, um ihm zu folgen. Als Antwort auf ihre Fragen sprach Jesus ganz gezielt über den Segen, der damit verbunden ist, wenn man ihn an erste Stelle setzt:

Jesus antwortete: »Ich versichere euch: Jeder, der sein Haus, seine Geschwister, seine Eltern, seine Kinder oder seinen Besitz zurücklässt, um mir zu folgen und die rettende Botschaft von Gott weiterzusagen, der wird schon hier auf dieser Erde alles hundertfach zurückerhalten: Häuser, Geschwister, Mütter, Kinder und Besitz. All dies wird ihm – wenn auch mitten unter Verfolgungen – gehören und außerdem in der zukünftigen Welt das ewige Leben. Viele, die jetzt einen großen Namen haben, werden dann unbedeutend sein. Und andere, die heute die Letzten sind, werden dort zu den Ersten gehören.« – Markus 10,29–31 HFA

Beachte, dass er sowohl von »hier auf dieser Erde« als auch von »der zukünftigen Welt« spricht und dabei eine klare Unterscheidung macht. Aber neben dem versprochenen Segen (»hier auf dieser Erde«) sind seine Worte zugleich eine schlichte Erinnerung daran, dass Verfolgungen genauso Teil dieses Lebens sind. Nicht jeder versteht die Segnungen Gottes und seine Verheißungen an diejenigen, die im treuen Gehorsam leben.

Was also ist Überfluss? Ist es finanzieller Segen? Schon möglich. Es ist wahr, dass Gott dein Unternehmen segnen und dir eine Fülle an Ressourcen zufließen lassen kann. Sein Wort sagt deutlich, dass er diejenigen segnet, die sich dafür engagieren, andere zu segnen. Aber das ist nicht das Einzige und noch nicht einmal das Erste, das mir in den Sinn kommt, wenn ich an Gottes Überfließen denke. Für mich beinhaltet Überfluss so viel mehr.

Laut Wörterbuch bedeutet *Überfluss* »eine Fülle von guten Dingen des Lebens«.[2] Überleg mal. Ein Überfluss an Liebe, Güte, Freude, Friede, jede Menge Erfolg, Beziehungen, Lachen, Desserts … okay, der letzte Punkt ist vielleicht nur mir wichtig. Aber die »guten Dinge des Lebens« lassen eine Menge Interpretationsspielraum!

Das führt mich zurück zu der Verheißung, die mich überhaupt dazu veranlasst hat, zur Feder zu greifen und *Es gibt mehr* zu schreiben: »Dem aber, der über alles hinaus zu tun vermag, über die Maßen mehr, als wir erbitten oder erdenken, gemäß der Kraft, die in uns wirkt …« (Eph 3,20 ELB).

- *über*: überragend und übersteigend
- *alles*: voll und überfließend
- *hinaus*: dich höher hebend, als du es je erbitten oder erdenken könntest

Alles ermöglicht durch seine Kraft, die in dir wirkt.

Wusstest du, dass Überfluss und Erfolg zu den ersten Bündnisgeboten gehörten, die Gott zu den Menschen gesprochen hat? Er sagte: »Seid fruchtbar und mehrt euch und füllt die Erde und macht sie euch untertan« (siehe 1Mo 1,28). Gott sprach nicht nur von Nachkommenschaft, sondern von einem ganzen Leben und einem Umfeld voll von andauerndem und generationenübergreifendem Segen und Wachstum. Wie ich in diesem Kapitel bereits erwähnt habe, sind wir gesegnet, um ein Segen für andere zu sein und Gottes Güte in unserem Leben sichtbar zu machen. Wenn wir ein Segen für andere sein sollen, muss unser Denken mit dem in Übereinstimmung kommen, was die Bibel über das gesegnete Leben lehrt.

Um deine Einstellung auf Segen auszurichten, ist es entscheidend, was du in deinem Leben an *erste* Stelle setzt: »Sucht aber *zuerst* sein Reich und seine Gerechtigkeit; dann wird euch alles andere dazugegeben« (Mt 6,33 EÜ). Ich liebe diese Verheißung! Doch was genau bedeutet es, zuerst nach seinem Reich zu suchen?

Durch Regeln festgelegt

Das Wort *Gehorsam* ist heutzutage nicht mehr allzu populär. Es gibt Leute, die sagen jedem: »Sei ein Individualist – lass dir von niemandem etwas vorschreiben!« Ganze Bewegungen beruhen auf den Prinzipien des *Un*gehorsams, rebellieren gegen das System und kehren sich von der Norm ab. Doch Johannes 14,15 (NLB) bringt es klar und deutlich zum Ausdruck; dort sagt Gott: »Wenn ihr mich liebt, werdet ihr meine Gebote halten.«

Beachte bitte, dass dort nicht steht: »Wenn ihr mich liebt, werdet ihr jeden Tag eine Stunde lang eure Bibel lesen, ununterbrochen beten, zu jedem nett sein, euren Zehnten an die Gemeinde und fünf Prozent für die Mission geben und euch freiwillig zur Gemeindearbeit melden.« So viele Leute lassen ihren Geist von religiösen Praktiken und menschlich interpretieren Bibelversen beherrschen. Wohlmeinende Christen bringen Menschen auf den falschen Weg der Vorschriften und Rituale, anstatt sie auf den zu führen, der sie in der Gnade einer Beziehung mit Christus leben lässt.

Falls du je in einer Hillsong Church gewesen bist, weißt du, dass wir großen Wert auf biblische Grundsätze legen, wie die Bereitschaft zu dienen, den Zehnten zu geben, großzügig zu sein, mit anderen über den Glauben zu sprechen und Gott anzubeten. Doch wir lassen uns nicht davon fesseln! Es ist kein Umfeld, aus dem du ausgestoßen wirst, wenn du nicht gebetet oder deine Bibel zu Hause vergessen hast. Wenn du in einer echten, lebendigen, dynamischen Beziehung mit Jesus Christus lebst, ist Gehorsam kein Opfer, sondern kommt aus deiner überströmenden Liebe zu Gott. Deine Fähigkeit, Gottes Stimme zu hören (und ihn nicht nur zu hören, sondern ihm auch zuzuhören und seinen besten Absichten und seinen Verheißungen für dein Leben zu vertrauen), wird zur größten treibenden Kraft deines Wunsches, ihm zu gehorchen. Zuerst nach dem Reich Gottes zu suchen ist dann eine natürliche Antwort und keine erzwungene Reaktion.

Der Preis für das Mehr

Ein herausragendes biblisches Beispiel für Gehorsam ist ziemlich weit vorne in Gottes Wort zu finden. Die Geschichte von Abraham und Sarah im ersten Buch Mose über den verheißenen Sohn, den sie im hohen Alter bekamen, ist eines von diesen Ruft-es-von-den-Dächern-unser-Gott-beantwortet-Gebete-Zeugnisse. Jahrelang trug diese Frau die Scham über ihren Zustand mit sich herum, während ihr Ehemann auf die Erfüllung einer Prophetie wartete, die ihm verheißen hatte, dass er ein Vater vieler Völker sein würde. *Vieler Völker?* Von einer neunzig Jahre alten *unfruchtbaren* Frau? Doch wieder einmal vollbrachte unser Gott das Unmögliche. Sie nannten ihn Isaak, und ich vermute, er war die Freude ihres Lebens. Er war die Krönung all ihrer Hoffnung und ihres Vertrauens, ein Versprechen und ein Traum, dass Abrahams und Sarahs Nachkommen – durch dieses kleine Kind – so zahlreich sein würden wie die Sterne am Himmel.

Deshalb halte ich die Geschichte von Abraham und seinem Wundersohn auf einem Berg in Morija für die vielleicht schwierigste Geschichte im Alten Testament. Als Vater habe ich die natürliche Neigung, meine Kinder jederzeit zu beschützen und alles zu tun, um Schaden von ihnen abzuwenden. Als sie klein waren, sagte ich: »Bitte nimm meine Hand«, wenn wir die Straße überquerten, und überprüfte immer zweimal, ob die Tür der Swimmingpool-Umzäunung sorgfältig verschlossen war. Als sie älter wurden, wurde daraus ein freundliches, aber nachdrückliches: »Fahr vorsichtig« und »Sei pünktlich zurück«, wenn sie das Haus verließen. Man kann sagen, dass unsere Kinder dafür sorgen, dass unser Gebetsleben aktiv bleibt, und obwohl ich immer bemüht bin, mein Wort einzuhalten und Predigttermine nicht abzusagen, würde alles in mir sofort an ihre oder seine Seite eilen wollen, wenn jemand aus meiner Familie ernsthafte Schmerzen oder Schwierigkeiten hätte. Meine Verpflichtung und meine Loyalität gelten zuerst der Familie.

Deshalb kann ich als Vater nicht einmal darüber nachdenken, wie es sich angefühlt haben muss, als Gott von Abraham das Undenkbare verlangte:

Einige Zeit später stellte Gott Abraham auf die Probe.
»Abraham!«, rief er. »Ja, Herr?«
»Geh mit deinem einzigen Sohn Isaak, den du so sehr liebst,
in die Gegend von Morija. Dort zeige ich dir einen Berg. Auf
ihm sollst du deinen Sohn Isaak töten und als Opfer für mich
verbrennen!«
Am nächsten Morgen stand Abraham früh auf und spaltete
Holz für das Opferfeuer. Dann belud er seinen Esel und
nahm seinen Sohn Isaak und zwei seiner Knechte mit.
Gemeinsam zogen sie los zu dem Gebirge, das Gott Abraham
genannt hatte. Nach drei Tagereisen war es in der Ferne zu
sehen. »Ihr bleibt hier und passt auf den Esel auf!«, sagte
Abraham zu den beiden Knechten. »Der Junge und ich gehen
auf den Berg, um Gott anzubeten; wir sind bald wieder
zurück.«
Abraham legte das Holz für das Brandopfer auf Isaaks
Schultern, er selbst nahm das Messer und eine Schale, in
der Holzstücke glühten. Gemeinsam bestiegen sie den Berg.
»Vater?«, fragte Isaak.
»Ja, mein Sohn.« »Feuer und Holz haben wir – aber wo ist
das Lamm für das Opfer?«
»Gott wird schon dafür sorgen, mein Sohn!« – Schweigend
gingen sie weiter. – 1. Mose 22,1–8 HFA

Auf meinem Weg als Christ habe ich diesen Abschnitt viele
Male gelesen. Wir wissen, was als Nächstes kommt, aber halten
wir jemals inne und denken über diese Momente zwischen der
Opferdarbringung und der Versorgung nach? Gehorsam. Abraham tat das gewiss nicht, weil er es so wollte. Ich stelle mir vor,
dass er zitternd auf jenen Berg stieg, sich die Tränen aus den Augen und den Schweiß von der Stirn wischte und dabei betete, dass

dies nicht der Moment war, in dem Gott seine Verheißung zunichtemachen würde.

Stell dir die Unterhaltung vor, als Isaak mit Verwirrung und Unschuld im Gesicht seinen Vater ansah. »Aber Papa, wo ist denn das Schaf, das du töten wirst?«

Abrahams Antwort – »Gott wird für ein Lamm sorgen« – war von Vertrauen erfüllt, aber sein Handeln war entscheidend. Er beließ es nicht bei einem Lippenbekenntnis. Die Bibel sagt uns, dass er einen Altar aufbaute, Holz darauf schichtete, seinen Sohn fesselte, ihn auf den Altar legte und die Hand hob, um den Jungen zu töten.

Gehorsam ist kostspielig.

Vertraue dem Versorger

In seiner Hand hielt Abraham seinen Jungen, in seinem Herzen hielt er sein Versprechen, und in seinem Gehorsam versorgte ihn der Herr.

»Abraham, Abraham!«, rief da der Engel des HERRN vom Himmel.

»Ja, Herr?«

»Leg das Messer beiseite und tu dem Jungen nichts! Denn jetzt weiß ich, dass du Gott gehorsam bist – du hättest deinen einzigen Sohn nicht verschont, sondern ihn für mich geopfert!«

Plötzlich entdeckte Abraham einen Schafbock, der sich mit den Hörnern im Dickicht verfangen hatte. Er tötete das Tier und opferte es anstelle seines Sohnes auf dem Altar. Den Ort nannte er: »Der HERR versorgt.« Noch heute sagt man

darum: »Auf dem Berg des HERRN ist vorgesorgt.«
Noch einmal rief der Engel des HERRN vom Himmel
Abraham zu: »Ich, sagt der Herr, schwöre bei mir selbst:
Weil du gehorsam warst und mir deinen einzigen Sohn als
Opfer geben wolltest, werde ich dich überreich mit meinem
Segen beschenken und dir so viele Nachkommen geben, wie
es Sterne am Himmel und Sand am Meer gibt. Sie werden
ihre Feinde besiegen und ihre Städte erobern. Alle Völker der
Erde werden durch deine Nachkommen am Segen teilhaben.
Das alles werde ich dir geben, weil du bereit warst, meinen
Willen zu tun.« – 1. Mose 22,11–18 HFA

Kannst du diese Verheißungen gedanklich überhaupt fassen? *Segnungen*: »Ich werde dich überreich mit meinem Segen beschenken.« *Fruchtbarkeit*: »Ich werde dir viele Nachkommen geben.« Und der Segen endete nicht bei Abraham, denn Gott sagte, dass er aufgrund von Abrahams Gehorsam auch die Völker segnen würde.

Ich möchte dein Verständnis dafür wecken, dass deinem Gehorsam ein »Mehr« folgt, sowohl jetzt als auch in der Zukunft. Deine Fähigkeit, an den Verheißungen Gottes festzuhalten, auf seine Versorgung zu vertrauen und zu glauben, dass sein Wunsch für dein Leben überfließende Fülle ist, wird dir immer wieder festen Halt geben. Und wenn die Prüfungszeiten, die Wartezeiten und die schwierigen Zeiten kommen, dann geht dir Jahwe-Jireh, der Herr, dein Versorger, zehn Schritte voraus mit dem Ziel, dir das Leben zu geben, das alles übersteigt, was du dir erbitten oder vorstellen kannst – sowohl hier als auch in der Ewigkeit.

Abrahams anfängliche Verheißung (zu finden in 1. Mose 15) waren zahlreiche Nachkommen. Doch für seinen Gehorsam wurde ihm eine Ehre zuteil, die die Zeit überdauern würde. Abraham sollte nämlich der Stammvater der davidischen Linie werden, die schließlich zu Christus führen würde. Es war der Gehorsam, der ihn zu unendlich viel mehr führte, als er hätte erbitten oder sich vorstellen können.

Welch eine Verheißung! Was für eine Hoffnung wir doch haben! Im Gegensatz zu Abraham sind uns alle Verheißungen eines überfließenden Lebens und die Voraussetzungen für einen heiligen Lebenswandel geschenkt worden – ohne ein Opfer von uns. Wie 1. Samuel 15,22 (LUT) feststellt: »Gehorsam ist besser als Opfer.«

Himmelwärts fallend

Auf dem Album *Empires* von Hillsong UNITED gibt es ein Lied, das »Touch the Sky« (Dem Himmel nah) heißt. Es ist eins meiner Lieblingslieder und zugleich eine Hymne, die für unsere Kirche große Bedeutung gewonnen hat. Der Liedtext erinnert uns daran, dass das Leben mit Christus oft in einer Haltung der Hingabe zu finden ist und dass der Gehorsam gegenüber seinem Ruf zur Fülle für uns führt.

My heart beating, my soul breathing
I found my life when I laid it down
Upward falling, spirit soaring
I touch the sky when my knees hit the ground.

Mein Herz schlägt laut, ich atme auf
Ich lebe erst, seit ich mich aufgab
Fall himmelwärts, mit freiem Herz
Auf meinen Knien kommt der Himmel mir nah[3]

Wenn ich diese Worte singe, werde ich wieder an den Traum über die unzähligen Sterne am Himmel erinnert, der Abraham von Gott gegeben wurde. Dieser Traum von den Sternen gewann im Gehorsam Abrahams Gestalt und wurde auf seinem staubigen Weg durch den Wüstensand zum Leben erweckt.

Der Apostel Johannes schreibt: »Jeder, der behauptet, mit Gott eng vertraut zu sein, sollte das gleiche Leben führen, das Jesus lebte« (1Joh 2,6 MSG). Welch eine Herausforderung! Wenn das Leben, das wir wollen, ein erfülltes sein soll – bis zum Überlaufen angefüllt mit alles übersteigenden Träumen und erfüllten Zusagen –, müssen wir ergeben und gehorsam vor dem König stehen. Wir müssen bereit sein, auf die Knie zu sinken, bevor wir den Himmel berühren.

Teure Kompromisse

So, wie das Geheimnis des Mehr sich ganz darum dreht, Jesus zu kennen, muss der Weg ins Mehr letztendlich darin bestehen, ihm zu gehorchen. Doch unser Gehorsam darf weder Pragmatismus noch Bequemlichkeit zum Opfer fallen und darf auch niemals der Überzeugung durch den Heiligen Geist widersprechen.

König Sauls gesamte Regentschaft fand ein Ende, weil er zwar die Brandopfer als Ritual darbrachte, jedoch begleitet von Entschuldigungen, eigenen Interpretationen und im Endeffekt Ungehorsam (siehe 1Sam 13,1–14).

Saul saß in Gilgal im Auge des Sturms fest. Samuel, der Prophet, war abgereist, nachdem er Saul gesagt hatte, dass er in einer Woche zurückkehren würde. Er hinterließ dem König die ausdrückliche Anweisung, dass keine Opfer gebracht werden durften, bis er – Samuel, als Gottes Sprachrohr fungierend – zurückkehrte. Aber durch die angespannte Lage erhöhte sich der Druck auf Saul zunehmend. Tausende von Philistern mit ihren Pferden und Streitwagen strömten auf sie zu. Die Israeliten waren zahlenmäßig völlig unterlegen und zitterten vor Angst. Die biblische Schilderung zeichnet ein Bild von Sauls Männern in Gefahr und mit rekordverdächtigen Stressleveln, als sie sich im wahrsten Sinn des Wortes über alle Berge davonzumachen versuchten. Wir erfahren, dass sich viele in Höhlen, Dickichten, Felsen, Nischen und Gruben versteckten, während andere in ihren panischen Bemühungen zu entkommen, gleich ganz die Flucht ergriffen, indem sie den Jordan durchquerten.

Saul konnte sehen, dass seine Männer immer mehr zu einem ungeordneten Haufen verkamen, und nachdem er sieben Tage lang auf Samuel gewartet hatte, nahm er die Dinge selbst in die Hand. Er brachte die Opfer und Brandopfer dar, obwohl ihm dies bis zur Rückkehr des Priesters so deutlich untersagt worden war.

Als Samuel zurückkam, brachte Saul jede nur erdenkliche Entschuldigung vor, aber Samuel hatte nichts als schlechte Nachrichten für den König. Es entsprach nicht Gottes Plan, dass Saul das Wort des Herrn selbst interpretierte und die Anordnungen den Umständen anpasste. Es war für alle klar, dass Saul ein Anführer war, der mehr auf sein eigenes Urteil vertraute als auf Gott, der ihn zu Israels erstem König gesalbt hatte. Sein Ungehorsam kostete ihn sein Königreich.

Wie oft auf unserem Lebensweg scheinen drängende Umstände uns jeden logischen Grund zu liefern, das Wort Gottes in einer Weise umzuwandeln, zu entziffern und zu interpretieren, die uns besser zusagt, als einfach zu vertrauen und zu gehorchen? Egal, wie überzeugend die innere Stimme des Pragmatismus klingt, wenn Gottes Wort sagt: »Euer Ja sei ein Ja, und euer Nein sei ein Nein« (Mt 5,37a ZÜB), dann heißt das nicht, dass wir die Dinge als ein Ja verstehen können, bis es uns nicht mehr passt, und sie dann als Nein interpretieren, bis auch das lästig wird. Kompromisse in Bezug auf unsere Überzeugungen einzugehen oder Gottes Wort falsch zu interpretieren, wird niemals Fülle und Segen anziehen.

Als Pastor einer Gemeinde werde ich von den Medien regelmäßig nach meinen Gedanken zu aktuellen Geschehnissen und wichtigen gesellschaftlichen Themen gefragt. Ich habe dabei ständig das Gefühl, als sei die Grundannahme hinter diesen Fragen fehlerhaft. Ich glaube nicht, dass »Was denken Sie darüber?« die richtige Frage ist, denn was ich denke, kann sehr schnell in Pragmatismus, Klischees und Kompromisse abgleiten. Ich könnte leicht darauf antworten, indem ich Dinge sage wie: »Jeder verdient es, glücklich zu sein« und »Es ist nicht meine Aufgabe, andere zu beurteilen« oder sogar »Leben und leben lassen«. Und das könnte tatsächlich das sein, was ich denke. Aber ist es auch das, worauf es *wirklich* ankommt?

Gehorsam gegenüber Gott und seinem Wort ist der einzig richtige Weg für mich, um seinem Volk ein verantwortungsvoller Hirte zu sein. Und letztendlich ist meine Entschlossenheit, Gott zu gehorchen, das, was seine Fülle und seinen Segen kontinuierlich fließen lässt in meinem Leben und meinem Dienst und in der Kirche, deren Pastor ich seit all diesen Jahren sein darf. Manchmal bedeutet das, den schwierigen Weg zu wählen, wenn dieser der richtige ist.

Ich habe nicht viel übrig für den Geist der Härte hinter denjenigen, die an den Seitenlinien sitzen, heftige Kritik verbreiten und ihr selbstgerechtes Gift auf Menschen verspritzen, die aus ihrer Sicht vielleicht auf der anderen Seite des Zaunes stehen. Für mich ist es eine quälende Entscheidung, meinem Gehorsam Gott und seinem Wort gegenüber treu zu bleiben, wenn ich das Gefühl habe, es könnte jemandes Gefühle verletzen oder mich in einem negativen Licht erscheinen lassen, aber ich weiß auch, welche negativen Auswirkungen Kompromisse haben können. Ich wurde Zeuge, wie im Leben von Menschen jedes Anzeichen von Fülle versiegt ist, weil sie Christus und seinem Wort gegenüber nicht treu geblieben sind, sondern zuließen, dass ihr Gehorsam durch bequeme Auslegungen untergraben wurde.

Das Leben der Gnade, zu dem wir berufen sind, wird durch unsere Liebe zum Erlöser befeuert. Wenn wir unseren Blick auf Jesus richten, sein Wort studieren und auf seine Verheißungen vertrauen, wird es für uns leichter werden, im Gehorsam zu leben, Bequemlichkeit abzulegen und einfach zu gehorchen, anstatt zu interpretieren.

Geh ein wenig tiefer

Ich beschließe dieses Kapitel mit einer meiner Lieblingsgeschichten aus der Bibel. Sie steht in Lukas 5 und handelt von Jesus, der seinen Jüngern eine Lektion über diese Art des Denkens erteilt. Simon Petrus und die anderen hatten nach einer enttäuschenden Nacht ihre Netze eingeholt. Wahrscheinlich waren sie gerade mit dem Reinigen der Netze fertiggeworden, was eine aufwändige Arbeit war, und hatten in der Hoffnung auf mehr Glück am nächsten Tag ihr Boot wieder in Ordnung gebracht, als Jesus zu ihnen sprach. Er sagte: »Fahre hinaus auf die Tiefe, und lasst eure Netze zu einem Fang hinunter!« (Vers 4). Wer möchte nicht gerne einen Fang machen?

Aber Petrus' Antwort an Jesus ist genau das, was so viele von uns sagen würden, und es ist von Zweifeln und Ausreden durchsetzt: »Meister, wir haben die ganze Nacht hindurch gearbeitet und nichts gefangen« (Vers 5). Was er wirklich sagte, war: »Aber

Jesus, ich habe keine *Lust* darauf. Ich *will* es wirklich nicht tun.« Trotz seiner menschlichen Reaktion zeigt Petrus seine Liebe und seine Hingabe an Christus, indem er hinzufügt: »Aber auf dein Wort will ich das Netz auswerfen« (Vers 5).

Weiter sagt uns die Bibel: »Und als sie das getan hatten, fingen sie eine große Menge Fische; und ihr Netz begann zu reißen. Da winkten sie den Gefährten, die im anderen Schiff waren, dass sie kommen und ihnen helfen sollten; und sie kamen und füllten beide Schiffe, sodass sie zu sinken begannen« (Verse 6–7).

Entspann dich – ihr Boot sank nicht wirklich! Es ging einfach unter den vielen Segnungen in die Knie. Was sie erhielten, waren die reichlichen, überfließenden, Mehr-als-genug-Segnungen, die nur Gott selbst austeilen kann.

Auch in tiefen Gewässern ist dein Gehorsam wichtig. Tatsächlich kommt es in tiefen Gewässern *ganz besonders* auf deinen Gehorsam an. In diesen Momenten, wenn wir zerbrechlich sind und in Gefahr stehen, schlechte Entscheidungen zu treffen, sind wir am anfälligsten für die Angriffe des Feindes. Selbst wenn du dich nicht danach fühlst, wenn es keinen Sinn ergibt und es unangenehm und frustrierend ist: Jesus zuzuhören, seiner Stimme zu vertrauen und seinen Anordnungen zu gehorchen, wird am Ende *immer* deine Erwartungen übertreffen.

4

Begabt und begnadet

Dreihundert Trilliarden. Das ist eine ziemlich hohe Zahl! Dreihundert Trilliarden, eine Zahl mit 23 Nullen – so viele Sterne gibt es schätzungsweise in unserem Universum. Dreihundert Trilliarden kleine leuchtende Lichter, die im Weltall hängen und Nacht für Nacht funkeln, geschaffen von unserem Gott, damit wir uns daran erfreuen können. Wow! Und Gott hat nicht nur jeden einzelnen Stern erschaffen, er hat ihnen allen auch Namen gegeben!

Er zählt die Zahl der Sterne
und nennt sie alle mit Namen. – Psalm 147,4

Mehr über Jesus zu erfahren, heißt auch, mehr über den Vater zu erfahren. Der dreieinige Gott, dem wir dienen, lebt seine Beziehung mit uns durch Gott den Vater, durch Christus den Sohn und durch den Heiligen Geist. Die Bibel gibt uns viele Einblicke in das Wesen und die Natur eines jeden von ihnen und zeigt uns, wie sie gemeinsam wirken und mit uns zusammenarbeiten. Wenn es um dich und deine einzigartigen Gaben geht und um die Gnade auf deinem Leben, die dich seine Pläne und Absichten verwirklichen lässt, entgeht dem Vater *nichts*.

Ein sehr, sehr guter Vater

Hast du schon einmal ein Geschenk ausgepackt, nur um festzustellen, dass du a) keine Ahnung hattest, was es ist, oder b) den Inhalt der Schachtel auf keinen Fall wolltest?

Meine Frau Bobbie ist absolut brillant, wenn es ums Geschenkemachen geht. Sie ist außerordentlich großzügig und verbringt viel Zeit und Energie damit, über die Person, für die sie etwas kauft, nachzudenken und das perfekte Geschenk auszuwählen. Sie tut dies nicht nur für unsere Familie, sondern auch für unsere Freunde, unser Team und viele andere wichtige Menschen in unserem Leben.

Was mich betrifft, habe ich wohl öfter mal danebengelegen.

Als ich elf oder zwölf Jahre alt war, gab meine Mutter jedem von uns fünf Geschwistern etwas Geld, um Weihnachtsgeschenke zu kaufen. Mit leuchtenden Augen und vor Aufregung hüpfend, bestiegen wir den Zug nach Wellington. In der Stadt angekommen, machten wir uns auf die Suche nach den perfekten Geschenken. Meine Suche führte mich zur örtlichen Filiale der Kaufhauskette Woolworth, wo ich »es« entdeckte. Mein Blick wurde von etwas angezogen, das ich für ein ganz umwerfendes Schmuckstück hielt, das absolut perfekt zu meiner älteren Schwester Maureen passte. Obendrein war es billig und passte somit genau in mein mageres Budget. Ich war von diesem Geschenk so begeistert, dass ich es, kaum zu Hause angekommen, sofort einpackte und es unter den Weihnachtsbaum im Wohnzimmer legte.

Ich werde den Blick auf Maureens Gesicht, als sie das Geschenk am Weihnachtstag auspackte, nie vergessen. »Was ist das?«, fragte sie in einem verwirrten und enttäuschten Tonfall. Dieses wohldurchdachte Geschenk in Form eines kostbaren Schmuckstücks war, wie sich herausstellte, nichts weiter als ein billiger versilberter Schlüsselanhänger, der meiner Schwester wenig nützte, weil sie nicht alt genug für ein eigenes Auto war und auch sonst keinen Schlüsselanhänger brauchte.

Die gute Nachricht für dich ist, dass es Gott nicht an Ideen mangelt, wenn es um die Geschenke geht, die er in dein Leben bringt. Und die Bibel sagt uns, dass jedes dieser Geschenke gut ist. Wie Jakobus 1,17 (EÜ) sagt: »Jede gute Gabe und jedes vollkommene Geschenk kommt von oben herab, vom Vater der Lichter, bei dem es keine Veränderung oder Verfinsterung gibt.« Mit anderen Worten, von Gott kommen keine billigen versilberten Schlüsselanhänger.

Unser Gott ist ein Gott des Mehr. Oh ja, wenn es darum geht, großzügige Geschenke an die Menschheit zu verteilen, hat es dem Gott der 300 Trilliarden Sterne nie an Ideen gefehlt, und seine Absicht mit dir ist gut, vollkommen und mit überfließendem Leben gefüllt. Erster Petrus 4,10 spricht von der »mannigfaltigen Gnade Gottes«, die seine Kinder mit Gaben beschenkt. *Mannigfaltig* bedeutet »verschiedenartig« oder »bunt«, wir reden hier also von einem Kaleidoskop aus vielfarbigen, vielfältigen Gaben! Und jede einzelne davon ist auf Gottes Willen ausgerichtet und speziell für seine Zwecke bestimmt.

Wenn du an dein Leben denkst, welche Gaben kommen dir da in den Sinn? Glaubst du überhaupt, dass du Gaben besitzt? Dass du mit vom Himmel kommenden, maßgeschneiderten, unersetzlichen und einzigartigen Gaben ausgestattet bist? Lass mich dir versichern, dass es so ist.

Einige der Gaben mögen offensichtlich sein: Dienst- und geistliche Gaben wie das Apostelamt, Evangelisation, Heilung und Prophetie (siehe Eph 4,7–16; Röm 12,3–8). Gottgegebene natürliche Begabungen wie Singen, Tanzen, Schreiben und Kommunikationsgeschick sind auch leicht zu bestimmen. Aber über diese offenkundigen hinaus ist das Leben selbst eine Gabe, Atem ist eine Gabe, Freunde sind Gaben, Familie ist eine Gabe. Siehst du die Menschen in deinem Leben als Gaben an? Und wusstest du, dass Gott Menschen und Talente in dein Leben gebracht hat, die in direktem Zusammenhang mit den Plänen und Absichten stehen, die er mit dir hat? Vielleicht kannst du selbst deine Begabungen nicht als solche erkennen. Vielleicht hältst du mit manchen deiner Talente aber auch einfach hinter dem Berg, weil du Angst davor hast, wie sie deine Zukunft beeinflussen könnten. Oder vielleicht hat jemand dich niedergemacht oder die Gaben, die du hast, kleingeredet.

Als Pastor sehe ich es als eine große Verantwortung und Ehre an, mich um die Gaben im Leben von Menschen zu kümmern. Deshalb erlaube es mir, für einen Moment als Pastor zu dir zu sprechen …

Du *bist* begabt.

Du *bist* talentiert.

Deine Gaben sind *gut* und *vollkommen* und kommen von demselben Gott, der die Sterne kennt und sie bei ihrem Namen ruft.

Und deine Gaben und Talente sind perfekt aufeinander abgestimmt, um dich in die Lage zu versetzen, Gottes Pläne und Absichten für dein Leben zu erfüllen.

Unerschütterlicher Glaube

Unglaube, Ungläubigkeit und Irrglaube – sie alle unterscheiden sich. Was glaubst du hinsichtlich der Pläne und Absichten, die Gott für dein Leben hat? Ich wage zu behaupten, dass jeder von uns schon mal gezweifelt hat, ob Gott tatsächlich gute Pläne und Absichten mit uns hat.

Die Definition von Unglauben ist »das Nichtvorhandensein von Glaube«. Es ist schlicht und einfach das Fehlen von Glauben an etwas oder an jemanden.

Ich bete, dass du nicht mit Unglauben kämpfst – wenn dein Glaube in manchen Momenten vielleicht auch wackelig sein mag, aber dass du letztendlich nicht ohne Glauben bist, wenn es darum geht zu wissen, dass der Gott des Universums dich liebt, schätzt, für dich sorgt und das Beste für dich will. Ich bete, dass du dich auch in schwierigen Zeiten für den Glauben und gegen den Unglauben entscheidest und dass sich dein Vertrauen in den Vater des Lichts als ebenso unerschütterlich, beständig und treu erweist wie seine Liebe zu dir.

Das Markusevangelium schildert die Geschichte eines Mannes, der seinen Sohn zu Jesus bringt, während sich eine Menschenmenge am Fuße des Berges der Verklärung um Jesus versammelt hat. Die Menschen drängeln und schubsen, weil jeder mit Jesus sprechen will. Über seinen Dienst wird gerade heftig diskutiert, als plötzlich dieser Mann vortritt und sagt: »Lehrer, ich habe meinen Sohn zu dir gebracht, der einen stummen Geist hat; und wo er ihn auch ergreift, zerrt er ihn zu Boden, und er schäumt und knirscht mit den Zähnen und wird starr. Und ich sagte deinen Jüngern, dass sie ihn austreiben möchten, und sie konnten es nicht« (Mk 9,17–18 ELB).

Daraus entspann sich folgender Dialog (Verse 21–34 ELB):

[Jesus fragte den Vater]: »Wie lange ist es her, dass ihm dies geschehen ist?«
Er aber sagte: »Von Kindheit an; und oft hat er ihn bald ins Feuer, bald ins Wasser geworfen, um ihn umzubringen. Aber wenn du etwas kannst, so habe Erbarmen mit uns und hilf uns!«

Jesus aber sprach zu ihm: »Wenn du das kannst? Dem
Glaubenden ist alles möglich.«
Sogleich schrie der Vater des Kindes und sagte: »Ich glaube.
Hilf meinem Unglauben!«

Wusstest du, dass dieser Mann nicht an Unglaube litt, wie wir ihn allgemein verstehen? Ihm fehlte nicht völlig der Glaube, aber er litt eindeutig an Ungläubigkeit. Ungläubigkeit ist dann gegeben, wenn man etwas glauben *möchte*, jedoch Schwierigkeiten damit hat, es auch zu tun. Man kann es vielleicht besser als Zweifel bezeichnen. Jeder von uns hat schon das eine oder andere Mal mit Ungläubigkeit zu kämpfen gehabt.

Anfang 1991 schlenderte ich durch Sydneys Hauptverkehrsstraße, die George Street, stöberte durch die Geschäfte und genoss einen freien Tag mit unserem Gast aus Südafrika, der in der Stadt war, um unserer wachsenden, aber noch nicht allzu großen Gemeinde zu dienen. Während einer Gesprächspause blieb er plötzlich stehen, wandte sich mir ruckartig zu und sagte: »Brian, du wirst eines Tages in dieser Stadt eine Gemeinde mit zehntausend Menschen haben – wart's nur ab.« Dann lief er einfach weiter.

Ich zögerte bei seinen Worten. Alles in mir wollte glauben, dass das, was er gesagt hatte, wahr wäre, aber ich konnte es einfach nicht fassen. Zehntausend? Woher sollten die kommen? Das ist Australien – hier strömen die Leute nicht in die Kirchen. Wo sollten wir so viele Menschen unterbringen? (Als Erstes immer die praktischen Probleme.) Ich war schon immer ein Träumer, deshalb wusste ich, dass seine prophetischen Worte über mich nicht völlig verrückt waren. Mein Problem war nicht Unglaube, sondern Ungläubigkeit.

Ungläubigkeit kann uns hemmen und daran hindern, das Leben voll auszukosten. Sie kann das Potenzial in uns eingrenzen, indem sie die Dinge unterdrückt, die Gott für unsere Zukunft bestimmt hat. Sie kann uns von dem Mehr abhalten, das Gott für unser Leben vorgesehen hat.

David Brooks, ein amerikanischer Journalist und politischer Kommentator, sagte einmal: »Die meisten erfolgreichen Menschen gehen die Dinge mit zwei Überzeugungen an: Die Zukunft kann besser sein als die Gegenwart, und ich habe die Macht, sie dahingehend zu gestalten.«[4] Nun, die Zeit hat bewiesen, dass Zehntausend eine absolute Unterschätzung war. Fünfundzwanzig Jahre später, durch die Gnade Gottes, übertreffen wir diese Zahl um das fast Vierfache!

Ich habe drei Kinder, die alle eine künstlerische Ader haben. Jedes von ihnen besitzt ein natürliches Auge für Kreativität, Design und Grafik. Sie haben ihr Talent eindeutig von ihrer Mutter geerbt, denn anders als der Rest der Familie habe ich so gut wie kein Geschick im Umgang mit Stift oder Pinsel. Ich bewundere solche Gaben bei anderen Menschen, aber viele Jahre lang unterschätzte ich den Wert der Gaben, die Gott mir gegeben hat.

Es hat lange gedauert, bis ich begriffen habe, dass meine Fähigkeit zur Leiterschaft etwas ist, das nicht jeder hat. Ich funktionierte in meiner Gabe und war dabei erfolgreich, aber weil es so natürlich für mich war, fühlte es sich einfach normal an. Ich bin immer auf der Suche nach Lösungen und versuche oft, einen Weg zu finden, der nach vorne führt. Wenn also Gemeinden, die ich gründete, sich gut entwickelten, war mir nicht bewusst, dass dies meine Gabe war! Aber in Wirklichkeit hatte ich eine Begabung für Leiterschaft, und schließlich erkannte ich, dass nicht jeder die Dinge, die ich sah, sehen konnte und dass einige für mich offensichtliche Entscheidungen nicht unbedingt auch immer für alle anderen offensichtlich waren. *Jeder kann das*, dachte ich früher.

Aber ich habe gelernt, dass intuitive Führungsstärke nicht jedermanns Sache ist.

Es liegt in der menschlichen Natur, unsere eigenen Begabungen zu unterschätzen, während wir gleichzeitig die Notwendigkeit bestimmter Fähigkeiten, die uns fehlen und die ein anderer vielleicht besitzt, überschätzen.

Ich war in meinen Zwanzigern, als ich meine Begabung zur Leiterschaft erkannte und entschlossen war, sie bestmöglich auszuschöpfen. Ich fing damals an, Gemeinden zu gründen, die heute nicht nur immer noch existieren, sondern auch starke, bewährte Gemeinschaften sind, die Einfluss auf das Leben vieler Menschen haben. Ich bewegte mich sowohl in meiner Begabung als auch in Gottes Gnade.

Was du über das Wesen Gottes glaubst und darüber, was er für deine Zukunft bestimmt hat, ist alles entscheidend, wenn du das »Weitaus-mehr-Leben«, das du dir wünschst, erreichen möchtest. Gott befähigt dich nicht auf die eine Weise, um dich dann auf ganz andere Weise zu gebrauchen. Gott ist nicht wankelmütig! Darf ich dich also ermutigen? Mache dir ein genaues Bild von deiner Ungläubigkeit und spreche unablässig Gottes Verheißungen über dein Leben aus. Glaube nicht einfach nur an die Macht deiner Träume, sondern sprich Leben und Mut in die vor dir liegenden Möglichkeiten hinein.

Der *Irrglaube* ist eine völlig andere Sache. Irrglaube bedeutet, etwas zu glauben, was einfach nicht wahr ist. Wenn es um Jakobus 1,17 und um Gott und seine Gaben geht, sind *eine Menge* irriger Glaubensvorstellungen im Umlauf.

Nicht gut? Dann ist es keine Gabe!

Es gibt viele Dinge, die ich nicht weiß, aber hier ist etwas, das ich ganz sicher weiß: Versuchung, Krankheit, Gebrechen und Armut sind *keine* Gaben von Gott. Viel zu lange haben zu viele Menschen versucht, manche dieser verheerenden Umstände Gott anzuhängen. Aber lassen wir uns niemals darüber täuschen, was von ihm kommt und was nicht.

Die Welt ist voller zerbrochener Dinge. Furchtbarer Dinge. Schmerzlicher Dinge. Immer und immer wieder können wir von der Heuchelei in unseren vier Wänden oder in unserem eigenen Herzen enttäuscht sein. Wir können vor unserem Bett knien, Gott unser Herz ausgeschüttet haben und, wie Thomas (siehe Joh 20,24–29), trotzdem noch zweifelnd einen Beweis fordern, dass Gott nicht hinter dieser schlimmen Sache steht, die uns widerfahren ist.

Aber glaub mir, mein Freund, was eine Gabe gut macht, ist die Tatsache, dass Gottes Wesen und Charakter naturgemäß gut sind. Darüber hinaus sagt uns der Apostel Jakobus, dass Gott unveränderlich ist. Wenn du gerade an einem Punkt feststeckst, an dem du das Gefühl hast, nichts wäre gut, dann lass dich daran erinnern, dass Gott sich nicht ändert, niemals wechseln bei ihm Licht und Finsternis (siehe Jak 1,17 HFA). Seine Pläne und Absichten und seine Fülle von Verheißungen in deinem Leben – seine Gaben – sind *immer* gut.

Jeder macht Fehler

Das Wort unseres unveränderlichen Herrn sagt: »Denn in ihm ist alles erschaffen worden, was im Himmel und was auf Erden ist, das Sichtbare und das Unsichtbare, seien es Throne oder Herrschaften oder Fürstentümer oder Gewalten: Alles ist durch ihn und für ihn geschaffen« (Kol 1,16).

Du wurdest von Gott und für Gott erschaffen. Wenn er Gaben in dein Leben legt, gibt er dir die Gnade, sie gut zu verwalten. Und wenn du das tust, bekommt er die Ehre! Doch es gibt drei hauptsächliche Fehler, die Menschen mit ihren Gaben machen.

Die Wahrheit ist, Geschenke sind reizvoll. Ob wir sie in Geschenkpapier mit dazu passenden Schleifen einwickeln oder sie mit einem einfachen Lächeln präsentieren, Geschenke sollen gefallen. Deshalb ist es nicht überraschend, dass die guten und vollkommenen Gaben in deinem Leben ebenfalls anziehend wirken. Der erste Fehler besteht also darin, unsere Aufmerksamkeit auf die Gabe, anstatt auf den Geber zu richten. Anders gesagt, es kann leicht passieren, dass wir uns selbst völlig über unsere Gaben definieren. Doch wir sollten immer daran denken, für wen und wozu unsere Gaben da sind.

Wir wurden dazu geschaffen, Gott anzubeten – um in einer vertrauten Beziehung mit ihm zu sein und seine unverkennbare Herrlichkeit, die in uns und durch uns wirkt, sichtbar werden zu lassen. Finde niemals zu viel Gefallen an menschlichem Lob. Widerstehe der Versuchung, dich wichtiger zu fühlen, als du es bist, oder deinem Können oder Talent zu viel Wert beizumessen. Erkenne stattdessen, woher es kommt und weshalb Gott es dir überhaupt gegeben hat.

Lass dich andererseits aber auch nicht zu sehr von Kritik beeinflussen. Ich selbst habe im Laufe meines Lebens schon einiges an ziemlich verletzender Kritik abbekommen – manches davon war völlig unbegründet, manches stellte sich als wertvolle Lektion heraus und einiges sagte mehr über den Kritiker als über mich aus. Zwar lernen wir auf unserem Lebensweg ständig dazu, aber trotzdem dürfen wir nicht zulassen, dass das, was wir als wahr erkannt oder was wir von Gott gehört haben, durch kritische Stimmen beschädigt wird. Sei standhaft und unverrückbar in deinen Überzeugungen, wenn es um deine Gaben und Talente geht, die Gott in dein Leben hineingelegt hat, und um die Aufgaben, zu denen er dich berufen hat.

Ein weiterer häufiger Fehler, den Menschen in Bezug auf ihre Gaben machen, ist der Vergleich mit den Gaben anderer. Solche Vergleiche rauben dir die Freude. Tu es nicht! Was Gott in dein Leben hineingelegt hat, ist einzigartig und besonders, und was er in das Leben anderer hineingelegt hat, ist ebenfalls einzigartig und besonders. Jeder hat sein eigenes Bündel von Segnungen und Herausforderungen, darunter viele, von denen du nichts wissen kannst, weil du nicht in der Haut des anderen steckst. Du glaubst einer Lüge, wenn du denkst, dass Gott irgendwann die Gaben ausgehen oder dass er dir die Gabe, die du dir wünschst, nicht geben kann, weil er schon jemand anderem ein gewisses Maß davon gegeben hat. Vergiss nicht: 300 Trilliarden Sterne! Unser Gott ist unendlich kreativ und in seiner Großzügigkeit grenzenlos. Seine Hände sind nie leer.

Der letzte Fehler ist, deinen Wert von deinen Gaben bestimmen zu lassen. Was du tust, ist nicht das, was du bist. Dein Wert bemisst sich danach, wer du bist und wem du gehörst. Gaben werden dir nicht zugeteilt, weil du sie verdient hast – das wären Belohnungen. Gaben werden dir geschenkt, weil du ein geliebtes, geschätztes Kind, ein Sohn oder eine Tochter des allerhöchsten Gottes bist.

Sei nicht der Letzte, der es sieht

Was ist nur los mit uns Männern? Es fühlt sich an, als hätte ich mich schon 300 Trilliarden Mal blamiert, indem ich Bobbie hartnäckig erklärte, dass etwas nicht dort war, wo es laut ihr in Speisekammer oder Kühlschrank sein sollte. Nachdem sie dann einige Male darauf bestanden hat, dass es sehr wohl dort ist, kommt Bobbie schließlich meist selbst und zieht das Gesuchte genau von dort hervor, wo ich die ganze Zeit verzweifelt hingestarrt habe!

Auch Gaben können so sein. Manchmal bist du die letzte Person, die von deiner Gabe etwas mitbekommt. Blind machende Unsicherheit, Enttäuschung über die Vergangenheit oder Angst vor der Zukunft können deine Sicht vernebeln. Aber unterschätze nicht, wie gut Gott alles für dich arrangiert hat, damit du das Leben führen kannst, zu dem du berufen bist.

Stell dir vor, eine Person, die du liebst, bringt Wochen damit zu, das perfekte Geschenk für dich zu finden. Sie findet heraus, was du am liebsten magst, wendet für die Suche Zeit und Mühe auf und scheut keine Kosten für das Geschenk. Sie unternimmt große Anstrengungen, um dich glücklich zu machen, muss dann aber erleben, dass du das Geschenk ignorierst, dich weigerst, es anzusehen oder ablehnst, es zu öffnen, weil du keinen wirklichen Wert darin siehst.

Nun, der Gott der Sonne, des Mondes und der Sterne möchte dir gute und vollkommene Gaben schenken. Er weiß nicht nur genau, was du brauchst, sondern bringt deine Gaben auch zur Reife, indem er Türen zu Gelegenheiten öffnet, die perfekt zu deinen Gaben passen. Nimm sie an. Spiele die Gaben in deinem Leben nicht herunter, verstecke oder missbrauche sie auch nicht; sie dienen einem Zweck – nicht nur hier auf der Erde, sondern auch für die Ewigkeit.

Vor fast vierzig Jahren kam unser erstgeborener Sohn, Joel Timothy Houston, in unsere Welt. Das hat unser Leben komplett verändert. Als die Krankenschwester dieses kleine rote Bündel nahm und es auf die kalte Waage legte, kam von ihren Kollegen ein ungläubiges Keuchen. Er wog über 4,5 Kilo und man erklärte uns, dass er bemerkenswerte 61 Zentimeter groß war! Diese Attribute ließen sich natürlich einfach messen, doch wovon wir in jenem Krankenhauszimmer noch nichts wussten, waren seine unzähligen Gaben, Talente und das Potenzial, das nur sein himmlischer Vater sehen konnte. Als Säugling waren diese Gaben und Talente natürlich verborgen und das Potenzial in seinem Inneren blieb für alle im Raum unsichtbar. Diese Gaben haben seinem Körpergewicht nichts hinzugefügt, aber ihre Gewichtigkeit und ihr Wert werden heute vor Millionen von Menschen auf der ganzen Welt immer wieder unter Beweis gestellt. Und als sein Vater glaube ich, dass das Beste erst noch kommt.

Wir alle haben Gaben in uns, die vielleicht noch verborgen und für uns und andere noch nicht erkennbar sind, dennoch sind sie vorhanden. Wie kommen diese Gaben zum Vorschein? Als Ausgangspunkt glaube einfach, dass du tatsächlich mit einzigartigen Talenten begabt bist, die seit dem Moment, in dem Gott dich erdacht hat, sorgfältig in deine DNA eingearbeitet sind. Und genau diese Gaben sind die perfekt handgefertigten Instrumente für das Mehr, das Gott für dich bereithält.

Du musst nicht schlau sein. Du musst nicht hübsch sein. Du musst nicht alle Antworten kennen oder drauflosreden können. Du musst nicht sprachgewandt sein und deine Umstände müssen nicht perfekt sein. Du musst einfach nur glauben. Es lassen sich immer noch mehr Potenzial, mehr Fortschritt und mehr Ziele finden, wenn du glaubst, dass du nicht nur begabt, sondern auch begnadet bist.

Und vergiss nicht, nach oben zu blicken. Halte kurz inne, bevor du die Vorhänge schließt, und blicke voll Staunen himmelwärts auf das Meisterwerk des Schöpfers. Er liebt dich mehr, als du dir je vorstellen kannst. Ich bete, dass du jedes Mal, wenn du in den Nachthimmel schaust, dich daran erinnern wirst, dass Gottes Gaben grenzenlos sind und dass seine Gedanken über dich zahlreicher sind als die Sterne.

5

Berufung und Bekenntnis

Lemony Snicket, hinter dessen Pseudonym sich der amerikanische Autor Daniel Handler verbirgt, wusste, wie man ein verzweifeltes Bild davon malt, wie das Leben aussieht, wenn wir uns unserem Schicksal ergeben. Er sagte: »Das Schicksal ist wie ein seltsames, ungemütliches Restaurant voll merkwürdiger kleiner Kellner, die dir Sachen bringen, die du nie bestellt hast und auch nicht immer magst.«[5]

Gemäß der Es-muss-so-sein-Sichtweise ist das Leben nichts weiter als eine Aneinanderreihung von Ereignissen, die uns *passieren*. Es führt kein Weg daran vorbei: Wenn wir lange genug leben, werden wir alle Trauer und Enttäuschung, Kummer und Schmerz erleben. Aber anders als Lemony Snickets Bild müssen das Bild, das du von deinem Leben malst, und die Worte, die du über deine Zukunft sprichst, trotz der Berge, die du erklimmst, nicht wie das Innere einer schmutzigen Kneipe oder eines unfreundlichen Speiselokals aussehen, in denen du resigniert aufstöhnst, weil du davon ausgehst, dass der Service schleppend und die Gerichte mittelmäßig sind.

Das Schicksal ist eine Welt voller endloser Vergeblichkeit. Es gibt auf, bevor du überhaupt angefangen hast. Es sieht keine Welt jenseits des Unvermeidlichen und hat keine hoffnungsvolle Erwartung über das Machbare hinaus. Das Schicksal nimmt eine schlechte Nachricht kampflos hin und schwenkt beim ersten Anzeichen eines Hindernisses die weiße Fahne der Kapitulation. Zudem spricht es von Niederlage ohne Rücksicht darauf, wie negativ sich das auf deine Seele und auf die Herzen deiner Mitmenschen auswirkt. »Es hat so sein sollen« wird zu einem Spruch, der allzu schnell ausgesprochen wird. Aber gibt es einen besseren Weg?

O ja, den gibt es! Wir können stattdessen sicher in unserer Berufung leben, mit Zuversicht in den Gott, der uns berufen hat, hellwach und voller Hoffnung für die Zukunft, wenn wir einfach an unserem Glaubensbekenntnis festhalten.

Die Macht der Zunge

Stand es jemals in deiner Macht, über Leben und Tod zu entscheiden? Die Antwort lautet ja. Sprüche 18,21a (ELB) sagt uns klar: »Tod und Leben sind in der Gewalt der Zunge«.

Wie an dem Zitat von Lemony Snicket zu sehen ist, können Worte Bilder malen – es könnte eines der Verzweiflung oder eines der Hoffnung sein. Sie können Leben und die Lösung für eine Situation bringen, sie können aber auch Furcht und Schmerz auslösen.

Die harten Worte eines gleichgültigen Elternteils oder die unvorsichtigen Äußerungen eines frustrierten Lehrers können das gesamte Weltbild und die Überzeugungen eines Kindes prägen und formen. Ehen sind schon an den scharfen Worten eines gekränkten Partners mit einer ungezügelten Zunge zerbrochen.

Die Bibel mahnt uns wiederholt, mit unseren Worten vorsichtig zu sein. Hier ein paar Beispiele:

Freundliche Worte heilen und helfen;
schneidende Worte verletzen und verstümmeln.
– Sprüche 15,4 MSG

Ich sage euch aber: Über jedes unnütze Wort, das
die Menschen reden, werden sie am Tag des Gerichts
Rechenschaft ablegen müssen; denn aufgrund deiner Worte
wirst du freigesprochen und aufgrund deiner Worte wirst du
verurteilt werden. – Matthäus 12,36–37 EÜ

Was sagen deine Worte über dich? Und stehen deine Bekennt-
nisse (die Dinge, die aus deinem Mund kommen, die Überlegungen deines Herzens und die Gedanken, die in deinem Kopf ständig ablaufen) im Einklang mit deiner Berufung? So, wie Gott uns
nicht erst *begabt* und es dann versäumt, uns zu *begnaden*, *beruft*
er uns auch nicht, ohne uns vorher *auszurüsten*.

Glaube hat einen Klang

Hast du dich jemals gefragt, wie Glaube wohl klingt? Die Bibel
sagt uns, dass man Glauben *hören* kann, weil er nämlich verkündet wird. In Galater 3,5 heißt es:»Der euch nun den Geist darreicht
und Kräfte in euch wirken lässt, [tut er es] durch Werke des Gesetzes oder durch die Verkündigung vom Glauben?«
    Gott hört, was wir im Glauben erhoffen und verkünden. Viel-
leicht sehnst du dich nach etwas Neuem: einem Neuanfang oder
einer Gebetsantwort. Vielleicht brauchst du dringend Heilung
oder hoffst, dass ein geliebter Mensch Frieden findet. Vielleicht
vertraust du darauf, dass Gott in der kommenden Zeit für dich

sorgen wird. Glaube muss ausgesprochen werden. Er muss gehört werden, denn wenn er gehört wird, hat er auch Wirkkraft.

Vor vielen Jahren, bevor wir eigene Gebäude für unsere Gemeinde hatten, mussten wir uns Ersatz für ein angemietetes Lagerhaus suchen, weil wir wussten, dass es für unsere wachsende Gemeinde zu klein geworden war. Während dieser Zeit fing ein Teenager aus unserer Jugendgruppe an, mir von den Gebäuden der Stadtverwaltung zu erzählen, die kürzlich geschlossen worden waren. Man hatte sie an ein großes multinationales Unternehmen verkauft, das dort ein Einkaufszentrum errichten wollte. Die Bauausführung musste aber noch geplant und entsprechende Genehmigungen eingeholt werden. Dieser junge Mann hatte eine Vision in seinem Herzen und besaß eine enthusiastische Mischung aus Glaube und Energie. Und obwohl er mit einer Menge Skepsis konfrontiert war, nahm er die Sache in die Hand und kontaktierte diese große Gesellschaft und erzählte von unserer wachsenden Gemeinde und von all den großartigen Dingen, die wir vor Ort in unserer Kommune taten. Kaum zu glauben, aber dieser große multinationale Konzern stimmte zu, unserer Gemeinde einen Mietvertrag für die alten Verwaltungsgebäude zu geben (die perfekt für unsere Aktivitäten unter der Woche waren und groß genug, um unser College, den Jugenddienst und die Büroräume unterzubringen) – und das mit monatlicher Kündigungsfrist und einer Jahresmiete von einem Dollar! Ich habe oft Scherze darüber gemacht und gesagt, dass Bobbie und ich darüber gebetet und dann beschlossen haben, für die Miete ganz allein aufzukommen.

Am Anfang sagten die Besitzer, sie würden es nur für kurze Zeit, vielleicht drei bis sechs Monate, an uns vermieten. Tatsächlich diente uns dieses Gebäude aber fast *sieben* Jahre lang – diese Zeit reichte, um Rücklagen zu bilden und unser erstes Stück Land in bester Lage zu kaufen. Und jetzt kommt die Pointe: Als wir schließlich die Nachricht erhielten, dass wir das Gebäude räumen mussten, damit es abgerissen werden konnte (etwa sechseinhalb fruchtbare Jahre später), geschah das in derselben Woche, in der wir die Schlüssel für unser eigenes Gemeindegebäude in Empfang nahmen. Es war ein Wunder! Und das alles entstand aus dem Bekenntnis eines jungen Mannes von noch nicht einmal zwanzig Jahren und seiner Bereitschaft, seinen Glauben laut auszusprechen.

Der Glaube ist eine andere Sprache. Er sieht durch Hindernisse hindurch und über Berge hinweg. Er glaubt das Beste und hofft unbeirrbar. Was hören die Menschen, wenn du deinen Mund öffnest? Hören sie Glauben? Können sie sehen, woran du glaubst?

Ein heiliger Stellvertreter

Jesus wird in Hebräer 3,1 der »Hohepriester unseres Bekenntnisses« genannt. Lass mich erklären, was das bedeutet. In den Zeiten des Alten Testaments stand der Hohepriester zwischen den Menschen und Gott. Er brachte stellvertretend für die Menschen Opfer dar, um sie vor Gott angenehm zu machen. Heute, unter dem neuen Bund, ist Jesus selbst unser Stellvertreter, der durch seine ständige Fürsprache bei Gott dem Vater für uns eintritt. Anders als in der alten Zeit müssen wir nicht mehr jeden Tag Opfer bringen, um wiederhergestellt zu werden; stattdessen wurde Jesus selbst als das vollkommene und tadellose Opfer dargebracht.

Wenn also Christus unser Stellvertreter ist und durch das, was wir sagen, repräsentiert wird, sollten wir darauf achten, was wir sagen! Stimmt dein Bekenntnis mit dem Wort Gottes überein?

Unser Bekenntnis soll eine Bestätigung der Wahrheit und eine Kundgebung des Wortes Gottes und seines Willens sein. Unsere menschliche Natur wird von dem beherrscht, was wir sehen, und ich denke, wenn wir ehrlich zu uns selbst sind, ist das, was wir sehen, nicht immer eines Bekenntnisses würdig. Trotz unserer Gefühle und ungeachtet unserer Umstände müssen wir uns immer Gottes Wort anschließen und es für wahr erklären.

Das bedeutet nicht, die Realität zu leugnen oder falsche Behauptungen aufzustellen. Stattdessen geht es darum, im Glauben stehen zu bleiben und zu erkennen, dass unsere Umstände vorübergehend sein können, aber dass unser unveränderlicher Gott uns ewiggültige Verheißungen gegeben hat.

Hebräer 13,15 sagt in *The Message* Folgendes: »Lasst uns unseren Platz draußen bei Jesus einnehmen und nicht länger das Opferblut der Tiere ausgießen, sondern Gott im Namen Jesu das Opfer unserer Lobpreisungen mit unseren Lippen darbringen.« Das Opfer des Alten Testaments war ein Lamm ohne Makel; das Opfer des Neuen Testaments sind Worte ohne Makel. Den Namen Jesu Christi als Herrn zu bekennen ist das einzige Opfer, das nötig ist, um in das Reich Gottes einzutreten.

Lass das einfach mal auf dich wirken, während du über die Worte nachdenkst, die du zu deinen Freunden und deinen Feinden sprichst, zu deinen Kollegen und deinen Kindern und zu deiner Zukunft und deiner Berufung. Lass nicht zu, dass Verdammung dich beraubt, wenn es um dein Bekenntnis geht. Gott ist nicht nur der Hohepriester unseres Bekenntnisses, sondern auch unser gnädiger Vater, unser kostbarer Erlöser und unser barmherziger Gott. Stell dich auf die Verheißungen, die er gegeben hat, und vertraue darauf, dass der Menschensohn auf ewig für dich eintritt.

Sprich deinen Glauben aus

Ich werde nie die traurigen und verlegenen Mienen der kleinen Gruppe von Mitschülern am *Christian Life Bible College* in Wellington, Neuseeland, in den frühen 1970ern vergessen. Sie starrten von der Veranda unserer College-Unterkunft die Einfahrt hinunter auf die Straße hinaus und fragten sich, weshalb sie das neue Fahrzeug nicht sehen konnten, das genau an diesem Tag ankommen sollte, um sie für ein Dienstwochenende die knapp 650 Kilometer von Wellington nach Auckland zu transportieren. Es war nämlich so, dass einer der Schüler – im Glauben – wochenlang gesagt hatte, dass Gott an einem bestimmten Tag und zu einer bestimmten Zeit für ein nagelneues Auto sorgen würde. Nun, dies war der Tag und weit und breit war kein Auto zu sehen. Es erübrigt sich zu sagen, dass dieser Ausflug nie stattgefunden hat. War das Glaube oder Einbildung?

Ein ähnliches Szenario schilderte mir die Mitarbeiterin einer Fluglinie, die in Sydneys betriebsamem Kingsford-Smith-Flughafen am Eincheckschalter arbeitete. Nachdem sie mich als Pastor von Hillsong erkannt hatte, ließ sie eine Geschichte über eine Gruppe von Schülern aus einer anderen Gemeinde und Konfession vom Stapel, die erst kürzlich vollbepackt und abflugbereit am Flughafen angekommen war, um auf eine kurze Missionsreise zu gehen. Auf Nachfrage konnten sie jedoch keine Tickets für ihr Reiseziel vorweisen. Zuversichtlich erklärten sie, dass sie Tickets »im Glauben« hätten. Aber sind sie an jenem Tag geflogen? Leider nicht. Darüber hinaus wurden sie auch noch nach draußen verwiesen, weil sie für das Flughafenpersonal ein Störfaktor an einem ohnehin schon hektischen Morgen waren.

Traurigerweise wurde die wunderbare Wahrheit darüber, »Worte des Lebens« über eine Situation auszusprechen, im Laufe der Jahre von einigen missbraucht, die Einbildung und Gier mit biblischer Wahrheit vermischt haben. Sie haben ein gefährliches Gebräu aus Unausgewogenheit und Täuschung zusammengemixt, das wiederum eine gleichermaßen gefährliche, aber entgegengesetzte Reaktion bei denjenigen hervorgerufen hat, die das Konzept von Glauben ganz ablehnen. Das gibt diesen Menschen Gelegenheit, die »Albernheit« des Glaubens als magische Worthülsen oder als Wunschdenken abzutun. Ich bin sicher, dass diese Art von Unausgewogenheit und Verdrehung der Wahrheit die Lieblingsstrategie des Teufels ist, um Menschen von einer mächtigen Wahrheit fernzuhalten, aber im Grunde ist es nichts anderes, als das Kind mit dem Bade auszuschütten.

Was unterscheidet ein Glaubensbekenntnis von den leeren Worten einer Einbildung? Der Unterschied ist fein und hat viel mit unseren Beweggründen zu tun, mit der Ausrichtung auf das Wort Gottes und der guten, altmodischen göttlichen Weisheit (siehe Spr 24,3).

In den frühen Jahren der Hillsong Church rief mich einer unserer wichtigsten freiwilligen Mitarbeiter an und bat mich um Gebet. Er hatte einen Arbeitsunfall gehabt, bei dem die Netzhaut seines Auges verletzt worden war, was ihm starke Schmerzen verursachte. Ich sagte ihm, er solle in die Gemeinde kommen, und gemeinsam mit einem unserer anderen Pastoren legte ich ihm die Hände auf und betete im Glauben für seine Heilung.

Während wir laut beteten, rief er plötzlich aus: »Ich bin geheilt!«

Mit geschockter Stimme und meinem zweifelnden Thomas in meinem Inneren fragte ich ihn: »Bist du sicher?«

Zu meinem Entsetzen fing er an, den Verband zu entfernen, mit dem der Arzt gerade erst sein Auge abgedeckt hatte, um es vor Licht zu schützen. Wie sich herausstellte, war sein Heilungsbekenntnis absolut real, ein echtes Wunder; trotzdem bestand ich darauf, dass er zum Arzt zurückkehrte, um sich bestätigen zu lassen, dass er die Augenbinde nicht mehr brauchte. Ich sah es einfach als gesunden Menschenverstand an, den Salomo in Sprüche 2,10–11 (ELB) als »Besonnenheit« bezeichnet:

Denn Weisheit zieht ein in dein Herz,
und Erkenntnis wird deiner Seele lieb.
Besonnenheit wacht über dir,
Verständnis wird dich behüten.

Besonnenheit wacht über mir? Ja. *Besonnenheit* kann man als gesunden Menschenverstand bezeichnen, und *wacht über dir* bedeutet einfach nur, dass sie dich in der Spur halten wird. Echte Weisheit, Besonnenheit und Unterscheidungsvermögen sprechen aber keine Worte der Niederlage anstelle von Worten des Lebens und schleudern auch nicht leichtfertig Hoffnungslosigkeit anstelle von Hoffnung heraus.

Die Macht des Lobes

Unterschätze niemals die Macht deiner Worte, Veränderung herbeizuführen – zu erreichen, dass Ketten brechen und Wunder zum Leben erwachen. Gott zu loben und zu danken ist von größter Wichtigkeit, um über unsere Umstände hinauszublicken und unsere Augen fest auf das Wort des Glaubens, auf Jesus, richten zu können.

Würdest du die Art, wie du lebst und sprichst, ändern, wenn du wüsstest, dass jedes Wort und jeder Gedanke zuerst von Gott begutachtet wird? David bat Gott, seine Worte und Gedanken anzunehmen, als wären sie Opfergaben, die zum Altar gebracht werden:

Lass die Worte meines Mundes und das Sinnen meines
Herzens wohlgefällig sein vor dir,
HERR, mein Fels und mein Erlöser! – Psalm 19,15

Würdest du die Lobpreismusik lauter stellen und das Reality-TV schneller ausschalten?

Würdest du deinen Ärger über deine Kinder oder deinen Ehepartner zügeln und deine Worte sorgfältiger wählen, wenn dir bewusst wäre, dass das, was du sagst, von großer Bedeutung ist?

Vielleicht bist du seit Jahren krank und leidest unter den Schmerzen und der Unruhe. Weist dein Bekenntnis, ohne die Realität zu ignorieren, auf die Verheißungen Gottes hin, dass wir alle eines Tages geheilt und gesund sein werden? Glaubst du, dass derselbe Gott, der den blinden Bartimäus geheilt hat, der mit nicht viel mehr als seinem Glauben am staubigen Straßenrand lag, auch heute noch heilt und auch dich heilen will? Markus 10 berichtet von der Geschichte dieses Mannes, der unter dem Spott der anderen um Hilfe rief, weil er glaubte, dass Jesus von Nazareth ihn heilen könnte.

Als Jesus ihn bemerkte, sagte er: »Was soll ich für dich tun?«

Der blinde Mann antwortete ihm: »Rabbuni, ich möchte sehen können.«

Jesus sagte zu ihm: »Geh, dein *Glaube* hat dich geheilt.« Augenblicklich konnte der Blinde sehen und er ging mit Jesus mit (siehe Verse 51–52).

Sein *Glaube* hat ihn geheilt. Sein Bekenntnis und sein Rufen zogen das Herz des Retters an und ließen ihn nähertreten.

Wusstest du, dass Jesus auch heute noch auf den staubigen Straßen unseres Lebens unterwegs ist? Dass er darauf wartet, dass wir ihm ein Zeichen geben, darauf, dass wir unseren Glauben bekennen und seine Wunder verkünden, damit er sich nähern, sich hinunterbeugen und Heilung, Hilfe und Lösungen bringen kann?

Es gibt einen Grund, warum unsere Gemeinde jeden Gottesdienst mit Lobpreis und Danksagung beginnt. Ich habe mal gehört, wie jemand die schnelleren Lobpreislieder am Anfang des Gottesdienstes als Cocktails abtat, die man vor dem Essen serviert bekommt. Aber die Loblieder, mit denen wir jeden Gottesdienst einleiten, sind so viel mehr als eine Chance für Zuspätkommende, sich noch schnell einen Platz zu suchen. Lobpreis ist immer ein Einstiegspunkt und geht oftmals einem Wunder voraus:

Geht durch die Tempeltore ein mit Dank,
betretet die Vorhöfe mit Lobgesang! – Psalm 100,4 HFA

Abgesehen davon, dass die Tradition des Lobpreises eine richtige und gute Sache ist, kann es tatsächlich eine spürbare Veränderung in der Atmosphäre eines Gottesdienstes bewirken, wenn das Wort Gottes gesungen und gesprochen wird. Lobpreis bringt ein greifbares Gefühl von Freude und Frieden, von Kraft und Ehrfurcht in den Raum, während wir mit unseren Lippen die Größe Gottes bekennen. Lobpreis füllt außerdem den menschlichen Geist mit dem Inhalt von Gottes Wort, weshalb wir bei der Freigabe von Texten für unsere Lieder auch so große Sorgfalt walten lassen. Wir wissen, dass Lieder die Theologie prägen können und dass sich aus der Theologie der Glauben bildet.

Bekenne den Namen Jesu. Die Bibel sagt uns, dass uns unser Bekenntnis von ihm als den auferstandenen Herrn in die richtige Stellung bei Gott bringt und uns von Außenseitern zu engen Verbündeten macht. Jesus ist der Anfang und der Mittelpunkt unseres Glaubensbekenntnisses und auch der Höhepunkt. Die Bibel sagt uns, wenn wir unseren Willen an seinem ausrichten (praktisch bedeutet das, dass wir unseren Willen mit seinem Wort und seinen Verheißungen in Einklang bringen), wird alles, worum wir in Jesu Namen bitten, auch geschehen. Wie das Buch der Sprüche sagt:

Betraue Gott mit der Leitung deines Handelns,
dann wird das, was du geplant hast, auch stattfinden.
– Sprüche 16,3 MSG

Wenn deine Seele verzweifelt ist oder deine Umstände unmöglich erscheinen, dann hebe deine Hände, rufe zu Gott, lade ihn ein, singe deinen Glauben, bring ihm ein Lobopfer dar und werde Zeuge, wie das Wort Gottes und die Macht deines Bekenntnisses deine Zukunft verändern.

Sprich es ins Dasein

Worte dienen nicht nur der Kommunikation; Worte sind auch dazu da, um mit ihnen etwas zu erschaffen. Bevor Adam und Eva in Sünde fielen, kannten sie Gott nur als Elohim: als Gott, den Schöpfer. Noch bevor sie Jahwe-Jireh (den Versorger) oder Jahwe-Rapha (den Heiler) brauchten, waren sie in der Gemeinschaft mit dem Schöpfergott.

Weißt du, der Herr erschuf die Welt mit seinen Worten. Er sagte: »Es werde Licht!« (1Mo 1,3). Und es wurde Licht.

Unsere Worte bergen *immer noch* schöpferische Kraft. Sie können toten Situationen Leben einhauchen und Hoffnung schaffen, wo es bisher keine gab. *Du* kannst Leben in deine Ehe, deine Ehefrau, deinen Ehemann oder deinen Partner hineinsprechen. Du kannst Zukunft und Bestimmung in die kleinen Körper deiner

Kinder hineinsprechen und ihnen so helfen, durch die von dir gewählten Worte Glauben aufzubauen. Du kannst Leben in dein Wohlbefinden und in deine Finanzen hineinsprechen. Du musst dabei nicht mehr tun, als Gott für das, was du hast, zu danken und ihm das, was du nicht hast, mit deinen Worten anzuvertrauen. Rufe dir Bibelstellen ins Gedächtnis, die zu deiner Situation passen, und sprich sie über dein Leben aus. Du könntest beispielsweise Philipper 4,19 zitieren: »Danke, Gott, dass du aus dem Reichtum deiner Herrlichkeit für *alle* meine Bedürfnisse sorgst!«

Vielleicht ist es wichtig zu erklären, was ich damit *nicht* meine. Ich rede nicht davon, Gott mit dem Satz »Danke, Herr, für eine Million Euro« als Geisel zu nehmen und zu erwarten, dass er deinem Kontostand ein paar Nullen hinzufügt. Aber du kannst das Wort Gottes in die Welt um dich herum hineinsprechen und Zeuge werden, wie er übernatürliche Veränderung und den Durchbruch in scheinbar ausweglosen Situationen bewirkt.

Denk daran: Wenn Gott dir eine Aufgabe gibt, befähigt er dich auch, sie auszuführen.

Gott *sagte*: »Es werde Licht!« (1Mo 1,3).

Noah *predigte* Rettung und empfing sie (siehe Hebr 11,7).

Mose *verfügte* die Plagen (siehe 2Mo 7–11).

Elia *sprach* die Dürre ins Dasein (siehe 1Kö 17,1).

Josua *befahl* der Sonne und dem Mond, stillzustehen (siehe Jos 10,12).

Sadrach, Mesach und Abednego *bekannten* das Wort (siehe Dan 3,17).

Jesus *verkündete* seine Wiederauferstehung (siehe Mt 16,21).

Und die Liste geht noch weiter. Worauf vertraust du im Glauben? Was ist das »Mehr«, das dich in Bezug auf deine Berufung zu einem Glaubensbekenntnis bewegt? Sprich, verkünde, befiehl und rufe den Segen herab, der dir verheißen ist. Hebe deinen Blick und halte dein Bekenntnis aufrecht; dann wirst du erleben, wie unser Hoherpriester deine Seele aufrichtet und die Hoffnung und den Glauben in dir aufsteigen lässt, dass er unendlich viel mehr tun wird, als du jemals erbitten oder erdenken kannst.

Das ultimative Glaubensbekenntnis

Jesus selbst wusste, wer er war und wozu er berufen war. Er sprach seine Berufung als Glaubensbekenntnis aus:

»Der Geist des Herrn ist auf mir,
weil er mich gesalbt hat,
den Armen frohe Botschaft zu verkünden;
er hat mich gesandt, zu heilen, die zerbrochenen Herzens sind,
Gefangenen Befreiung zu verkünden
und den Blinden, dass sie wieder sehend werden,
Zerschlagene in Freiheit zu setzen,
um zu verkündigen das angenehme Jahr des Herrn.«
– Lukas 4,18–19

Jesus wusste, dass der Geist des Herrn auf ihm war, und er war auf ihm, damit Jesus ausführen konnte, wozu er berufen war. Es war ein Bekenntnis seiner Berufung. Er verkündete seine Berufung, und seine Berufung war die Verkündung: »frohe Botschaft zu *verkünden* ... Befreiung zu *verkünden* ...«

Wozu bist du berufen? Welche spezielle Sache hat der Herr in deinen Geist und in dein Herz gelegt? Vielleicht ist es etwas, gegen das du dich gesträubt hast, oder möglicherweise ist es etwas, das du nie beansprucht hast. Darf ich dich ermutigen? Bekenne deinen Glauben. Bekenne dich zu deiner Berufung. Stehe fest auf dem Wort Gottes und sprich es mit Mut und Überzeugung über dein Leben aus. Der Geist des Herrn ist auch auf dir.

Mit Gottes Wort in deinem Herzen und seinem Namen auf deinen Lippen gibt es kein Hindernis, keinen Berg, keine Enttäuschung und kein scheinbar unabänderliches Schicksal, die sich deinem Glaubensbekenntnis widersetzen könnten. Und vergiss nicht: Deine Berufung, wie auch meine, dient dem Bekenntnis. Wir sind dazu berufen, mit unseren Worten und unserem Leben Verkünder des Wortes zu sein, Prediger der Wahrheit und Bekenner des Evangeliums.

6

Bestimmung und Enttäuschung

Wahrscheinlich hast du sie schon mal gesehen, wenn vielleicht auch nur auf Fotos. Sie steht auf einem markanten Felsvorsprung namens *Bennelong Point* und rahmt zusammen mit der Hafenbrücke das Tor zur Innenstadt von Sydney perfekt ein. Sie ist die große Dame des spektakulärsten Hafens der Welt. Ihr Name lautet *Sydney Opera House*, das Opernhaus von Sydney, und ihre Geschichte ist möglicherweise steiniger als die kleine Halbinsel, auf der sie gebaut wurde.

Im Jahr 1956 nahm ein im Ausland noch wenig bekannter dänischer Architekt namens Jorn Utzon an einer Ausschreibung teil, deren Gegenstand der Entwurf eines bedeutenden Gebäudes in einer fremden Stadt war. Seine Einsendung landete in den Händen von vier Juroren, die sie gleich auf dem Stapel verworfener Konzepte entsorgten. Aber die Ankunft eines fünften Jurors, des berühmten amerikanischen Architekten Eero Saarinen, sollte das für immer ändern. Nachdem er die Entwürfe, die in der engeren Wahl waren, gesehen hatte, machte Saarinen sich daran, auch noch die verworfenen Projektideen zu begutachten, dabei entdeckte er den ambitionierten und ungewöhnlichen Vorschlag von Utzon. Dieser Entwurf sollte die Ausschreibung gewinnen. Heute krönt Utzons architektonisches Meisterwerk den Bennelong Point im Hafen von Sydney und gilt als eines der berühmtesten Bauwerke weltweit in einer Metropole.[6]

Wenn ich daran denke, dass dieser bemerkenswerte und bedeutende Entwurf einmal in einem Stapel verworfener Einreichungen gelegen hat, frage ich mich, welche anderen genialen Ideen im Laufe der Zeit übersehen wurden. Aber die Geschichte geht noch weiter.

Der Bau des Opernhauses war von Enttäuschungen begleitet. Der Architekt Jorn Utzon sah sich mit herber Kritik konfrontiert und erlebte den australischen Zynismus in seiner schlimmsten Form. Angesichts fehlender Unterstützung und Mittel und aufgrund eines entmutigenden Katz-und-Maus-Spiels der Politik wischte Utzon den Staub von seinen Schuhen und verließ das Projekt, noch bevor der Innenbereich seines Traums fertiggestellt war. Während der Eröffnungszeremonie wurde sein Name noch nicht einmal erwähnt. Das war bitter enttäuschend.

Mehr als vierzig Jahre später erhielt Utzon einen Anruf der neu gewählten Regierung von New South Wales, die ihn aufforderte, zusammen mit seinem Sohn, der ebenfalls Architekt war, nach Australien zurückzukehren, um einen Teil der Innenräume des berühmten Gebäudes neu zu gestalten. Und so bekam er mit der Zeit die Anerkennung, die er für seine Arbeit verdient hatte. Auch heute noch ist sein Opernhaus eine Besonderheit. Um es mit den Worten des Architekten Frank Gehry zu sagen: »Utzon hat ein Gebäude konstruiert, das seiner Zeit und der verfügbaren Technik weit voraus war. Und trotz außerordentlich böswilliger Berichterstattung und negativer Kritik hat er daran festgehalten, ein Gebäude zu errichten, das das Image eines ganzen Landes verändert hat.«[7]

Von der Berufung zur Enttäuschung und wieder zur Berufung. Schon mal so was erlebt?

Von Gott festgelegte Zeiten und Ereignisse

Wenn ich morgens aufwache, weiß ich, dass ich beim Öffnen meines Smartphone-Kalenders eine gut organisierte Liste von Terminen vorfinden werde, die sich über den ganzen Tag verteilen: Treffen mit Pastoren oder Mitarbeitern, Verabredungen zum Frühstück oder Mittagessen, familiäre Termine und natürlich solche, die keiner mag, wie Zahnarzttermine. Meine Assistentin Megan unterstützt mich seit zwanzig Jahren, und ich kann mich darauf verlassen, dass sie meine wöchentlichen Termine so abstimmt, dass ich alle meine Verpflichtungen erfüllen kann und trotzdem nicht auf die spontanen Momente im Leben verzichten muss.

Termine scheinen das Leben zu vereinfachen. Ich denke, selbst die strukturell Inkompetenten unter uns brauchen die Planbarkeit, die Termine schaffen.

Wusstest du, dass das Leben auch mit von Gott festgelegten Zeiten und Ereignissen gefüllt ist? Neben deinen Träumen, die du für dein Leben hast, der Berufung und der Gnade, die dir geschenkt wurden, und den Gaben, die du in dir trägst, ist das Leben voller Situationen und Gelegenheiten, die von Gott speziell ausgewählt und vor deinem ersten Atemzug geplant wurden, damit du die Fülle an Zielen erreichen kannst, für die du bestimmt bist. Johannes 15,16 (LUT) sagt es deutlich: »Nicht ihr habt mich erwählt, sondern ich habe euch erwählt und bestimmt …«

Überall in der Bibel sehen wir solche festgelegten Zeiten und Ereignisse in verschiedenen Formen. Priester wurden berufen. Sänger wurden ausgewählt. Könige wurden ernannt. Land wurde zugeteilt. Herrscher wurden eingesetzt. Ganze Gruppen von Menschen wurden ausgewählt. Sogar bestimmte Tage wurden von Gott festgesetzt. Eine Geschichte, die mir immer wieder einfällt, wenn ich über Bestimmung nachdenke und über das, was damit zusammenhängt, ist die von Jeremia.

Jeremia erzählt mehr von seinem Leben als jeder andere Prophet der Bibel. Wir hören von seiner Berufung in den Dienst, von der Reaktion seiner Anhänger, von den Prüfungen und Herausforderungen und alles über seine inneren Kämpfe bis hin zu seiner öffentlichen Rede. Er war der Sohn eines Priesters und kam aus einem kleinen Dorf wenige Kilometer nordöstlich von Jerusalem. Sein Dienst erstreckte sich über fünf Jahrzehnte, und er war ein Prophet für die Nation Israel während einer der dunkelsten Zeiten ihrer Geschichte. Besonders gut nachvollziehbar und faszinierend finde ich aber seine Ernennung durch Gott:

Eines Tages sprach der HERR zu mir: »Ich habe dich schon gekannt, ehe ich dich im Mutterleib bildete, und ehe du geboren wurdest, habe ich dich erwählt, um mir allein zu dienen. Du sollst ein Prophet sein, der den Völkern meine Botschaften verkündet.«

Ich aber erwiderte: »O nein, mein HERR und Gott! Ich habe keine Erfahrung im Reden, denn ich bin noch viel zu jung!«

Doch der HERR entgegnete: »Sag nicht: Ich bin zu jung! Zu allen Menschen, zu denen ich dich sende, sollst du gehen und ihnen alles verkünden, was ich dir auftrage. Fürchte dich nicht vor ihnen, ich bin bei dir und werde dich beschützen. Darauf gebe ich, der HERR, mein Wort.«

Er streckte mir seine Hand entgegen, berührte meinen Mund und sagte: »Ich lege dir meine Worte in den Mund und gebe dir Vollmacht über Völker und Königreiche. Du wirst sie

niederreißen und entwurzeln, zerstören und stürzen, aber
auch aufbauen und einpflanzen!« – Jeremia 1,4–10 HFA

Kommt dir Jeremias Reaktion auf seine Ernennung durch Gott bekannt vor? Obwohl wir uns nach mehr sehnen, denke ich, dass wir oftmals zu schnell überfordert sind. Wir haben in den voranstehenden Kapiteln schon davon gesprochen, dass die überfließenden Segnungen Gottes nicht kommen, ohne dass wir herausgefordert werden und wir uns einem Wachstumsprozess aussetzen, der vielleicht etwas unbequem sein kann. Vielleicht hast auch du dich schon in Ausreden geflüchtet, wenn du mit unbekannten, schwierigen oder überwältigenden Aufgaben konfrontiert warst.

Selbstdisqualifikation. Jeder von uns hat es schon mal getan – wir haben unsere eigenen Unzulänglichkeiten betrachtet und versucht, uns aus dem, was Gott über uns gesagt hat, herauszureden oder haben es angezweifelt. Du bist in guter Gesellschaft. Wusstest du, dass Mose das Gleiche getan hat? Genauso Gideon.

Mose bemühte sich sehr, aus seinem Auftrag, mit dem Pharao zu sprechen, herauszukommen. Er sagte:»Ich kann das nicht! Ich bin so ein unbeholfener Redner! Warum sollte der Pharao auf mich hören?« (2Mo 6,30 NLT).

Vielleicht sagt dir der Name Gideon nichts. Genau das ist der Punkt! Gideon war in vielerlei Hinsicht ein Niemand, den Gott dazu berief, jemand zu sein. Er war gerade dabei, für seine Familie Weizen zu dreschen, als der Herr zu ihm sprach und sagte, er solle die Führung in einer riskanten Militäroperation gegen die Feinde der Nation übernehmen. Gideon brachte gleich mehrere Einwände vor, weshalb er Israel nicht retten könne, obwohl Gott ihn dazu gesalbt hatte:»Ach, mein Herr, womit soll ich Israel erretten? Siehe, meine Sippe ist die geringste in Manasse, und ich bin der Kleinste im Haus meines Vaters!« (Ri 6,15).

Die Träume, die du für dein Leben hast, deine Berufung und die Gnade auf dir und die Gaben, die du in dir trägst, sind alle perfekt aufeinander abgestimmt, damit du deine Bestimmung erfüllen kannst. So, wie Gott Jeremia zum Propheten für die Nationen bestimmte, hat er auch dich für einen einzigartigen Auftrag bestimmt und auf dem Weg dorthin spezielle Zeiten und Ereignisse festgelegt. Niemand kann dich von einer von Gott festgelegten Bestimmung disqualifizieren.

Aber das Leben ist unberechenbar, und Gottes Ruf zu folgen, garantiert uns keine Immunität gegenüber Kummer, Stolpersteinen und Enttäuschungen. Erlaube mir, dich durch einige meiner eigenen Momente der Enttäuschung und Unzufriedenheit zu führen – durch Zeiten, in denen mein Glaube geprüft wurde. Entdecke dabei gemeinsam mit mir, wie diese momentanen Probleme entweder unsere Zukunft zum Entgleisen bringen oder uns in unsere Bestimmung hineintreiben können.

Unvermeidliche Enttäuschung

Leider gehören Enttäuschungen zum Leben. Wir alle erleben irgendwann den Schmerz des Kummers, die Ernüchterung über zerbrochene Beziehungen und die bittere Wahrheit eines erschütterten Vertrauens. Enttäuschung kann uns lähmen – der Verlust eines geliebten Menschen oder diese plötzliche, unerklärliche Veränderung, die uns von dem Weg wegführt, den wir so sicher als Willen Gottes gesehen haben. In meinem ersten Buch *Leben. Lieben. Leiten.* habe ich ausführlich darüber gesprochen, wie eine der größten Enttäuschungen meines Lebens nicht nur meine Realität erschütterte, sondern auch enorme Konsequenzen für meine Zukunft hatte. Ich kann wirklich sagen, dass ich in meinen dreiundsechzig Lebensjahren immer wieder eines festgestellt habe: Wenn du den Schritt in Gottes Bestimmung wagst, ist diese opferbereite Entscheidung unglaublich oft dicht von einer Enttäuschung gefolgt. Ich bin überzeugt, dass genau dieser Umstand eine Taktik des Teufels ist, um der Ausbreitung des Reiches Gottes entgegenzuwirken und Gläubige zu entmutigen.

Es war ein Samstag Ende Oktober, sieben Jahre nach meinem Abschluss am Bibelcollege und rund ein Jahr nach unserer Hochzeit. Bobbie und ich hatten die Glaubensentscheidung getroffen, in den Vollzeitdienst zu gehen. Wir waren von Neuseeland nach Sydney im australischen New South Wales gezogen. Dort erhielt ich nun die ersten bescheidenen Einladungen, in einigen der ländlichsten, gänzlich unbekannten Ortschaften entlang der australischen Ostküste zu predigen. Unser Dienst würde nicht bezahlt werden. Damit wir also unsere Ausgaben decken konnten, arbeitete ich als Fensterputzer in einem gutbesuchten Einkaufsviertel namens Paddington in der Nähe der Innenstadt von Sydney. Bobbie war in der neunzehnten Woche mit unserem ersten Sohn schwanger. Gerade hatten wir unser Auto für unsere erste Missionsreise ins »Buschland« beladen.

Dieses Auto war von der unverwüstlichen Sorte: Ein guter australischer 4-Türer mit einem bulligen V8-Motor und überdimensionierten, verstärkten Stoßfängern an Front und Heck, die aussahen, als könnten wir mit ihnen durch jedes Hindernis pflügen. Wir hatten soeben erst die Einfahrt vor unserem gemieteten Zuhause verlassen und waren um die Ecke gebogen, als wir – *wumms!* – frontal in eine kleine, ausländische Limousine krachten, die aus dem Nichts zu kommen schien. Bobbie war noch dabei, ihren Sicherheitsgurt anzulegen, und flog durch den Aufprall nach vorne und prallte mit dem Kopf direkt aufs Armaturenbrett. Die Anwohner der engen Straße rannten aus den Häusern, um Hilfe anzubieten, und jemand rief einen Rettungswagen. Wir waren dankbar, dass die Sanitäter, nachdem sie Bobbies Zustand überprüft hatten, einen Transport im Rettungswagen nicht für nötig hielten. Erwartungsgemäß hatte unser Transformer-ähnliches Fahrzeug kaum einen Kratzer, aber die kleine, zweitürige Fließheck-Limousine des anderen Fahrers hatte sich wie ein Akkordeon zusammengefaltet.

Glücklicherweise waren wir sehr langsam gefahren, sodass niemand ernsthaft verletzt worden war. Aber wie wir später am selben Tag feststellten (das war noch eine Zeit, in der ich keine Mitarbeiter und keine Assistentin hatte, die mich bei administrativen Aufgaben unterstützten), hatte ich in der Geschäftigkeit des Alltags irgendwie unsere Kfz-Versicherung ablaufen lassen und sie nicht rechtzeitig erneuert. Eine niederschmetternde Enttäuschung. Gerade als wir den Schritt in das hinein gemacht hatten, was wir als Berufung und Bestimmung von Gott empfanden, wurden wir von einem großen Schlag gegen unsere Finanzen getroffen und mussten uns mit zeitraubenden Details befassen.

Warst du jemals entmutigt? Ich bin sicher, das warst du. Die Vorsilbe *ent-* bedeutet, dass etwas weggenommen wird. Entmutigt sein bedeutet also, dass dir der Mut weggenommen wurde. Und das kann dich davon abbringen, das zu tun, wozu Gott dich bestimmt hat.

Gott beruft uns, und wenn wir mit Mutlosigkeit, Enttäuschung, Widerspruch, Hader und was sonst noch alles reagieren, beraubt uns das. Und dann kann es sein, dass wir uns von dem, was Gott für uns hat, zurückziehen. Und obwohl es wahr ist, wie der Grundgedanke dieses Buches besagt, dass Gott mehr für uns hat, als wir uns jemals vorstellen könnten, ist Enttäuschungen überwinden zu können eine unverzichtbare Fähigkeit, ein Muss, um das überfließende Leben ergreifen zu können.

Auf Jeremias Berufung folgte auch für ihn ein Leben, in dem er von Enttäuschung geplagt war. Obwohl er dem Ruf auf seinem Leben treu blieb (er trat in den Dienst eines Propheten ein, diente Gott und verkündete mutig das Wort des Herrn), sah er keine große Erweckung. Er füllte keine Stadien oder zog große Menschenmengen an, und die Verfolgung, die er erlitt, war lähmend.

Jeremia 20,1–2 beschreibt den Moment, in dem der Oberaufseher im Haus des Herrn Jeremia schlug und ihn hinter dem oberen Stadttor in einen Schandstock legte. Eingesperrt in eine entwürdigende und öffentliche Form der Erniedrigung, schrie Jeremia in die Gassen hinaus:

Du hast mich dazu gedrängt, Gott, und ich habe es dich tun lassen. Du hast mich fertiggemacht. Und jetzt bin ich eine öffentliche Lachnummer. Alle machen sich über mich lustig. Jedes Mal, wenn ich den Mund öffne, rufe ich: »Mord!« *oder* »Vergewaltigung!« *Und alles, was ich für meine von Gott kommenden Warnungen bekomme, sind Beleidigungen und Verachtung. – Jeremia 20,7–8 MSG*

Vielleicht befindest du dich in Jeremias Lage: von Gott enttäuscht und wegen deiner Umstände verwirrt. Du bist Gottes Ruf auf deinem Leben gefolgt und hast nichts als Hindernisse und Kummer oder Schmerz durch die Hand von Menschen erlebt, die dich ständig enttäuscht haben. Vielleicht haben dich eine Fehlgeburt, ein schlimmer Krankheitsbefund oder unerwartete Ausgaben aus dem Konzept gebracht. Schreist du auf wie Jeremia? Suchst du verzweifelt nach Antworten und Hoffnung und Heilung? Gott um Hilfe anzurufen ist Schritt eins. Aber die Verheißungen und Wahrheiten zu entdecken, die *in* dir sind, ist das, was dich wirklich durchtragen wird.

Niemals verschwendet

Wusstest du, dass so, wie Gott die guten Dinge und unsere weisen Entscheidungen benutzt, in Gottes Ökonomie auch das Enttäuschende nie verschwendet wird? Es ist wahr. Keine Erfahrung, auch keine schwierige, ist jemals verschwendet, wenn sie klug eingesetzt wird. Gott kann alles benutzen, was du durchgemacht hast und was dir widerfahren ist, um dich zu der Person zu entwicklen, die du sein sollst.

Schau dir Moses Leben an. Er wuchs im Hause seines Feindes auf. Als Adoptivsohn der Tochter des Pharaos brachte er vierzig Jahre damit zu, die Sprache und Lebensweise der Ägypter zu erlernen, des Volkes, das seine leibliche Familie und eine ganze Generation von Hebräern verfolgte. Was könnte dich besser darauf vorbereiten, deine Gegner zu verstehen, als unter ihnen aufzuwachsen? Und trotzdem lernte Mose, obwohl von ihm oft mit großer Achtung und mit Anerkennung seiner Gerechtigkeit gesprochen wird, einige schwierige und lebensverändernde Lektionen nur durch sein persönliches Versagen.

Vielleicht bist du aber auch mehr wie der Apostel Paulus. Er war auf dem Weg, ein Missionar in Spanien zu werden, landete stattdessen aber im Gefängnis. In einem römischen Kerker sitzend, muss Paulus schon ein, zwei Mal den Gedanken gehabt haben: *Leb wohl, meine Berufung; hallo, Enttäuschung.*

Vielleicht ist dein Leben in der »Vor-dem-Mehr«-Phase und du fühlst dich, als säßest du in der Wüste, um Schafe zu hüten, anstatt in den einflussreichen Höfen des Königs zu sein oder Menschen in die Freiheit zu führen. Dann vergiss Folgendes nicht: Gott verschwendet niemals eine Erfahrung. Er *verursacht* keine Enttäuschung, aber wenn du es zulässt, dass dein Glaube weiterentwickelt wird, und du dich dafür entscheidest, die Zeit und die sich bietenden Gelegenheiten weise zu nutzen, wird Gott alles zum Guten und zu seiner Ehre gebrauchen.

Vierzig Jahre lang in der Wüste Schafe zu hüten und einsame Orte zu durchwandern, bereitete Mose auf das vor, was letztlich seine Bestimmung war: die Menschen in Gottes Volk durch ihre eigene Wüste und zu *ihrer* jeweiligen Bestimmung zu führen.

Und Paulus nutzte seine unerwartete Zeit im Gefängnis zum Schreiben, anstatt sich Sorgen zu machen. Dieser Entscheidung haben wir die Briefe an Philemon, an die Kolosser, Philipper und Epheser zu verdanken. So sieht es aus, wenn Enttäuschung nicht zum Aufgeben, sondern zu einer Aufgabe führt!

Vielleicht wanderst auch du an einem Ort umher, an dem du lieber nicht wärst. Wenn du gerade in einer Zeit der Enttäuschung oder Dürre lebst oder etwas durchmachst, was sich wie das Gegenteil von überfließendem Leben anfühlt, dann fasse Mut: Vor dir liegen bessere Zeiten.

Jetzt, in diesem Moment, ist dein Geschenk Zeit, die genutzt werden kann, um Gottes Absicht in deinem Leben zu erfüllen. Und vor dir liegen Gelegenheiten und Aufgaben, die dich in die großartige Bestimmung führen können, die auf dich wartet. Es ist weise, die Frage zu stellen, ob du die von Gott gegebenen Tage und Gelegenheiten so gut wie möglich nutzt. Mach das Gebet aus Psalm 90,12 zu deinem eigenen:

Lehre uns unsere Tage richtig zählen,
damit wir ein weises Herz erlangen!

Denk an Jeremia. Als er aus Verzweiflung und Enttäuschung zu Gott schrie, war dies nicht sein letztes Bekenntnis.

Vorübergehende Enttäuschung = Bleibender Charakter

Lebe von innen nach außen, anstatt das Äußere in dich hinein-
zulassen. Vielleicht ist das leichter gesagt als getan, aber Jeremias
Leben lässt uns etwas Wichtiges entdecken: Das, was *in* ihm war,
war größer als jede Enttäuschung, die ihm von *außen* widerfuhr.
In Jeremia 20,9 (HFA), also nur *einen* Vers, nachdem der Prophet
Gott seine Enttäuschung entgegen geschleudert hat, sagt er:

> *Wenn ich mir aber vornehme: »Ich will nicht mehr an Gott*
> *denken und nicht länger in seinem Namen reden«, dann*
> *brennt dein Wort in meinem Herzen wie ein Feuer, ja, es*
> *glüht tief in mir. Ich habe versucht, es zurückzuhalten, aber*
> *ich kann es nicht!*

Für Jeremia war Schweigen schlimmer als zu leiden. Er hatte den Drang, Gottes Ruf zu folgen. Er war von seiner Berufung
durch Gott überzeugt, und waren der Schmerz und die Enttäuschung auch noch so groß, so ließ er sich seine Gelegenheit doch
nicht zunichtemachen.

Jede Herausforderung, der wir begegnen, ist eine Gelegenheit,
uns der Enttäuschung zu stellen. Es braucht göttlichen Charakter,
um aufrechtzuerhalten, was Gott bestimmt hat. Unabhängig von
deinen gegenwärtigen Umständen wirst du entscheiden müssen,
ob das, was in dir brennt, größer ist als die Enttäuschung, die dich
zu berauben versucht. Paulus sagt uns Folgendes:

> *Da wir nun aus Glauben gerechtfertigt sind, so haben wir*
> *Frieden mit Gott durch unseren Herrn Jesus Christus, durch*
> *den wir im Glauben auch Zugang erlangt haben zu der*
> *Gnade, in der wir stehen, und wir rühmen uns der Hoffnung*

auf die Herrlichkeit Gottes. Aber nicht nur das, sondern wir
rühmen uns auch in den Bedrängnissen, weil wir wissen,
dass die Bedrängnis standhaftes Ausharren bewirkt, das
standhafte Ausharren aber Bewährung, die Bewährung aber
Hoffnung; die Hoffnung aber enttäuscht uns nicht; denn
die Liebe Gottes ist ausgegossen in unsere Herzen durch den
Heiligen Geist, der uns gegeben worden ist. – Römer 5,1–5

Bedrängnis, oder das, was wir *Enttäuschung* nennen, bewirkt
Ausdauer, und Ausdauer Charakter. Es ist so einfach, die von Gott
gegebene Bestimmung wegen vorübergehender Enttäuschung zu
verwerfen, aber tu es nicht! Ergreife die Gelegenheit, die sich dir
bietet, um in deinem Inneren ein tiefgreifendes Werk, eine blei-
bende Ernte von Geduld, Charakter, Hoffnung und Liebe zu erzeugen.

Bestimmung schafft Raum

Je lobenswerter dein Charakter, desto mehr kann Gott in dich
hineingießen. Viele Menschen ergreifen eine von Gott gegebene
Berufung mit einem Charakter, der ihrer Aufgabe nicht gerecht
wird. Jakobus 1,4 (EÜ) sagt: »Die Geduld aber soll zu einem vollkommenen Werk führen, damit ihr vollkommen und untadelig
seid und es euch an nichts fehlt.« Wir müssen Gott erlauben, uns
durch unsere Prüfungen zu lehren, uns durch unsere Bedrängnis-
se zu prüfen und uns durch unsere Enttäuschungen zu fördern,
damit wir bereit sind, wenn der Segen kommt.

Wenn Gott Segen fließen lässt, dann tut er das nicht tröpf-
chenweise, sondern er gießt ihn voll aus. Weiter vorn in diesem
Kapitel habe ich Johannes 15,16 zitiert. Dort heißt es: »Nicht ihr

habt mich erwählt, sondern ich habe euch erwählt und euch …
bestimmt …« Aber das ist nicht alles. Der Vers geht noch weiter:
»… dass ihr hingeht und Frucht bringt und eure Frucht bleibt, damit der Vater euch gibt, was auch immer ihr ihn bitten werdet in
meinem Namen.«

Was auch immer du bittest. Die überreiche Fruchtbarkeit Got-
tes. Das ist sein Wille für dein Leben und seine Absicht in deiner
Bestimmung.

Als junger Prediger, der die Landstraßen von New South Wales
bereiste und vor Versammlungen von fünf bis einhundert Leuten sprach, hätte ich mir die Straßen, die uns dorthin führten, wo
wir heute sind, niemals ausmalen können – Straßen, die sowohl
mit Wundern als auch mit Enttäuschungen gepflastert waren. Als
wir in einer kleinen Schulaula in den Randbezirken von Sydney
mit unseren Gottesdiensten begannen, hätte ich mir nie vorstellen
können, dass wir eines Tages auch Woche für Woche zu großen
Menschenmengen im Zentrum von São Paulo in Brasilien sprechen würden. Doch genau so geht unser Gott vor.

Eugene Petersons Bibelübertragung *The Message* drückt es so
aus:

Es kommt noch mehr: Wir rufen weiter unseren Lobpreis
aus, auch wenn wir in Schwierigkeiten stecken, denn wir
wissen, dass Schwierigkeiten leidenschaftliche Geduld in
uns schaffen, und diese Geduld wiederum den gehärteten
Stahl der Tugend schmiedet und uns wach hält für das, was
Gott als Nächstes tun wird. Mit einer solchen hellwachen
Erwartung werden wir uns am Ende nie benachteiligt fühlen.
Ganz im Gegenteil – wir können nicht genügend Behälter
auftreiben, um alles aufzufangen, was Gott durch den
Heiligen Geist großzügig in unser Leben gießt! – Römer 5,3–5

Es ist wie mit dem Öl, mit dem die Witwe aus dem Alten Testament versorgt wurde (siehe 2Kön 4,1–6). Es ist wie die Verheißung des ausgegossenen Segens, wenn wir die Lehre des Zehnten praktizieren (siehe Mal 3,10). Wir werden mit der Fülle Gottes auf eine Weise überschüttet, die großartiger, besser und viel aufregender ist, als wir es uns vorstellen können.

Wenn ich in einem Sonntagmorgengottesdienst auf unserem Hills Campus stehe, dann bin ich mir bewusst, dass zeitgleich weitere Gottesdienste an verschiedenen Orten rund um Sydney stattfinden, entlang der Küste von Queensland, an vier Standorten in der Metropole Melbourne, auf der Hauptinsel von Tasmanien und seit neuestem auch am äußersten Zipfel der Nordküste, die von den Australiern liebevoll »The Top End« (das obere Ende) genannt wird, im Hafen von Darwin. Wir können nicht genügend Behälter auftreiben.

Hat es auf dem Weg dorthin Enttäuschungen gegeben? Darauf kannst du wetten. Niederschmetternde Enttäuschungen. Aber wir haben uns nie von der Enttäuschung leiten oder berauben lassen, und wir haben die Frucht daraus auf vielfältigere Weise erlebt, als wir in Worte fassen können.

Ach, übrigens: Zu der Geschichte von unserem Autounfall gibt es noch einen Nachsatz. Ich hatte ja erwähnt, dass meine Autoversicherung abgelaufen war und es wegen unseres ohnehin schon mageren Budgets so aussah, als müssten wir meine bescheidenen Predigteinladungen absagen, um erstmal mehr Geld zu verdienen und den Schaden am Fahrzeug des Unfallgegners zu bezahlen, einem ziemlich neuen und teuren Modell. Aber getreu seiner Natur kam mir Gott auf eine nahezu beispiellose Weise zu Hilfe.

Der zuständige Vertreter der Versicherungsgesellschaft besuchte uns in unserer schäbigen Zwei-Zimmer-Wohnung, um mit uns zu reden. Und nachdem er meine Geschichte gehört und zu meiner schwangeren Frau hinübergeblickt hatte, sagte er: »Ich habe so was noch nie gemacht, aber weil Sie Pastor sind, werden wir trotz der abgelaufenen Versicherung für den Schaden aufkommen.« Für mich war das eine riesige Bestätigung, dass wir auf dem richtigen Weg waren. Nachdem der Mann gegangen war, tanzte ich buchstäblich durchs Zimmer, weil ich über Gottes Treue so unglaublich glücklich war.

Gott enttäuscht *nie*, mein Freund. Für dich kann er das Gleiche tun. Und wo er Enttäuschung zulässt, wird er in dir den gehärteten Stahl der Tugend schmieden, die Leidenschaft der Geduld und eine hellwache Erwartung der Dinge, die noch vor dir liegen.

Corrie ten Boom sagte einmal: »Wenn dein Zug in einen Tunnel fährt und es dunkel wird, wirfst du nicht deine Fahrkarte weg und springst raus. Du bleibst still sitzen und vertraust dem Lokführer.«[8]

Gott gibt dir eine Aufgabe, aber er bringt dich nicht zum Aufgeben. Du bist berufen, gerettet, ausgewählt und mit Gnade für das ausgerüstet, wozu er dich bestimmt hat. Und Hoffnung enttäuscht nicht. Du musst dich keinem Schicksal ergeben. Scheitern bedeutet nicht dein Ende. Mach stattdessen die Hoffnung zu deinem Leuchtfeuer, deinen Glauben zum Kompass und deine Bestimmung zum Reiseziel. Auf dem Weg zum Mehr dienen die Unebenheiten des Weges lediglich der Entwicklung deines Charakters und stärken dein Zeugnis für die Zukunft, die Gott für dich geplant hat.

Ich bin für diesen Satz bekannt und werde ihn solange wiederholen, bis er auch deine Seele in Schwingung versetzt, denn ob du es glaubst oder nicht: *Das Beste kommt wirklich erst noch.*

Ich versichere dir, dass kein Ende endgültig, kein Misserfolg zu schwerwiegend, kein Fehler unauslöschlich und kein Leben unerreichbar ist. Was immer du durchmachst oder durchgemacht hast, nimmt dir nicht das Anrecht auf Gottes Verheißung und die Bestimmung, die auf dich wartet. Er kam, um dir ein Leben voller Sinn, Segen und noch mehr zu geben.

7

Bereit und empfänglich

Lexi Milan Houston – so heißt meine dritte Enkeltochter und zweitälteste Tochter meines Sohnes Ben und seiner Frau Lucille. Lexi als jemanden zu beschreiben, der das Leben liebt, würde der Art von begeisterter, staunender Leidenschaft, wie sie von diesem kleinen, aber wild entschlossenen menschlichen Wesen ausgeht, nicht gerecht. Lexi ist etwas Besonderes. Wie Millionen von kleinen Mädchen auf der ganzen Welt, einschließlich ihrer Schwestern, kann sie ohne Scheu bis zur Erschöpfung tanzen.

Genau diese Lebensfreude machte ihren ersten Besuch in Disneyland so besonders, nicht nur für sie, sondern auch für mich, ihren Opa, der an jenem wunderschönen kalifornischen Nachmittag die Welt mit den vierjährigen Augen der kleinen Lexi sah. Da erst verstand ich, dass Jesus uns aus gutem Grund in der Bibel sagt: »Wahrlich, ich sage euch: Wenn ihr nicht umkehrt und werdet wie die Kinder, so werdet ihr nicht in das Reich der Himmel kommen! Wer nun sich selbst erniedrigt wie dieses Kind, der ist der Größte im Reich der Himmel« (Mt 18,3–4). Man öffnet die Augen einfach viel weiter, wenn man die Welt aus der Perspektive eines Kindes betrachtet. Weil sie jede neue Erfahrung ihres Alltags wie ein Schwamm aufsaugen, nehmen Kinder mehr auf, als ihre kleinen Köpfe verarbeiten oder ihre großen Augen erfassen können. Lexis Liebe zum Leben war nie offensichtlicher als an jenem Tag, und Bobbie und ich fühlten uns geehrt, dabei sein zu dürfen.

Unser Abend endete mit der berühmten Disneyparade, und wir wussten, dass Lexis Lieblingsfiguren zweifellos alle zu sehen sein würden – auch Micky, Donald und Goofy, aber das absolute Highlight würden all die Prinzessinnen und die Figuren aus *Die Eiskönigin* sein. Wir stellten uns schon früh in die Reihe – was bei diesem 63-Jährigen hier normalerweise mit sehr viel Ungeduld verbunden wäre. Aber an jenem Tag war alles anders. Ich genoss unser Disney-Abenteuer wieder mit den Augen eines Kindes, und es machte Spaß zu beobachten, wie Lexi mutig zwischen Tausenden anderen stand, nachdem sie sich einen Platz direkt am Straßenrand gesichert hatte, und den Namen jeder einzelnen Disney-Figur herausschrie, die vorbeizog. »Donald Duck! Micky! Arielle! Cinderella! Halloo!« Ihre Begeisterung, ihre aufgeregte Stimme und ihre gelegentlichen Tanzbewegungen führten dazu, dass sie laufend Augenkontakt bekam und von jeder einzelnen dieser legendären Figuren, die schon Millionen von Menschen Freude bereitet haben, mit einem breiten Lächeln und einem herzlichen Winken belohnt wurde. Obwohl sie ein kleines Mädchen unter Tausenden war, fühlte sich Lexi, als wäre sie die Einzige dort.

Ich glaube, Empfänglichkeit kann so etwas bewirken. Sie kann Türen öffnen, die dir das Gefühl geben, der oder die eine unter Tausenden zu sein, vielleicht sogar unter einer Million herauszustechen. Ist das eine Übertreibung? Nicht unbedingt. »Unendlich viel mehr« ist Gottes Verheißung, wenn er die Kraft ist, die in uns wirkt.

Lexis Empfänglichkeit öffnete Türen für sie, als ihre Helden einer nach dem anderen an ihr vorbeizogen und ihre von Staunen erfüllte Fantasie anregten. Ich glaube, wenn du dein Leben aufmerksam, lebendig, präsent und empfänglich lebst, wird diese staunende Neugier das Gleiche für dich tun! Sie wird Türen zu Gelegenheiten öffnen und dich erkennen lassen, was du sonst vielleicht verpasst hättest. Anstatt wichtige Stimmen zu Hintergrundgeräuschen werden zu lassen, kannst du anfangen, das zu hören, was du musst.

Die Macht der Empfänglichkeit

Jesus sagte oft: »Wer Ohren hat zu hören, der höre« (Mk 4,23). Bei einer dieser Gelegenheiten fügte er für seine Jünger noch hinzu: »Achtet auf das, was ihr hört! Mit demselben Maß, mit dem ihr [anderen] zumesst, wird auch euch zugemessen werden, und es wird euch, die ihr hört, noch hinzugelegt werden« (Vers 24).

Eine meiner zahlreichen Schwächen ist die Neigung, mitten in einer Unterhaltung abzudriften und mich in meinen Gedanken zu verlieren. Es kann passieren, dass ich die Menschen um mich herum völlig vergesse. Viele Male ist es vorgekommen, dass ich dasaß, während im Fernsehen die Nachrichten liefen, und eines meiner Kinder mich ansprach. Und obwohl ich sie hören konnte, habe ich es nicht registriert. Meine Tochter Laura rief für gewöhnlich zuerst: »Papa ... Papaaa ... *Papa*!«. Doch dann änderte sie meist frustriert die Taktik und brüllte: »Brian!«, woraufhin ich herumfuhr und sie fragte, um was es ginge. Keine gute Angewohnheit, ich weiß.

Doch wie wach, wie aufmerksam, wie bewusst bist du deiner Umgebung gegenüber? Wenn der Heilige Geist zu dir spricht, hast du dann Ohren, um sein Flüstern zu hören, oder könntest du ihn selbst dann nicht hören, wenn sein Flüstern zu einem lauten Rufen würde? Das Leben an sich bringt uns allen jede Menge Ablenkungen, Sorgen und Belange, die unsere Herzen füllen, unsere

Ohren verstopfen und unseren Blick trüben können. Der Lärm des Lebens kann so leicht übertönen, was Gott zu sagen versucht.

Ich glaube, dass Jesus, als er in Markus 4,24 zu seinen Jüngern über das »Maß« sprach, darauf hinweisen wollte, dass uns ganz oft ein Gefühl der Selbstzufriedenheit und unsere Unfähigkeit, zu hören, das von Gott beabsichtigte Maß an erfüllten Verheißungen in unserem Leben rauben kann.

Was weckt in dir die Einfachheit eines kleinen Kindes? Was entfacht diesen unschuldigen Glauben, den die Umstände des Lebens dir rauben können? Hast du eine Vision, die spannend genug ist, um dich früh morgens aus dem Bett zu holen, oder einen Traum, der inspirierend genug ist, um tief in deiner Seele eine solche Vorfreude zu erzeugen, dass du jedes Mal lächelst, wenn du daran denkst? Bist du bereit für mehr? Was ich damit meine, ist, hast du dich auf alles vorbereitet, was Gott für deine Zukunft geplant hat? Das ist eine wichtige Frage, und vielleicht folgt sofort die Gegenfrage: Nun, was *hat* Gott denn für meine Zukunft geplant? Ich kann dir das zwar nicht für dich persönlich beantworten, aber ich hoffe, du hast aus diesem Buch bereits gelernt, dass er gute Pläne, große Pläne hat. Er kennt die Wünsche deines Herzens und ist bereit, sie zu erfüllen, aber bist du auch bereit, zu empfangen?

Vielleicht glaubst du, dass du das alles hinter dir gelassen hast. Du bist ein »Realist« geworden und begnügst dich damit, still für den Herrn zu leben und deine Erwartung nur noch darauf zu richten, die Ewigkeit in seiner Gegenwart zu verbringen. Wenn das die Wahrheit ist, dann finde ich es sehr schade, denn niemand wird allein für den Himmel gerettet. Gott sei Dank ist der Himmel am Ende unsere Belohnung, aber du bist gerettet, berufen, bestimmt und begnadet, um *jetzt* hier auf der Erde etwas zu verändern, für deine Freunde, Familie, Nachbarn und Kollegen und bei jeder

Gelegenheit, die Gott dir auftut. Ja, Jesus ist gestorben, um dich von deinen Sünden zu retten, aber er ist auch gestorben, um den Himmel auf die Erde zu bringen, damit du und ich ganz für seine Sache leben. Wenn du das »Mehr«, von dem der Apostel Paulus in Epheser 3,20 spricht, aus den Augen verlierst, wirst du gleichgültig, abgestumpft und vielleicht sogar kritisch und zynisch, und so sollte niemand leben!

In Apostelgeschichte 13 richtet Paulus sich direkt an Menschen mit dieser Einstellung:

Passt auf, ihr Zyniker;
seht genau hin – seht, wie eure Welt zerfällt.
Ich tue etwas, direkt vor euren Augen,
das ihr nicht glauben werdet, obwohl es euch förmlich ins
Gesicht starrt. – Vers 41 MSG

Genau so kann das Leben ohne Empfänglichkeit aussehen. Die Dinge können dir ins Gesicht starren und du siehst sie einfach nicht. Gewöhnung und Überheblichkeit rauben dir das Staunen, und Zynismus oder mangelnde Erwartung werden dich von dem »Mehr« fernhalten, das Gott für dich hat.

Die Feinde der Empfänglichkeit

»Das Suchen nach der ›passenden‹ Kirche [macht] den Menschen zum Kritiker, während der Feind wünscht, dass er Schüler sei«, sagt C. S. Lewis in *Dienstanweisung für einen Unterteufel*. »Die Haltung, die Er vom Laien in der Kirche verlangt, mag zwar kritisch sein in dem Sinne, als der Laie zurückweist, was unrichtig oder ihm nicht förderlich ist, völlig unkritisch aber in dem Sinne, als er nicht abschätzt, keine Zeit verliert, darüber nachzusinnen, was er zurückweist, sondern sich in vorurteilsloser, demütiger Empfänglichkeit offenhält für die angebotene geistige Nahrung.«[9]

Lewis könnte hier über die Art von Einstellung gesprochen haben, die nicht nur in unseren Gemeinden weit verbreitet ist, sondern auch in unseren Familien und im privaten Bereich überhandnimmt. Es ist leicht, zum Kritiker zu werden – sich über den Verkehr auf dem Parkplatz zu beschweren oder über laute Musik, unseren Ehepartner zu kritisieren oder Fehler an unseren Kindern zu finden. Eine kritische Haltung verhärtet aber dein Herz gegenüber dem, was Gott dir so gern zeigen möchte. Verletzung und Schmerz verhindern, dass du offen und zugänglich bist. Nicht zu vergeben und zuzulassen, dass Bitterkeit Wurzeln schlägt, führt zu einer negativen Haltung, die jegliche Empfänglichkeit erstickt.

Der Apostel Paulus lobte die mazedonischen Gläubigen und Gemeinden als Beispiele für enorme Offenheit und Großzügigkeit. Ihre Umstände waren extrem, da ihre Region von einer tiefen Rezession und einer schweren Finanzkrise betroffen war. Aber sieh dir ihr inspirierendes Beispiel an, von dem Paulus der Gemeinde in Korinth erzählte: »Wir wollen euch aber, ihr Brüder, von der Gnade Gottes berichten, die den Gemeinden Mazedoniens gegeben worden ist. In einer großen Prüfung der Bedrängnis hat ihre überfließende Freude und ihre tiefe Armut die Schätze ihrer Freigebigkeit zutage gefördert« (2Kor 8,1–2).

Beachte die beiden Eigenschaften, um die es in Vers 2 geht: »ihre überfließende Freude« und »die Schätze ihrer Freigiebigkeit«. Ihre wunderbare Empfänglichkeit und Offenheit Gott gegenüber bedeutete, dass sie sich von ihrer Situation nicht die unbestreitbare Freude und Großzügigkeit rauben ließen, die für diese mazedonischen Gläubigen so bezeichnend war.

Als Pastor habe ich das im Laufe der Jahre oft erlebt: Die ersten beiden Dinge, die verschwinden, wenn sich in den Herzen einzelner Personen, eines Paares oder vielleicht einer Familie etwas geändert hat, sind Freude und Großzügigkeit. Ihr Gesichtsausdruck verändert sich. Sie beginnen, sich zurückzuziehen; sie sind nicht länger die offenen Bücher, die sie früher waren, denn obwohl sie noch anwesend sind, scheinen sie nicht länger »da« zu sein. Die großzügigen Worte, das ermutigende Lächeln, der Wille, sowohl Zeit als auch Geld zu investieren, versiegen. Die Bereitwilligkeit ist weg, die Empfänglichkeit ist nicht mehr vorhanden und (zumindest innerlich) haben sie sich bereits verabschiedet.

War es eine Verletzung oder Kränkung? Hat ihnen jemand etwas angetan, oder haben sie sich die Verärgerung oder die Meinung anderer zu eigen gemacht? Vielleicht haben sie auch einfach das verlassen, was die Bibel als ihre »erste Liebe« (ihre Beziehung mit Gott) bezeichnet. Und vielleicht haben sie zugelassen, dass ihre Lebenssituation ihre Sicht auf die Welt beschädigt und ihr Herz kalt werden lässt. Viele Dinge können in deinem oder meinem Herzen Wurzeln schlagen, wenn wir es nicht gewissenhaft schützen.

So, wie ein ungeschütztes Herz die Empfänglichkeit erstickt, kann Gewöhnung Verachtung hervorrufen, und Mittelmäßigkeit wird schnell zum Fallstrick. Matthäus 13,57–58 schildert, dass Jesus in seinem Heimatort ein gewohntes Gesicht war. Die Leute sahen ihn einfach als den »Sohn des Zimmermanns« (Vers 55), und ihre Wahrnehmung war schuld daran, dass sie sich durch die Worte, die er sagte, und die Wahrheit, die er aussprach, angegriffen fühlten. »Da sagte Jesus zu ihnen: Nirgends ist ein Prophet ohne Ansehen außer in seiner Heimat und in seiner Familie. Und er wirkte dort nicht viele Machttaten wegen ihres Unglaubens« (Verse 57–58 EÜ). Man könnte sagen, dass ihre allzu große Vertrautheit Gott aus seinem eigenen Haus ausschloss. Wegen ihres

Unglaubens konnte Jesus dort keine Wunder vollbringen, und so entging ihnen das, was hätte sein können.

Das Gleiche kann uns passieren, wenn wir Gott durch unsere mangelnde Empfänglichkeit einschränken, weil wir mit dem, was er anzubieten hat, zu gewohnheitsmäßig umgehen. Vielleicht denkst du: *Mag sein, aber mein Leben ist voll von Gewohnheiten.* Vielleicht würdest du deinen Wochenablauf ja sogar als stumpfsinnige Routine bezeichnen. Ich verstehe den täglichen Trott, bestehend aus Aufstehen, Arbeiten, Familie versorgen und nach Hause kommen, um Rechnungen zu bezahlen und die Kinder ins Bett zu bringen. Genauso habe ich aber verstanden, dass Gott auch die Kleinigkeiten nicht außer Acht lässt. Nicht das kleinste Detail und keine noch so banal erscheinende Mühe unseres täglichen Lebens bleibt von ihm unbemerkt oder unbelohnt. Treue in den kleinen Dingen – das tägliche, gewöhnliche Leben gewissenhaft zu meistern – ist sehr wichtig, um das von Gott verheißene Mehr zu erleben. Lass dich von dem, was alltäglich erscheint, nicht entmutigen, und lass dich nicht durch allzu viel Routine um eine Begegnung mit Gott bringen.

Darf ich dich ermutigen? Lass nicht zu, dass Verärgerung, Gewöhnung oder Mittelmäßigkeit dich auf einen Weg bringen, der dich von den Absichten Gottes wegführt.

Wie sieht Gewöhnung eigentlich aus?

Als junge Pastoren wurden Bobbie und ich nach Perth eingeladen, das fünf Flugstunden von uns entfernt auf der anderen Seite des weltgrößten Inselkontinents liegt. Unsere Gastgeber und neuen Freunde, Phil und Heather, holten uns am Flughafen ab, und wir waren tief beeindruckt, als wir an dem wunderschönen Hotel ankamen, in dem sie uns untergebracht hatten. Wir waren noch nie in einem so tollen Hotel gewesen, und alles in unserem Zimmer war einfach großartig! Jedes Handtuch war perfekt platziert, auf dem Bett lagen etwa ein Dutzend Kissen, der Fernseher war größer als der, den wir zu Hause hatten, und es gab noch hundert andere Details. Wir waren überwältigt und konnten gar nicht fassen, dass unsere Freunde uns so verwöhnten. Wir waren wirklich überrascht und Gott für seine Güte überaus dankbar.

Drehen wir das Zeitrad ein paar Jahre weiter: Wieder predigte ich in derselben Gemeinde und übernachtete im selben Hotel. Aber etwas hatte sich geändert. Nachdem ich eingecheckt hatte, eilte ich zu meinem Zimmer, warf meinen Koffer aufs Bett und ertappte mich dabei, wie ich im Stillen über eine Kleinigkeit meckerte, die mich störte. Sofort hielt ich inne und erinnerte mich daran, wie dankbar ich nur ein Jahrzehnt zuvor gewesen war, mit Bobbie in einem so schönen Hotel zu sein. Was hatte sich geändert? Ich hatte mich an den Segen gewöhnt und Routine hatte sich breitgemacht. Ich habe mich auf der Stelle genau geprüft, weil ich mit den Segnungen Gottes und der Güte anderer auf keinen Fall achtlos und wie selbstverständlich umgehen will. Ich stelle fest, dass Gewöhnung und Vertrautheit einer offenen Lebenshaltung entgegenstehen, die uns für alles, was Gott uns über den Weg schickt, bereit und empfänglich sein lässt.

Auch du kannst dich an Gottes Segen gewöhnen und deinen Job, deinen Dienst, deine Möglichkeiten, deine Freunde und deine Gemeinde als zu selbstverständlich betrachten. Vielleicht ist es sogar schon passiert. Es könnte der Grund sein, weshalb Lobpreis und Anbetung dich nicht mehr berühren und du Gottes Gegenwart nicht mehr so wie früher spürst. Oder die Predigt deines Pastors dich nicht mehr sättigt, oder das Gefühl von Familie oder deine Wertschätzung für die Gemeinschaft, der du angehörst, abnimmt. Vielleicht stellst du fest, dass du in Gesprächen das Negative betonst und du den Segen vergisst, den dein Leben durch deine lokale Kirche erfahren hat. Gewöhnung lässt dich glauben, dass nicht du, sondern die Gemeinde sich verändert hat. Es scheint dir dann so, als wäre der Lobpreis nicht mehr so gut wie früher und als hätte der Pastor seinen Biss verloren. Du hast alles schon mal gehört und suchst nach etwas Neuem. Wenn das der Fall ist, dann hat Gott noch so viel mehr für dich, aber Gewöhnung und Routine entfremden dich von seinem Willen und seiner Absicht für dein Leben. Möglicherweise sind es nicht Pastor, Lobpreis oder Gemeinde, die sich verändert haben. Vielleicht findet der Wandel in dir statt.

Wenn in eine beliebige Gemeinde Gewöhnung und Routine Einzug halten, wird der Schwung gebremst, die Spontaneität verschwindet, die Gemeinschaft wirkt weniger liebevoll und Bekehrungen sind eine Seltenheit. Der Lobpreis wird mechanisch und die Botschaft dringt nicht mehr in die verhärteten Herzen der Gemeinde. Vielleicht denkst du, das sei alles zu dramatisch dargestellt, aber ich garantiere dir, das ist nicht der Fall. Offenheit, geistlicher Hunger, Dankbarkeit und Empfänglichkeit sind Eigenschaften einer gesunden Gemeinde, und jeder von uns trägt seinen Teil dazu bei.

Das ist deine Rolle

Schau dir das wunderbare Bild an, das die Zusammenkunft von Gottes Volk auf einem öffentlichen Platz in Israel zeigt. Nehemia 8 hat es festgehalten, und es ist eine erstaunliche Geschichte über Empfänglichkeit. Jerusalems Stadtmauer war den Anweisungen Gottes entsprechend und unter der Leitung von Nehemia wieder aufgebaut worden. Während des Laubhüttenfestes hatten die Menschen eine hölzerne Plattform für den Priester Esra errichtet, der dort aus dem Gesetz vorlesen sollte. Als sich eine große Menschenmenge auf dem öffentlichen Platz versammelt hatte, stellte sich Esra auf das provisorische Holzpodest und öffnete die Thora. Sieh dir die erstaunliche Reaktion der Menschen an:

Und Esra öffnete das Buch vor den Augen des ganzen Volkes, denn er überragte das ganze Volk. Und als er es öffnete, stand das ganze Volk auf. Und Esra pries den HERRN, den großen Gott, und das ganze Volk antwortete: Amen, Amen! – wobei sie ihre Hände emporhoben. Und sie verneigten sich und warfen sich vor dem HERRN nieder mit dem Gesicht zur Erde. – Nehemia 8,5–6 ELB

Was für ein Bild! Esra hatte nichts weiter getan, als ein Buch zu öffnen, und sofort ertönte der Chor von Menschen, die einmütig »Amen, Amen!« riefen und die Hände in die Höhe streckten. Dann verneigten sie sich und warfen sich mit dem Gesicht zur Erde nieder und beteten den Herrn an. Das ist eine ziemlich begeisterte Menge! Die Atmosphäre war mit Lobpreis aufgeladen. Empfänglichkeit macht das mit dir. Sie öffnet nicht nur Türen, sondern lädt auch die Atmosphäre auf und vermittelt das Gefühl, dass alles passieren könnte, und vermutlich tut es das dann auch.

Wie können wir diese Begeisterung in unserem Lobpreis heute neu zum Leben erwecken?

Ich weiß, wie sich die Atmosphäre eines Gottesdienstes durch staunende Empfänglichkeit verändert – ich kann es fühlen. Wenn Menschen sich auf die Anbetung einlassen und nach dem Wort Gottes hungern, wird Predigen zu einer Freude. Die Atmosphäre lässt mein Denken klarer werden. Meine Worte fließen und die Gegenwart des Heiligen Geistes ist spürbar, wenn die Menschen empfangsbereit sind. Das meine ich mit einer »aufgeladenen Atmosphäre«. Sie ist greifbar, sie ist kraftvoll und wunderschön in ihrer Einmütigkeit, und sie übt auf Neulinge eine große Anziehungskraft aus. Doch auch das Gegenteil ist wahr, denn eine müde Menge, die zwar anwesend, aber nicht wirklich da ist, die zuhört, aber nichts aufnimmt, wird dir das gleiche Gefühl geben, das auch Jesus von den Leuten seines Heimatortes vermittelt bekam: ein Prophet ohne Ehre in der eigenen Stadt zu sein (siehe Mk 6,4). Jesus konnte dort keine Wunder tun.

Sind die Wunder in deinem Leben versiegt und hast du dich gefragt, warum das so ist? Vielleicht brauchst du eine Erweckung in deiner Seele und eine erneuerte Betrachtungsweise des Lebens und deiner Lebensführung. Vielleicht solltest du Gott bitten, das Feuer für die Dinge Gottes, das früher in dir gebrannt hat, neu zu entfachen. Lade ihn ein, in dir Hunger und Durst nach der Bibel und Leidenschaft fürs Leben entstehen zu lassen. Vielleicht brauchst du ein neues Gefühl von Dringlichkeit in Bezug auf die Belange des Reiches Gottes, etwa so wie diese Jungs ...

Brich das Dach auf

Ich kann es mir bildlich vorstellen. Sie wussten, was in dem Haus vor sich ging. Die Leute strömten auf die Straßen hinaus und flüsterten: »Es ist ein Wunder!« und »Hast du gesehen, wie er geheilt worden ist?« Sie wussten, dass der Rabbi im Haus kein gewöhnlicher Mann war. Er war der, von dem alle in der Gegend sprachen: Jesus.

Sie wussten, dass dies ihre Chance war – die Gelegenheit, die ihr Freund so dringend brauchte. Ihre Erwartungen waren hoch und sie bestärkten sich gegenseitig in ihrem Entschluss, etwas zu unternehmen. Aber das Gedränge war groß und niemand war bereit, Platz zu machen, auch nicht für sie und den offensichtlich behinderten Mann, den sie trugen. Also schauten sie hoch zum Dach, und ohne ein Wort zu sagen, wussten sie, was sie zu tun hatten. Sie hoben ihren gelähmten Freund auf seine Matte und nahmen ihn dann auf ihre Schultern. Oben auf dem Dach gruben sie sich durch den harten Lehm, bis ihre Finger wund waren, weil sie wussten, was möglich war, wenn sie es nur schafften, ihren Freund in diesen überfüllten Raum zu Jesus zu bringen (siehe Mk 2,1–5).

Auf die gleiche Weise von eifriger Erwartung erfüllt wurde auch jemand anderem vom Sohn Gottes gedient. Zachäus war der Zolleintreiber der Stadt und vermutlich ein korrupter und unangenehmer Typ, außerdem war er ziemlich klein, wie die Bibel uns verrät. Doch sein Hunger danach, Jesus zu sehen, seine interessierte Aufgeschlossenheit und Empfänglichkeit für dessen Botschaft veranlassten ihn, auf einen Baum zu klettern und so die Aufmerksamkeit des Menschensohnes auf sich zu ziehen. »Und als Jesus an den Ort kam, blickte er auf und sah ihn und sprach zu ihm: Zachäus, steige schnell herab; denn heute muss ich in deinem Haus einkehren! Und er stieg schnell herab und nahm ihn auf mit Freuden« (Lk 19,5–6).

Glaubst du, dass Jesus von unserer sehnsüchtigen Entschlossenheit angezogen wird? Ich denke, dass Entschlossenheit und eine empfängliche Haltung stets Wunder anziehen werden. Jesus selbst sah sich oft vom Hunger der Menschen zum Handeln veranlasst und war von denen bewegt, die ihn in Erwartung einer lebensverändernden Begegnung aufsuchten.

Lebst du in staunender Erwartung? Mit dem Eifer eines Kindes, das sich auf eine Belohnung freut oder darauf, zum ersten Mal die Tore von Disneyland zu betreten? Gehst du deine Beziehung zu Jesus mit der gleichen Bestimmtheit wie Zachäus und mit der Entschlossenheit der Freunde des Gelähmten an? Erwartest du noch das Übernatürliche und sehnst dich danach, von Jesus zu empfangen? Ist dein Herz noch bereit? Es ist eine Aufforderung an uns alle, denn es gibt in unserem Alltag so viele Hindernisse, die uns davon abhalten können, bereit und empfänglich zu sein für all das, was Gott für uns hat.

Sehnsucht, die größer ist als alle Hindernisse

Wenn du aufgeschlossen und empfänglich lebst, wird deine Sehnsucht größer sein als die Hindernisse. In den späten 1990ern nahm auf unserem ursprünglichen Hillsong-Campus in Sydneys Stadtteil *The Hills*, nordwestlich der Stadt, ein Phänomen seinen Anfang. Wir waren noch in unserem ersten Gebäude, das für unsere wachsende Gemeinde aber schon viel zu klein war. Jeden Sonntag, während ein Gottesdienst im Gang war, reihten sich die Leute deshalb um das Gebäude herum auf und warteten geduldig auf den Beginn des nächsten Gottesdienstes. Glaub mir, im weltlich gesinnten Australien, in dem die Menschen die Kirche für veraltet, langweilig, trist und bedeutungslos halten, sind Leute, die Schlange stehen, um in eine Kirche zu kommen, kein gewöhnlicher Anblick.

Das gleiche Verhalten ist heute auch in Hillsong-Gemeinden in so unterschiedlichen Städten wie Barcelona, Kapstadt, London, Los Angeles und New York City zu beobachten, wo es vielleicht sogar auf eine ganz neue Ebene gebracht wurde. Die Leute stellen sich schon eine Stunde und länger vor dem Gottesdienst in der Schlange an, die um den ganzen Block reicht, damit sie auch ja hineinkommen. Frostige Temperaturen oder sengende Hitze scheinen die Hunderte von Menschen, die treu und geduldig auf einen Platz in einem der Sonntagsgottesdienste warten, nicht abzuschrecken. Erstaunlich!

Wie in den meisten Gemeinden ist auch für Hillsong Ostern eine ganz besondere Zeit. Es ist unser wichtigstes Wochenende im Jahr. Zu den Gottesdiensten am Karfreitag und am Ostersonntagmorgen sind die Säle, Übertragungsräume und jeder andere freie Raum in unseren Gebäudekomplexen brechend voll. Und für den Abend des Ostersonntags strömen die Menschen seit einigen Jahren in die Innenstadt von Sydney und finden sich zu Tausenden in einem städtischen Stadion ein. Im Jahr 2014 reisten einfach zu viele Menschen an, die den Evangelisten Reinhard Bonnke sprechen hören wollten. Tausende von Menschen mussten draußen bleiben, wollten aber nichts verpassen, obwohl der Wetterbericht starken Regen vorausgesagt hatte. Und wie es dann geschüttet hat! Doch schon wenige Minuten nach Beginn des Gottesdienstes wurde klar, dass die draußen wartenden Menschen nicht bereit waren, zu gehen. Auch sie wollten die Auferstehung Christi feiern!

Dank einiger Vorausplanung, schnellem Denken und aus vollem Herzen dienender Teammitglieder war bis zum dritten Lied, das drinnen gesungen wurde, für die riesige, draußen wartende Menge gesorgt worden. Viele hatten sich behelfsmäßige Regenmäntel oder Plastikponchos übergezogen oder hielten Regenschirme hoch, während sie mit dem Lobpreis einfach immer weitermachten. Auch als der Gottesdienst im Stadion schließlich endete, hörten sie nicht auf. Sie waren bereit und empfänglich, und kein Hindernis konnte sie davon abhalten, an dem Gottesdienst teilzunehmen, der auf riesigen Leinwänden im strömenden Regen übertragen wurde. Ich bin davon überzeugt, dass ihre grenzenlose Sehnsucht nach einer Begegnung mit Gott an jenem Ostersonntagabend nicht unerfüllt blieb.

Das erinnert mich auch an frühere Zeiten, als ich mit Hillsong United in Südamerika unterwegs war. Mehr als einmal drängten sich die Menschen in den riesigen Fußballstadien von Städten wie

Bogotá in Kolumbien oder Buenos Aires in Argentinien, um dort am Lobpreis teilzunehmen, während Regen die Veranstaltung zu ruinieren drohte. Ich werde nie vergessen, mit welcher Intensität und Ausdauer bis zu siebzigtausend Menschen mit zum Himmel gewandten Gesichtern, hochgestreckten Armen und oft tränengefüllten Augen im Lobpreis anbeteten, während viele von ihnen knöcheltief in schlammigen Pfützen standen und vom unablässigen Regen bis auf die Knochen durchnässt wurden. Selbst als ich die Botschaft von Jesus Christus predigte, standen die Menschenmengen bewegungslos da und nahmen jedes Wort aufmerksam auf. Das lässt den Song »Singing in the Rain« (Ich singe im Regen) in einem völlig neuen Licht erscheinen.

Bist du so wie diese Leute? Wann kamst du zum letzten Mal mit dieser Art von Vorfreude in die Gemeinde? Oder warst du genervt, als du letzte Woche bei deiner Ankunft festgestellt hast, dass du ziemlich weit weg vom Eingang parken musst? Vielleicht bist du extra früh gekommen, nur um festzustellen, dass andere Leute schon die besten Plätze besetzt hatten. Vielleicht war dir auch der Lobpreisleiter fremd, du kanntest keines der gesungenen Lieder oder du hattest etwas wenig Schmeichelhaftes über den angekündigten Sprecher gehört. Aber hast du trotzdem aufmerksam zugehört und etwas gelernt?

Ich bin der Erste, der zugibt, dass es nicht immer einfach ist, die Begeisterung aufrechtzuerhalten. Aber die Macht der Empfänglichkeit nimmt einen entscheidenden Einfluss darauf, wie weit der Himmel offenzustehen scheint.

Versteh mich hier bitte nicht falsch. Das Christenleben besteht nicht nur aus glücklich klatschender Endlosbegeisterung. Ich weiß so gut wie jeder andere, dass es viele bedrückende Momente, viel Kummer und Sorgen, Leid und Enttäuschungen gibt, die unsere Freude rauben und unseren Eifer dämpfen können. Aber dir deinen Schmerz einzugestehen ist nicht dasselbe wie darin zu versinken. Es spricht enorm viel dafür, eine Person zu sein, deren Entschluss es ist, sanft und aufrichtig zu bleiben, bereitwillig aus traurigen Ereignissen zu lernen und Gott auch im Leiden zu finden.

Während du Gott um mehr Verantwortung und Segen in der Zukunft bittest – lebst du *jetzt* eifrig, verantwortungsbewusst und empfänglich für alles, was er in dein Leben gebracht hat?

Offene Türen

Wir waren auf den traumhaft schönen Fidschi-Inseln. Die Vorfreude war spürbar. Die feuchtheiße kleine Kapelle war erfüllt von Spannung und Begeisterung. Jeder Sitzplatz war besetzt von Menschen mit lächelnden Gesichtern, die die Schönheit der Umgebung in sich aufnahmen, aber gleichermaßen von dem begeistert waren, was gleich geschehen sollte. Als der Bräutigam dort stand, gekleidet in lässiger Eleganz, wurde das Lächeln in seinem Gesicht nur von den Tränen in seinen Augen überschattet. Sein Herz schlug so schnell, dass er sicher war, dass die ganze Insel es hören konnte. Als sich die Türen öffneten, war es, als würde der ganze Raum angesichts der Bedeutsamkeit dieses Augenblicks einen Seufzer der Freude ausstoßen. Ich werde nie das greifbare Gefühl von Liebe und freudiger Erwartung vergessen, das sich über den ganzen Raum legte, während ich meine einzige Tochter Laura den Gang dieser Kapelle hinunter zu ihrem wartenden fidschianischen Bräutigam führte. In dem Moment, in dem wir um die Ecke bogen und den kurzen Gang hinunterblicken konnten, zerflossen Laura und ich in Tränen. Es ist sicherlich der stolzeste Moment im Leben eines Elternteils.

Ich liebe dieses Bild von Empfangsbereitschaft. Peter hätte Laura in diesem Moment nie zurückgewiesen, nur weil er vielleicht ihr Kleid nicht mochte oder verärgert war, weil sie sich ein paar Minuten verspätet hatte. Nein, stattdessen wartete er gespannt und mit Zuversicht auf den Moment, in dem sich die Türen öffnen würden und ich ihm das Geschenk übergäbe, das sich an meinem Arm festhielt: seine wunderschöne Braut. Und als sich die Türen dann endlich öffneten, leuchtete sein ganzes Wesen auf vor lauter Aufregung, Erleichterung und Leidenschaft für die Person, die er liebte, erwartete und die er herbeigesehnt hatte.

Lebst du in einer ähnlichen Vorfreude auf das, was Gott in deinem Leben tun wird? Darauf, dass sich die Türen zu der nächsten Gelegenheit, zum Segen und zu der von ihm kommenden Versorgung öffnen? Bist du überzeugt, dass dich etwas Schönes erwartet? Wenn du dein Leben nicht in hoffnungsfroher Erwartung lebst, kann dir entgehen, was Gott beabsichtigt. Worauf wartest du? Was erwartest du dir im Glauben für dieses Jahr in deinem Leben und im Leben derer um dich herum? Wartest du auf Gott mit derselben staunenden, hoffnungsfrohen Vorfreude wie die eines begeisterten Bräutigams? Empfangsbereitschaft öffnet Türen: »Bittet, und ihr werdet erhalten. Sucht, und ihr werdet finden. Klopft an, und die Tür wird euch geöffnet werden. Denn wer bittet, wird erhalten. Wer sucht, wird finden. Und die Tür wird jedem geöffnet, der anklopft« (Mt 7,7–8 NLB). Welch eine Zusage!

Unsere Empfänglichkeit öffnet uns für so viel mehr an Möglichkeiten. Lass uns den Entschluss fassen, in einer Weise zu leben, die uns keine Gelegenheit versäumen lässt. Lass uns zielgerichtet leben, frei von Ablenkung und im Bewusstsein des reichen Potenzials, das in Christus zu finden ist.

Sei aufmerksam

Aufmerksam zu sein ist extrem wichtig. Aufmerksamkeit bringt Verständnis – du kannst nur das verstehen, was du zuerst in dich aufgenommen hast. Wenn ich dir beispielsweise nicht zuhöre, werde ich nicht verstehen, was du sagst! Die Aufmerksamkeit unserer Herzen muss konsequent auf Gott ausgerichtet sein und unsere Seelen müssen sich ständig von seinem Wort ernähren. Aus dem Verständnis entsteht die Absicht und die Absicht führt zum Plan. Jetzt, da du das Wort in dir hast und die Stimme Gottes hörst, sollte das eine Reaktion bei dir hervorrufen. Und aus dieser Reaktion heraus bist du dann bereit, zu empfangen – um neue Dinge ins Leben zu rufen und weiter als bisher mit Hoffnung und Vorfreude in die Zukunft blicken zu können. Siehst du? So viel Potenzial entsteht, wenn man einfach nur aufmerksam ist.

Welchem Bereich musst du Aufmerksamkeit schenken, um in deinem Leben neue Dinge entstehen zu lassen? Beraube nicht dich und andere, indem du das Wort Gottes nicht regelmäßig empfängst oder mit Mittelmäßigkeit oder Geringschätzung liebäugelst. Jesaja sagt Folgendes:

Wisst ihr es nicht? Hört ihr es nicht?
Ist es euch nicht von Anfang an verkündigt worden?
Habt ihr nicht Einsicht erlangt in die Grundlegung der Erde?
Er ist es, der über dem Kreis der Erde thront und vor dem
ihre Bewohner wie Heuschrecken sind; der den Himmel
ausbreitet wie einen Schleier und ihn ausspannt wie ein Zelt
zum Wohnen;

Hebt eure Augen auf zur Höhe und seht: Wer hat diese
erschaffen? Er, der ihr Heer abgezählt herausführt, er ruft sie

alle mit Namen. So groß ist seine Macht und so stark ist er,
dass nicht eines vermisst wird. – Jesaja 40,21–22.26

Du beraubst dich deines Potenzials und du beraubst auch andere, wenn du nicht aufmerksam bist und empfängst. Auf diesem Weg, auf dem du mehr über das Wesen Gottes herausfindest und mehr von dem entdeckst, was er für dich hat, ist es überaus wichtig, dass du ein unkritisches Herz bewahrst, aufmerksam bleibst und das Wort Gottes und seine Wunder jeden Tag in dich aufnimmst. Sei dankbar, denn Danken kommt vor den Wundern. Nimm, was du hörst, wende es auf dein Leben an und mach dich bereit! Derselbe Gott, der die Sterne beim Namen nennt, wartet darauf, die Seiten deines Lebens mit einer langen und abenteuerlichen Geschichte zu füllen – du musst nur bereit sein, zu empfangen.

8

Glaubwürdigkeit und Beständigkeit

Spektakuläre Häuser und kunstvoll gestaltete Marktplätze und Arenen übersäten die antike Stadt Pompeji. Die römischen Bürger der Oberschicht strömten in Scharen in dieses bedeutende kulturelle Zentrum, in der alle Arten von Handwerk und Kunst florierten. Im 6. Jahrhundert v. Chr. mit Sorgfalt errichtet, dauerte es Jahre, diese meisterhafte und moderne Stadt aufzubauen, aber nur wenige Augenblicke reichten aus, um sie völlig zu zerstören, als der Vesuv in einer unerwartet gewaltigen Eruption die Stadt und viele ihrer Bewohner unter Gestein und Vulkanasche begrub.

Der Bau der Golden Gate Bridge, das Wahrzeichen von San Francisco, das sich über die berühmte Bucht erstreckt, hat in den 1930er Jahren vier Jahre gedauert und kostete 35 Millionen US-Dollar. Experten schätzen, dass bei ausgeprägter seismischer Aktivität sechzig Sekunden ausreichen würden, um sie einstürzen zu lassen.

Es dauert lange, bis man ein Leben aufgebaut hat – Jahre der Beständigkeit und Treue, des Durchhaltevermögens und anderer unglamouröser oder gar langweiliger, altmodischer Tugenden. Deine Glaubwürdigkeit – an der du dein Leben lang baust – ist die durch langfristige Vertrauensbildung entstandene und von Wahrhaftigkeit getragene Basis, auf der du dich immer wieder bewähren musst. Glaubwürdigkeit wiederum bringt große Frucht hervor, wenn du weiter dranbleibst und nicht nachlässt. Wenn man jedoch bedenkt, dass alles in nur einem Augenblick zerstört werden kann wie bei der Tragödie am Vesuv ...

Zum Glück ist keine Sünde, kein Versagen und kein Fehler unverzeihlich. Aber in meinen Jahren als Präsident der *Australian Christian Churches*, einer Bewegung, der über elfhundert Gemeinden in unserer Nation angehören, habe ich die Verwüstung, die Erniedrigung, den Schmerz und die völlige Sinnlosigkeit zerstörter Glaubwürdigkeit allzu oft mitangesehen. Ich habe erlebt, wie schmerzlich es ist, am Schreibtisch einem gefallenen Leiter gegenüberzusitzen, der sich vor Zerknirschtheit, Bedauern und untröstlicher Reue zusammenkrümmt. Das ist – aus offensichtlichen Gründen – keine Erfahrung, die mir willkommen ist oder an der ich Gefallen finde. Es tut weh, die Tragödie eines am Boden zerstörten Ehepartners oder einer in die Krise gestürzten Familie zu erleben, oder das Stöhnen von jemandem zu hören, der plötzlich aufwacht und erkennt, was er zerstört hat, und darüber nachdenkt, was hätte sein können.

Dennoch glaube ich, dass es dank der vergebenden und wiederherstellenden Natur Gottes und seiner Gnade immer einen Weg zurück gibt. Doch der Verlust der Glaubwürdigkeit in den Augen anderer Menschen, insbesondere derer, die betrogen worden sind, richtet langfristigen Schaden an. Durch Reue und verändertes Verhalten führt immer ein Weg zurück, aber wenn die eigene Glaubwürdigkeit verloren ist, kann es eine lange, schwierige und schmerzhafte Reise werden.

Der Segen, der mit Wahrhaftigkeit, Glaubwürdigkeit und Beständigkeit einhergeht

Entscheidende Faktoren dafür, dass Gott mehr tut, als du jemals erbitten, erdenken oder dir vorstellen kannst, sind Wahrhaftigkeit, Glaubwürdigkeit und Beständigkeit. Diese spielen eine wichtige Rolle auf dem Weg zu unbegrenzt wachsendem Segen Gottes, zu der Art von Segen, der dich fassungslos den Kopf schütteln lässt und der dadurch erreicht wird, dass du deinen Kurs beibehältst.

Der Weg, den Bobbie und ich gemeinsam genossen haben, war mit Segen gepflastert, der mit den Jahren immer weiter zugenommen hat. Jedes Jahrzehnt stieg der Segen überproportional zum vorangegangenen Jahrzehnt. Gottes Maß unterscheidet sich erheblich von dem unseren. Oft habe ich über diese Verheißung nachgedacht:

HERR, ein Tag in den Vorhöfen deines Tempels ist mehr wert als tausend andere! Ich möchte lieber an der Schwelle deines Hauses stehen, als bei den Menschen wohnen, die dich missachten! – Psalm 84,10 HFA

Ein Tag, mehr wert als tausend andere! Könnte Gott in einem Tag wirklich tun, was früher einmal eintausend Tage gedauert hat? Ich weiß, dass er das kann. Ich habe es auf meinem eigenen Weg als Pastor gesehen. Die Zahl der Menschen, die wir 1983, in unserer Pionierzeit, pro Woche erreichen konnten, lag unter einhundert. Jetzt können wir mithilfe von entsprechenden Räumlichkeiten und Strukturen, geeigneter Technologie, einer Vision und einem immer größer werdenden Herzen für die Mission in einem einzigen Tag das vermitteln und tun, wofür wir früher eintausend Tage gebraucht hätten. Und was ist das Geheimnis? Es ist immer eine Geschichte über Gottes Gnade, aber ich glaube, dass auch das gleichbleibende Zeugnis und die Frucht der Glaubwürdigkeit dazu beigetragen haben, dass sich unsere Reichweite ausgedehnt und unser Wachstum beschleunigt hat.

Ende 2016, als russische und syrische Bomben auf Aleppo niederregneten, war das Leid und die Verzweiflung, die wir auf unseren Fernsehbildschirmen sahen, unvorstellbar. Ströme von Kindern (viele von ihnen verwaist), obdachlos gewordene Familien und Einzelpersonen, die ihre Familien zurückgelassen hatten, flohen mit nichts als ihrer zerlumpten Kleidung auf dem Leib ums nackte Überleben, während der Winter über die Menschen hereinbrach. Aber ein Aufruf an unsere stets großzügigen Gemeinden sorgte dafür, dass wir an nur einem einzigen Wochenende weitaus mehr Spenden zusammenbekamen, als wir vor dreißig Jahren insgesamt hätten erwarten können. Dank der Gnade Gottes und durch die Partnerschaft mit Hilfsorganisationen, deren Freiwillige ihr Leben riskieren, um dieser vom Krieg zerrissenen Nation praktische und geistliche Hilfe zu leisten, waren wir in der Lage, Hunderttausende von Dollars genau dorthin zu schicken, wo das Geld am dringendsten gebraucht wurde.

Das ist ein Zeugnis für die Kraft der Beständigkeit. Es ist eine Geschichte, die nicht möglich wäre ohne die Art von Glaubwürdigkeit, die im Laufe der Jahre das Maß an Vertrauen und Verlässlichkeit aufbaut, das Menschen dazu bewegt, zu investieren. Glaubwürdigkeit wird unterschätzt. Das gleiche gilt für Wahrhaftigkeit. Unsere Fähigkeit, diese Wirkung zu erzielen, war den täglichen Trott der Treue wert, die sich oft eher im Alltäglichen, im Verborgenen des Alltags beweist als im Glanz der unübersehbaren großen Anlässe und besonderen Tage.

Menschen werden ihre Zeit, Energie und Ressourcen in deine Vision investieren, wenn sie dir vertrauen, an deine Sache glauben und widerspruchsfreie Beständigkeit bei dir sehen. Wahrhaftigkeit ist anziehend. Nicht perfekt, aber echt. Nicht unfehlbar, aber glaubwürdig.

Ich weiß, dass das auch deine Geschichte sein kann. Was vielleicht ein Jahrzehnt gedauert hätte, wird sich in immer schnellerer Zeit erreichen lassen, wenn Gott dein Leben baut und du durch deine Treue und Beständigkeit mit seinem Masterplan kooperierst.

Ein gewisser Jünger

Timotheus ist ein gutes Beispiel für Treue. Dieser junge Mann wurde von dem legendären Apostel Paulus dazu ausgewählt, Seite an Seite mit ihm zu dienen, zu leiten und gemeinsam mit ihm zu reisen. Wow, was für eine Chance! Warum Timotheus? Wer war Timotheus? Wieso kam er für die Auswahl in Frage? Hatte er die neutestamentliche Version eines Elitehochschulabschlusses oder war es seine offensichtliche Rednerbegabung? Die Antwort ist vielleicht nicht ganz so beeindruckend. Wie es scheint, haben seine Glaubwürdigkeit und seine erwiesene Beständigkeit eine große Rolle gespielt.

Die unglaubliche Beziehungsdynamik zwischen dem Apostel Paulus und dem jungen Timotheus bietet Stoff für eine wunderbare Studie. Es besteht kein Zweifel, dass ihre Beziehung nicht nur einzigartig, sondern auch gesalbt, gesegnet und für die Ziele des Reiches Gottes bestimmt war.

Selbst nach all diesen Jahren finde ich beim Lesen des Wortes Gottes immer wieder neue Offenbarungen, denn meine Liebe zu seinem Wort ist ständig weiter gewachsen. So etwas passiert, wenn du ein lebendiges Buch liest. Die Suche nach den unendlichen

Schätzen in Gottes unveränderlichem und unumstößlichem Wort ist eine Freude und ein Privileg, das ich nicht für selbstverständlich halte. Mein persönliches Studium der in der Apostelgeschichte festgehaltenen Missionsreisen führte mich kürzlich dazu, eine Predigtreihe über Paulus' frühe Reisen zu halten, die er gemeinsam mit seinem Novizen unternahm. Während des Studiums fiel mir auf, dass sich aus den Eigenschaften von Timotheus sehr viel lernen lässt. Ich las die Abschnitte und konzentrierte mich dabei auf die feinen Details des Textes. Sieh dir dieses hier an: »Er kam nach Derbe und nach Lystra. Und siehe, dort war ein gewisser Jünger namens Timotheus, der Sohn einer gewissen jüdischen Gläubigen, dessen Vater aber ein Grieche war. Die Gläubigen in Lystra und Ikonion sprachen gut von Timotheus. Paulus wollte deshalb, dass er ihn begleitete …« (Apg 16,1–3 NKJV).

Hast du das mitbekommen? »Und siehe, dort war ein *gewisser* Jünger namens Timotheus, der Sohn einer *gewissen* jüdischen Gläubigen, dessen Vater aber ein Grieche war.«

Welch eine seltsame Art, jemanden zu beschreiben – aber das geschah nicht zufällig so. Ich glaube, der Autor der Apostelgeschichte hat versucht, etwas Tiefgründiges zu vermitteln. Dies war nicht einfach nur ein »weiterer« Timotheus oder der Sohn »irgendeiner« jüdischen Frau; er war von dem legendären Apostel mit sicherem Gespür persönlich ausgewählt worden. Es war eine Bestätigung, dass Timotheus von Gott dazu auserkoren war, Paulus' junger Diensthelfer und Reisebegleiter bei dessen nächstem Missionsabenteuer zu sein, das nichts für schwache Nerven war. Hier ging es nicht um Sommerferien oder eine Besichtigungstour, sondern um eine körperlich anstrengende Reise voller Gefahren, die wir in den Schriften von Lukas und Paulus sorgfältig dokumentiert finden. Mich begeistert die Vorstellung, dass dieser junge Mann und sogar seine Familie für die Aufgabe, zu der Christus sie berufen hatte, schon lange bevor Paulus überhaupt fragen konnte, ausgewählt und ausgesondert worden waren.

Ich glaube, das Gleiche könnte man auch über dich sagen. Aber bevor wir weiter in dieses Kapitel eintauchen und uns auf die zwingend notwendigen Eigenschaften konzentrieren, die den Weg zur eigenen Berufung bahnen, möchte ich dich an Gottes Gewissheit erinnern, als er dich ausgewählt, geformt und in sein herrliches Licht gerufen hat. Mit derselben Gewissheit rettet, beruft, bestimmt und begnadet Gott jeden von uns.

Ganz gleich, was du auf dem Herzen hast und erreichen willst oder wo Gott dich in deinem gegenwärtigen Lebensabschnitt hingepflanzt hat, er war sich seiner Sache sicher, als er dich berufen hat. Römer 11,29 (EÜ) sagt: »Denn unwiderruflich sind die Gnadengaben und die Berufung Gottes.« Mit anderen Worten, sie sind endgültig, unveränderlich und *gewiss*. Auch hier ist es wieder das Gleiche wie mit dem Propheten Jeremia:

Noch ehe ich dich im Mutterleib formte, habe ich dich ausersehen, noch ehe du aus dem Mutterschoß hervorkamst, habe ich dich geheiligt, zum Propheten für die Völker habe ich dich bestimmt. – Jeremia 1,5 EÜ

Ich halte es nicht für verkehrt zu erwähnen, dass Timotheus wahrscheinlich wegen seines dienstbereiten Herzens und seines willigen Charakters von Gott *auserwählt* und von Paulus *ausgewählt* wurde. Dienst und Opfer bleiben selten unbeachtet.

Aufrichtiger Glaube

Was bedeutet es, aufrichtigen Glauben zu haben? Hast du schon mal gehört, wie jemand als »echter Christ« bezeichnet wurde? Ich sehne mich danach, ein echter Christ zu sein. Ich möchte, dass Menschen, die in mir vielleicht »diesen Hillsong-Pastor« sehen, mich auch als jemanden kennen, der großzügig, gütig, geduldig, liebevoll und Christus-ähnlich ist, wenn er mal nicht auf der Bühne steht: im Café um die Ecke, an der Tankstelle oder in einem Verkehrsstau. Ich fürchte, dass ich den Frucht-des-Geistes-Test nicht immer bestehe. Wie schaut es bei dir aus?

Paulus kam in die Stadt Lystra, um dort den jungen Timotheus aufzusuchen. Die Verse, die wir uns vorhin angesehen haben, sagen uns, dass Timotheus in seiner Heimatstadt einen guten Ruf hatte. Sowohl die Apostelgeschichte als auch die Briefe an Timotheus zeichnen ein Bild von diesem jungen Jünger, das ihn als einen treuen Nachfolger, aufmerksamen Schüler, jungen (aber nicht unerfahrenen) Leiter und vertrauenswürdigen Sohn mit einer soliden Basis zeigt. Außerdem würde Timotheus schließlich Pastor der Gemeinde in Ephesus werden – was als Grundlage auch nicht eben wenig war! Wir wissen nicht genau, wie viele Menschen er erreicht hat, aber viele würden sagen, dass die Gemeinde in Ephesus Tausende angezogen hat und alle möglichen Dienste hervorbrachte.

Zweifellos war der Erfolg von Timotheus direkt mit seinem Charakter verbunden. Paulus suchte diesen jungen Jünger wegen dessen Integrität aus. Tatsächlich beginnt Paulus seinen ersten Brief an Timotheus mit diesen Worten: »Timotheus, meinem *echten* Kind im Glauben: Gnade, Barmherzigkeit, Friede von Gott, dem Vater, und von Christus Jesus, unserem Herrn!« (1Tim 1,2 ELB). Paulus bezog sich mit Sicherheit auf Timotheus' Charakter als einen, der wahrhaftig, echt und unbescholten war. Ich glaube, dass es Gottes Wille für dich und mich ist, ebenfalls echt und wahrhaftig zu leben – uns selbst gegenüber, in unseren Beziehungen und in Bezug auf Leiterschaft und Berufung.

Matthäus 7,15–20 (MSG) sagt Folgendes: »Seid auf der Hut vor falschen Predigern, die viel lächeln und vor eingeübter Aufrichtigkeit triefen. Wahrscheinlich wollen sie euch auf die eine oder andere Weise übers Ohr hauen. Lasst euch nicht von Charisma beeindrucken, achtet vielmehr auf Charakter. Wie Prediger *sind*, das ist die Hauptsache, nicht, was sie sagen.« In diesem Abschnitt hat Jesus auf die Scheinheiligkeit der Pharisäer hingewiesen. Überall in den Evangelien sehen wir, dass diese Vertreter ihrer Religion keine Männer waren, die sich und ihrem Amt treu blieben. Meistens haben sie das eine gesagt und etwas völlig anderes getan.

Wurdest du von so jemandem schon mal verletzt? Scheinheiligkeit bzw. Heuchelei schadet der Gemeinde. Sie beschädigt die Braut Christi und sorgt für Ernüchterung bei echten Nachfolgern Jesu. Und auf die eine oder andere Weise hat sich jeder von uns schon mal schuldig gemacht. Doch das Leben von Timotheus ist ein Beispiel, dem man wirklich folgen kann. Es war seine Wahrhaftigkeit, die Paulus auf ihn aufmerksam werden ließ und ihm Türen zu neuen Möglichkeiten öffnete.

Als Nebenbemerkung möchte ich dich davor warnen, Pastoren, Lehrer und Leiter auf ein Podest zu stellen. Die Bibel sagt in Jakobus 3,1, dass Lehrer für das, was aus ihrem Mund kommt, strenger beurteilt werden. Das solltest du aber Gott überlassen und von ihnen nichts erwarten, was du nicht selbst erfüllst.

Bobbie kann sich an einen bestimmten Tag in den Anfangszeiten der Hillsong Church erinnern, als wir uns noch in einer Schulaula versammelten. Mehrere Familien stellten jede Woche fleißig die Stühle auf und bereiteten die Bühne vor, während sich viele vom Team im hinteren Bereich vorbereiteten und für den Gottesdienst beteten. An jenem Tag, als ich kurz vor Beginn des Gottesdienstes die Aula betrat, seufzte eines der kleineren Kinder laut auf – es hatte geduldig gewartet, während seine Eltern ihre Aufgabe erledigten – und sagte: »Oh, wie schön, wir können endlich anfangen – Gott ist da!«

Die Vorstellung von diesem Moment lässt mich lächeln (wenn ich Gott wäre, dann wären wir alle in sehr großen Schwierigkeiten!), aber allzu oft setzen Menschen ihre ganze Hoffnung auf das Beispiel eines Leiters, auf das Leben eines anderen fehlerhaften Menschen, und idealisieren ihn in einer Weise, wie sie es nicht sollten. Und wenn es auch biblisch ist, dass Leiter über jeden Vorwurf erhaben sein sollten (siehe 1Tim 3,2), hat es im Laufe der Jahre zu viel Spaltung gegeben, verursacht durch den Fall von Hirten und Pastoren, die die Erwartungen nicht erfüllten oder, schlimmer noch, vom Weg abgekommen waren. Die Wahrheit ist, dass wir alle berufen, gesalbt und für den Leib Christi unverzichtbar sind. Wir alle haben unseren Teil beizutragen und eine Last zu tragen, die Loyalität, Ehrlichkeit, Wahrhaftigkeit und aufrichtigen Glauben erfordert.

Große Dinge geschehen, wenn wir aus einer Haltung der Wahrhaftigkeit heraus leben. Ich kann das bezeugen. Die Einstellung von Timotheus eröffnete ihm die unglaubliche Gelegenheit, vom Besten der Besten zu lernen. Paulus investierte sich in ihn und wir haben deswegen viel Grund, dankbar zu sein, denn Timotheus' aufrichtiger Glaube hauchte der Urgemeinde Leben ein.

Unqualifiziert

Hier ist ein weiterer Schritt auf Timotheus' Weg zu einem produktiven Diener Gottes:

Paulus wollte ihn als Begleiter mitnehmen und ließ ihn mit Rücksicht auf die Juden, die in jenen Gegenden wohnten, beschneiden; denn alle wussten, dass sein Vater ein Grieche war. Als sie nun durch die Städte zogen, überbrachten sie ihnen die von den Aposteln und den Ältesten in Jerusalem gefassten Beschlüsse und trugen ihnen auf, sich daran zu halten. So wurden die Gemeinden im Glauben gestärkt und wuchsen von Tag zu Tag. – Apostelgeschichte 16,3–5 EÜ

Vielleicht erscheint es merkwürdig, dass Paulus so intime Details wie die Beschneidung von Timotheus mit allen zukünftigen Generationen teilt. Aber er hielt diese Ereignisse nicht grundlos fest.

Ist dir gesagt worden, dass du nicht den Anforderungen entsprichst? Dass du nicht die Standards erfüllst, das Klassenziel nicht erreichst oder unqualifiziert bist? Vielleicht disqualifizierst du dich auch selbst. Vielleicht hast du das Gefühl, dass deine Vergangenheit dich automatisch von den Möglichkeiten ausschließt, die andere haben. Das ist das Wunderbare am Evangelium und die Besonderheit unseres Retters. Niemand wird weggeschickt, nicht einmal der unbeschnittene Sohn eines griechischen Mannes, der sich in jüdischen Kreisen bewegte.

Das war eine klar gezogene Grenze, eine unverrückbare Position. Timotheus galt wegen seiner jüdischen Mutter als Jude, doch wenn er unbeschnitten blieb, würde sich das in seinem Dienst für fast jeden Juden, dem er begegnete, als Stolperstein erweisen.

Um des Evangeliums willen unterzog sich Timotheus diesem schmerzhaften Ritual, damit er sich nicht selbst von dem ausschließen würde, wozu Christus ihn berufen hatte.

Auf unserem Weg hin zu dem, was Gott für uns bereithält, wird jeder von uns mit Sicherheit auf Momente des Zweifels, der Entmutigung und Einschüchterung treffen. Das ist unvermeidlich, wenn man an Einfluss gewinnt. Doch Paulus unterweist uns, so wie er auch Timotheus unterwiesen hat:

Niemand verachte dich wegen deiner Jugend, sondern sei den Gläubigen ein Vorbild im Wort, im Wandel, in der Liebe, im Geist, im Glauben, in der Keuschheit! Bis ich komme, sei bedacht auf das Vorlesen, das Ermahnen und das Lehren. Vernachlässige nicht die Gnadengabe in dir, die dir verliehen wurde durch Weissagung unter Handauflegung der Ältestenschaft! Dies soll deine Sorge sein, darin sollst du leben, damit deine Fortschritte in allen Dingen offenbar seien! Habe acht auf dich selbst und auf die Lehre; bleibe beständig dabei! Denn wenn du dies tust, wirst du sowohl dich selbst retten als auch die, welche auf dich hören.
– 1. Timotheus 4,12–16

Gott zu dienen kann zu allem Möglichen führen. Paulus ermahnte Timotheus, in solchen Momenten, in denen es allerlei Druck und Gründe für Unsicherheit gab, an der Berufung Gottes auf seinem Leben festzuhalten. Sein jugendliches Alter, sein Mangel an Erfahrung, die Meinung anderer und eigene Sorgen hätten Timotheus leicht davon ablenken können, wofür er da war. Im Grunde sagte Paulus: »Verliere das Wichtigste nicht aus den Augen. Erlaube Einschüchterung nicht, zu bestimmen, in welcher Kraft du vorangehst. Lass nicht zu, dass die Leute mit der

Gabe, die in dir ist, leichtfertig umgehen. Lass dein Beispiel für sich sprechen.«

Ich liebe diesen letzten Punkt. Wusstest du, dass in der Bibel nicht ein einziger festgehaltener Satz von Timotheus zu finden ist? Ganz recht – wir hören ihn nie selbst sprechen! Aber Timotheus muss auch nichts sagen, denn sein *Leben* übernimmt das Reden. Könnte man das auch von dir so sagen?

Sei nicht halbherzig, was deine persönliche Entwicklung angeht. Als Paulus Timotheus sagte, er solle bedacht sein auf das Vorlesen, das Ermahnen und das Lehren, sagte er damit in Wirklichkeit: »Sei aufmerksam und widme dich deinen Studien.« Genauso wenig solltest du vernachlässigen, was Gott in dein Leben hineingelegt hat. Sei entschieden und eifrig darin, Gottes Wort zu lesen, und nimm einen festen Platz im Haus Gottes ein, wo du lernen, wachsen und von anderen Gläubigen ermutigt werden kannst.

Paulus sagt Timotheus abschließend, er solle auf sich selbst achten, womit er ihm im Grunde sagt: »Kümmere dich um die Menschen, die ich dir anvertraut habe, und kümmere dich um dich selbst.« Beständigkeit erfordert, dass wir uns um uns selbst kümmern. Vor Jahren habe ich gelernt, dass »Mister Unbezwingbar« nicht existiert. Ich bin nicht unzerstörbar, deshalb muss ich auch »acht auf mich selbst haben«, um meine Rolle als Pastor, Ehemann, Vater und Freund erfüllen zu können. Wie steht's mit dir?

Lass nicht zu, dass andere dir den Weg absprechen, für den du bestimmt bist. Pass aber genauso auf, dass du dich nicht selbst disqualifizierst, indem du schlechte Entscheidungen triffst. Vergiss nicht, Leiter *sehen* nicht immer *aus* wie Leiter. Ich habe immer den Drang gehabt, mit Menschen, die andere für ungeeignet hielten, ein Risiko einzugehen, weil ich das Gefühl hatte, dass es genau das ist, was Gott auch ständig mit mir gemacht hat. Halte Ausschau nach Glaubwürdigkeit und Wahrhaftigkeit – beides lässt sich nicht fabrizieren.

Treue als Fundament

Denke mit mir einen kurzen Moment über 5. Mose 1,11 (EÜ) nach: »Und der HERR, der Gott eurer Väter, lasse eure Zahl auf das Tausendfache wachsen und segne euch, wie er es euch versprochen hat.«

Bei diesem Gebet, das Mose über die Kinder Israel gesprochen hat, ging es um einen tausendfachen Segen: mehr Kinder und mehr Fruchtbarkeit, als sie sich je hätten vorstellen können. Kann Gott deinen Träumen einen ebensolchen Wachstumsschub einhauchen? Ich habe keinen Zweifel, dass er das kann, wenn deine Träume auf dem Fundament der Treue errichtet sind.

Wenn man authentisch lebt, ist man leicht zu lieben. Es macht dich anziehend. Du wirkst wie ein Magnet. Du ziehst Gunst, Möglichkeiten und Menschen an, die dir helfen können, in das Beste aufzusteigen, das Gott für dein Leben hat.

Irgendwer hat mal gesagt, dass wir uns nur um die Tiefe unseres Dienstes kümmern müssen und es Gott überlassen sollten, für die Breite zu sorgen. In dieser Aussage steckt sehr viel Wahrheit. Wenn dein Leben von Wahrhaftigkeit, Glaubwürdigkeit und Beständigkeit durchtränkt ist, dann ist Gott derjenige, der das Wachstum bringt.

Einer meiner besten Freunde ist seit mehr als dreißig Jahren Teil meines Lebens. Er ist ein erfolgreicher Geschäftsmann, der die guten und schlechten Zeiten der Wirtschaft gemeistert hat und sowohl die Freuden des Wachstums als auch die verheerenden Verluste kennt, die mit Besitz einhergehen. Doch selbst in den schwierigsten Zeiten waren es seine Glaubwürdigkeit und seine Treue, die andere Menschen dazu veranlassten, an seiner Seite zu bleiben und weiter in seine Träume zu investieren. Ohne solche Charaktereigenschaften wäre sein Unternehmen sicherlich gescheitert.

Lass uns authentisch leben. Lass uns aufrichtig sein. Ehrlich und treu in unseren Ehen, Freundschaften und Geschäftsbeziehungen. Weil Timotheus ein echter Sohn war – ein Mann der Glaubwürdigkeit und Wahrhaftigkeit –, investierte Paulus in ihn und brachte sich voll ein. Deine Worte werden mehr Gewicht haben, deine Möglichkeiten werden weiter reichen und deine Träume werden eine stabilere Grundlage haben, wenn Treue dein Fundament ist.

Jede Woche habe ich Gelegenheit, oben auf der Plattform der Hillsong Church zu stehen. Doch ich habe eine größere, stabilere Plattform. Vierundvierzig Jahre aktiver Dienst, vierzig Jahre treue Ehe mit der Ehefrau meiner Jugend und dreiunddreißig Jahre als Pastor derselben Gemeinde geben mir ein Fundament der Glaubwürdigkeit und Zuverlässigkeit, das mich weiter bringt als jede natürliche Plattform, die ich baue. Mir wurde schon oft die Frage gestellt: »Wie lange brauchst du, um eine Predigt vorzubereiten?« Und meine Antwort ist dann immer die gleiche: »Dreiundsechzig Jahre« (je nachdem, wie alt ich gerade bin).

Kürzlich war ich bei der Beerdigung eines lieben Freundes. Er war vierundsiebzig Jahre alt, als er starb. Beim Gedenkgottesdienst standen seine Ehefrau, mit der er fünfundfünfzig Jahre verheiratet gewesen war, seine Kinder und deren Ehepartner sowie unzählige Enkelkinder auf der Bühne vor Hunderten von Anwesenden, um ihrem Ehemann, Vater, Großvater und Freund die letzte Ehre zu erweisen. Das brachte mich zum Nachdenken: Er hat diese Familie nicht an einem Tag aufgebaut. Er hat nicht alle diese Leute innerhalb von nur ein, zwei Jahren kennengelernt. In diesem Raum waren vierundsiebzig Jahre des Beziehungsaufbaus versammelt: zu Schulveranstaltungen gehen, Sportwettkämpfe besuchen, junge Menschen erziehen und ermutigen, eine Schulter zum Anlehnen und eine Hand zum Halten sein. Für einige der Anwesenden war er ein freundlicher Nachbar, für andere ein verlässlicher Freund, ein Mentor, ein Lehrer. Er hat sein ganzes Leben lang Beziehungen aufgebaut, und das war an jenem Tag mehr als offensichtlich. Treue baut auf, und Treue bleibt.

In diesem Sinne fügt ein neuer Freund von mir, Bob Goff, der Autor von *Love Does*, am Ende seiner Bücher seine Telefonnummer ein. Wenn er gefragt wird, weshalb er das tut, antwortet er nur: »Die wichtigsten Menschen in meinem Leben waren immer die, die am zugänglichsten waren.« Das ist eine einfache und tiefgründige Wahrheit und ich bin mir sicher, dass sie zu vielen interessanten Unterhaltungen, Treffen und unerwarteten Begegnungen geführt hat! Wahrhaftigkeit, Glaubwürdigkeit und Beständigkeit – einfach da zu sein, wenn du gebraucht wirst – bleiben nicht unbemerkt.

Tatsächlich werden unsere Beständigkeit in unserer Vision, die Erfolgsbilanz unserer Treue und der wahrhaftige Glaube an Christus ein Fundament für das Mehr bauen, das uns am Herzen liegt. Wenn du etwas bewegen und ein Vermächtnis hinterlassen willst, musst du ein Leben in Wahrhaftigkeit, Glaubwürdigkeit und Beständigkeit führen, das andere dazu anregt, dasselbe zu tun.

9

Der Weg und der Kampf

Wie sonderbar doch Kornkreise sind – diese riesigen, unerklärlichen, vollkommen symmetrischen Kreise inmitten weitläufiger Getreidefelder. Denkt man an Dinge wie mysteriöse Lichtobjekte, ungelöste Geheimnisse, Science-Fiction und an Kinofilme wie *E. T. – Der Außerirdische*, wird deutlich, dass die Menschheit schon seit langem von der Möglichkeit alternativer Lebensformen fasziniert ist. Hunderte von Filmen, Legenden und Forschungsarbeiten dokumentieren, was Menschen am Himmel »gesehen« haben, oft logisch erklärt von einem skeptischen Dritten oder zweifelnden Wissenschaftler.

Doch dann war da dieser angesehene amerikanische Geschäftsmann, Mathematiker und Astronom, der die Aufmerksamkeit der Welt auf sich zog, als seine Forschungsergebnisse im August 1907 auf der Titelseite der *New York Times* mit der Überschrift »Mars bewohnt« auftauchten.[10] Professor Percival Lowell hatte auf dem roten Planeten Kanäle entdeckt, die Tausende von Kilometer lang waren und (wie er sagte) viel zu gerade, um ein natürliches Phänomen zu sein. Von seinem Observatorium aus in Flagstaff, Arizona, studierte er diese Kanäle sehr genau und kam zu dem Schluss, dass sie ein Zeichen für außerirdisches Leben sein mussten. Außerirdische, die auf einem weitentfernten Planeten zusammen lebten und arbeiteten. Marsianer!

Die Öffentlichkeit war von seinen Forschungen fasziniert, die wissenschaftliche Fachwelt blieb jedoch skeptisch. Andere Wissenschaftler versuchten zu sehen, was er sah, und die USamerikanische Regierung ließ sogar ein größeres und leistungsfähigeres Teleskop bauen, um die Untersuchungen voranzubringen. Jahre später war Lowells Theorie nicht nur in Verruf geraten, sondern es wurde auch weithin angenommen, dass eine Störung im Teleskop dafür gesorgt hatte, dass er eine Reflektion der roten Äderchen in seinen eigenen Augen gesehen und diese fälschlicherweise für Kanäle auf der Marsoberfläche gehalten hatte! Was er als übernatürliches Phänomen angesehen hatte, war in Wirklichkeit etwas völlig Natürliches. Wie peinlich!

Wenn man ein Leben des Mehr verfolgt, sind geistliche und natürliche Hindernisse etwas ganz Normales. Neue Wege zu beschreiten wird zweifellos auch zu neuen Schlachten führen, und es ist sehr wichtig, dass wir richtig erfassen, welcher Art von Schlacht wir uns gegenübersehen. Denn das beeinflusst, wie wir Herausforderungen begegnen, mit den Folgen umgehen und in unserem Alltag sowohl an den guten als auch an den schlechten Tagen geradlinig und entschlossen bleiben – und nur das zählt wirklich!

Was ist mir dir? Bist du auf geistliche Hindernisse gestoßen, die sich auf natürliche Art und Weise gezeigt haben? Vielleicht spürst du eine Verlangsamung deines geistlichen Wachstums, was im Natürlichen deine Motivation für Dinge wie Lobpreis, Bibel lesen und Gottesdienstbesuche schwinden lässt. Oft ist etwas, was man für ein geistliches Problem hält, einfach nur ein natürliches Problem. Andererseits stehst du vielleicht vor einem natürlichen Problem, für das es in Wahrheit eine geistliche Lösung gibt.

Oder vielleicht erfährst du auch natürlichen Widerstand gegenüber den geistlichen Möglichkeiten in deinem Leben. Lass mich das erklären.

In den Anfangszeiten der Hillsong Church war unser Familienauto ein Datsun 180b, ein verblasstes rotes Coupé mit einem Blasen werfenden schwarzen Vinyldach. Leider sah unser kleines Auto so aus, als hätte es beide Weltkriege mitgemacht. Nicht nur das, es gab auch noch ernsthafte Rostprobleme, die dazu führten, dass unser einziges Transportmittel von den zuständigen Behörden als unsicher und nicht verkehrstauglich eingestuft wurde. In jenen Tagen hatten wir Schwierigkeiten, das Geld für die wöchentliche Tankfüllung zusammenzubekommen, noch viel weniger konnten wir uns die Karosserie- und Lackierarbeiten und andere Reparaturen leisten, die notwendig gewesen wären, um unser Auto aus den frühen 1970er Jahren auf der Straße zu halten. Wir brauchten es nicht nur, um unsere beiden Kleinkinder und uns selbst zur Gemeinde zu transportieren, sondern auch die vielen Leuten, die wir jede Woche irgendwo abholten und in die Gemeinde fuhren. Alles kam zum Stillstand, als der Wagen aus dem Verkehr gezogen wurde.

Wusstest du, dass dein geistliches Leben möglicherweise Ähnlichkeit mit meinem kleinen Sportcoupé haben könnte? Zu viele Menschen beten für eine geistliche Antwort auf ihr natürliches Problem. Es ist, als würden sie die Hände auf das Dach ihres alten, zerbeulten Autos legen, obwohl das wohl kaum etwas bringt, solange sie kein Benzin in den Tank füllen. Ich mein' ja nur!

Versteh mich bitte nicht falsch. Für Wunder (übernatürliche Durchbrüche) zu beten, wenn es um natürliche Probleme (Beschwerden und Krankheiten) geht, ist enorm wichtig, und Gott sind diese Dinge alles andere als egal. Und genau so sehr, wie Gott unsere natürlichen Probleme kümmern, kümmern ihn auch unsere geistlichen Anliegen. Doch leider kommen sehr viele Menschen auf ihrem Lebensweg zum Stillstand (wie das kleine Auto damals). Wir suchen zwar nach einem geistlichen Durchbruch, kommen aber trotzdem nicht voran, weil wir vielleicht nicht die notwendigen und manchmal schmerzhaften Schritte im Natürlichen gehen, die eine Veränderung herbeiführen würden. Gott hat alles Nötige in Kraft gesetzt, um uns zu befreien und uns Antworten für jeden Bereich unseres Lebens zu geben, doch zuerst müssen wir uns entscheiden und in unserer Entschlossenheit standhaft bleiben, dass sich dem Leben, das Gott für uns vorgesehen hat, nichts in den Weg stellen kann.

Der Weg, der dich zu all den Dingen führt, die Gott für dich bereithält, ist mit Gewohnheiten im Natürlichen und mit Hingabe gepflastert – beides kann die geistliche Lösung herbeiführen, nach der du suchst. Tatsächlich fließen natürliches und geistliches Leben perfekt ineinander, wenn du es zulässt.

Genauso kann der Widerstand, den wir im Alltag manchmal spüren, unser geistliches Leben negativ beeinflussen. Freund, du hast Gott auf deiner Seite, und er hat dir sowohl im Natürlichen als auch im Übernatürlichen einen Weg gebahnt. Leider akzeptieren sehr viele Menschen nicht, dass tiefgreifende Veränderung harte Arbeit ist.

Schöpfer und Verderber

Die Menschheit hat es exakt zwei Kapitel und fünf Verse weit ohne Sünde geschafft. Genau, es waren nur diese paar Kapitel!

Die frühe Schöpfungsgeschichte dokumentiert, wie Gott die Erde zusammenfügte. Er formte die Ozeane und rief Tag und Nacht ins Dasein. Nach vier Versen sagt uns die Bibel dann, dass der Herr sah, dass es gut war. Noch mehrmals wird wiederholt, dass die Schöpfung des Herrn sehr gut war. Man stelle sich das mal vor – das, was gegenwärtig unsere ächzende, sich schüttelnde, verarmte und verdorbene Welt ist, »gut« zu nennen!

Aber es war nicht immer eine ächzende, sich schüttelnde, verarmte und verdorbene Welt. Denn schließlich ist unser Gott ein meisterhafter Schöpfer. Er gestaltete eine perfekte Welt, frei von Sünde und Fehlern, Schmerz und Verbrechen. Vor dem Fall des Menschen stellte er im Verlauf von gut zwei Kapiteln Ordnungen und Naturgesetze auf, legte die Bedingungen für Gemeinschaft, Ehe, Arbeit, Ruhe, Kreativität und Vermehrung fest und gab seinen Menschen ein Gefühl von Sinnhaftigkeit und den freien Willen.

Alle diese natürlichen Dinge sind Gottes Werk, somit ist klar, dass nicht alles Natürliche das Ergebnis der zerstörerischen Konsequenz der Sünde ist. Und ganz gleich, was du bislang vielleicht gelehrt wurdest, der Feind (Satan) konnte nicht zerstören, was Gott geschaffen hat. Aber er konnte es *verderben*.

Und das hat er auch gründlich getan.

Durch die Versuchung von Adam und Eva kam die Sünde in die Welt und machte auf der Erde den Weg für die Mächte der geistlichen Finsternis frei. Die Dinge, die Gott zum Guten erschaffen hatte, konnten nun verdreht, verfälscht, missbraucht und fehlgeleitet werden. Lass mich das näher ausführen.

Gott hat die Nahrung geschaffen. Die meisten von uns lieben Essen, und es wurde dazu geschaffen, unsere Körper am Leben zu halten und zu nähren. Wenn wir aber die Liebe zum Essen pervertieren, kann sie zur Fresssucht werden. Auch eine verzerrte Körperwahrnehmung kann zu Fettleibigkeit und Essstörungen führen – die Volkskrankheiten unserer heutigen Gesellschaft. Das ist ein konkretes Beispiel dafür, wie eine gute Gabe von Gott unter dem starken Einfluss des Feindes zu etwas Anomalen werden kann.

Genauso hat Gott auch Sex erschaffen. Ich für meinen Teil bin froh, dass er es getan hat! Im Rahmen der heiligen Verbindung einer gesunden Ehe ist Sex das Konzept eines kreativen und gütigen Gottes. Nicht nur der Fortpflanzung dienend, sondern auch dem Vergnügen und der Intimität, ist Sex ein Geschenk. Doch das Ergebnis von lasterhaft verdrehtem Sex ist um uns herum überall sichtbar. Eine verzerrte Vorstellung von Sex kann zu Lüsternheit führen und finstere geistliche Kräfte können ihn dann in einen perversen Akt verkehren, der verheerende und zerstörerische Folgen hat.

Wenn wir das Leben betrachten, kann es schnell passieren, dass wir zu dem Schluss kommen, dass alles schlecht ist. Ein Tastendruck auf der Fernbedienung kann uns auf einem Nachrichtenkanal landen lassen, wo wir unablässig mit Geschichten voller Verzweiflung und Schrecken bombardiert werden – von Menschen, die durch Krieg, Verletzungen und Missbrauch mit enormen Herausforderungen konfrontiert sind. Wir alle haben Geschichten zu erzählen, in denen es um Kämpfe geht, die wir im Natürlichen erlebt haben: Krankheit von Angehörigen, schwierige Gespräche mit Vorgesetzten, gescheiterte Projekte und entmutigende Befunde. Da kann man leicht eine Einstellung bekommen, die einen das Leben als zu schwer empfinden lässt.

Aber wir müssen nicht ständig gegen die natürliche Welt ankämpfen. Stattdessen sollten wir in der Wahrheit der Zusagen Jesu leben, in dem Wissen, dass er die Welt überwunden hat (siehe Joh 16,33). Wir müssen unsere Herausforderungen mit geistlichen Augen und natürlicher Weisheit betrachten und jeden Umstand zum Guten leiten. *Das* ist der Weg, der zum überfließenden Leben führt.

Ich möchte dich für einen Moment herausfordern. Wusstest du, dass Gott dich durch den Heiligen Geist und durch sein Wort dazu ausgerüstet hat, in völliger Freiheit zu leben? Denkst du, dass wir vielleicht manchmal nur nach geistlichen Antworten suchen, weil wir wollen, dass Gott die ganze Arbeit macht? Sehr viele Menschen beten dafür, von ihrer Nikotinsucht (oder einer anderen zerstörerischen Abhängigkeit) befreit zu werden, obwohl Befreiung gar nicht die Antwort ist. Was sie stattdessen brauchen, ist ein Überwindergeist! Vielleicht, und nur vielleicht, könnten sie die Disziplin und Entschlossenheit entwickeln, die sie bräuchten, um ein Überwinderleben zu führen, wenn sie erkennen würden, wer sie in Christus sind, welche Kraft ihnen durch sein Wort zugänglich ist und welche Macht sie durch den Heiligen Geist besitzen. (Nebenbei bemerkt: Selbstverständlich wird das Rauchen an sich dich nicht in die Hölle schicken. Aber es *ist* eine Sucht, die du überwinden kannst.)

Verstehst du, was ich meine? Die Lösung könnte natürliche Schritte erfordern. Selbstverständlich brauchst du Gottes Hilfe auf deinem Weg, aber betrachte seine wunderwirkende Kraft nicht fälschlicherweise als Ersatz für Weisheit und Arbeit. Ich ermutige dich dazu, tägliche Entscheidungen zu treffen, die dich befähigen, deine negativen Gewohnheiten und zerstörerischen Verhaltensweisen zu bezwingen.

Geistliche Antworten sind wunderbar. Ein unerklärliches Wunder oder ein unerwarteter Durchbruch, eine übernatürliche Heilung oder überfließender Segen aus den geöffneten Fenstern des Himmels – ja! Wie erstaunlich, dass Christus dank seines Sieges, den er für uns errungen hat, all diese Dinge möglich machen kann und möglich macht! Danken wir Gott für jede übernatürliche Möglichkeit, die er uns bietet. Ich finde es jedoch faszinierend, aus der Bibel zu erfahren, dass es zwar verschiedene und viele Gelegenheiten gab, bei denen Gott den Betroffenen sofortige und spektakuläre Befreiung brachte, dass es aber auch andere Fälle gab, in denen Menschen in ihren Problemen oder Leiden gefangen blieben und er ihnen stattdessen alle *Mittel* gab, die sie zum Überwinden benötigten.

Wenn man in die Bibel schaut, wird es schwierig sein, irgendwelche Beispiele dafür zu finden, dass Gott sofortige Befreiung von Problemen brachte, die eine Frage der Disziplin waren, wie etwa Rauchen und andere Süchte. Überall in der Bibel sehen wir, dass Gott sein Volk von Dingen wie Plagen, Seuchen, Fluten, Krankheiten und dämonischen Mächten befreit hat. Das sind Dinge, die sich der menschlichen Kontrolle entziehen und die nur er ändern kann, weil er die Macht dazu hat. Aber was ist mit den Dingen, die wir selbst ändern können? Erwarten wir zu oft, dass Gott uns von etwas befreit, das wir selbst überwinden können, weil er uns dazu die Kraft gegeben hat?

Vergiss nicht, du trägst die stärkende Kraft des Heiligen Geistes in dir. Das Wort Gottes, das schärfer ist als ein zweischneidiges Schwert, steht dir zur Verfügung. Du bist als Christ nach ihm benannt, und die Autorität, die du brauchst, liegt im Namen Jesu – ein Name, der jeder denkbaren Macht, die gegen dich arbeitet, haushoch überlegen ist. Das bedeutet, dass du perfekt gerüstet bist, um dich aufzurichten, fest zu stehen und als mehr als ein Sieger und Überwinder in dieser gefallenen Welt zu leben. Dieselbe Kraft, die Christus von den Toten auferweckt hat, wohnt jetzt in dir, und es ist seine Kraft, die dich befreit und dazu ausrüstet, als Überwinder erhobenen Hauptes dazustehen.

Deine große Frage lautet jetzt wahrscheinlich: »Wann bringt Gott mir Befreiung, und wann will er, dass ich aufstehe, standhaft bleibe und natürliche Schritte unternehme, um zu überwinden?« Gute Frage.

Ich weiß, dass Süchtige sich oft machtlos fühlen, ihre eigene Sucht zu überwinden. Vielleicht haben sie es viele Male versucht und vieles ausprobiert, um von dem, was sie gebunden hält, frei zu werden. Schon das erfordert großen Mut und innere Stärke und sollte niemals herabgewürdigt werden. Ich kenne viele Menschen, die davon überzeugt sind, dass Gott sie durch ein Wunder von ihrer Sucht befreit hat, und ich glaube fest daran, dass er genau das tun kann! Ich glaube aber auch, dass wir bereit sein müssen, die Herausforderung anzunehmen, nach seinem Wort zu leben und uns mit der geistlichen Waffenrüstung für den Kampf auszustatten.

Erkenne an, dass Gott dir die Mittel und Wege gegeben hat, damit du loslassen kannst, den Mut hast, Dinge zu meiden, über sie hinauswächst und die Art und Weise änderst, wie du über dein Problem denkst, sodass du vorwärtsgehen kannst. Wie wir weiter vorn in diesem Kapitel bereits gesehen haben, ist sowohl das Natürliche als auch das Übernatürliche von Gott erschaffen worden, und es lohnt sich, das Zusammenspiel zwischen seinem Beitrag und unserem Beitrag genau zu studieren.

Kleine Schritte

Ich möchte, dass du in diesen Worten des Apostels Paulus ein Muster erkennst: »So steht auch geschrieben: ›Der erste Mensch, Adam, wurde zu einer lebendigen Seele‹, der letzte Adam zu einem lebendig machenden Geist. Aber das Geistliche ist nicht zuerst, sondern das Natürliche, danach das Geistliche. Der erste Mensch ist von der Erde, irdisch; der zweite Mensch vom Himmel« (1Kor 15,45–47 ELB).

Hast du das Muster bemerkt? *Erst* das Natürliche und *dann* das Geistliche.

Wusstest du, dass das, was du in deinem Leben an die erste Stelle setzt, ohne Frage deine Zukunft bestimmen wird? Zum Beispiel sagt uns 1. Timotheus 3,5 (NEÜ): »Denn wenn jemand seiner eigenen Familie nicht vorstehen kann, wie soll der für die Gemeinde Gottes sorgen können?« Mit anderen Worten, die Erfüllung meiner Berufung und auch deiner Berufung fängt bei dir und bei mir zu Hause an – bei unserem persönlichen Weg mit Jesus, den Entscheidungen, die wir täglich treffen, und den Verhaltensweisen, die wir uns (in unserem natürlichen Leben) angewöhnen. Auf dieser Grundlage können wir Gott in die übernatürliche Versorgung und Fülle und in den Segen, die Gunst, die Freiheit und die Erfüllung folgen, die er für uns vorgesehen hat.

Es gibt so viele Dinge, die tagtäglich um unsere Aufmerksamkeit ringen – unsere Jobs, Kinder, Ehepartner, Freunde, Hobbys. Es ist nicht Gottes Wille, dass du um des Dienstes willen oder zugunsten der geistlichen Erfüllung irgendetwas davon beiseiteschiebst. Stattdessen lädt uns Gott dazu ein, unser natürliches Leben in Ordnung zu bringen und dann zu erleben, wie unser geistliches Leben eine gesunde Form annimmt.

Gott sagte zu Abraham: »Gehe und lebe gewohnheitsmäßig mit mir und sei vollkommen (tadellos, aufrichtig, vollständig)« (1Mo 17,1 AMP). Lebe *gewohnheitsmäßig* – ich glaube, es ist kein Zufall, dass dieses Wort hier verwendet wird. Unsere Gewohnheiten bilden unser Fundament, und unser Fundament ist extrem wichtig, wenn es darum geht, sowohl in den natürlichen Bereichen als auch im geistlichen Reich zu leben und zu kämpfen.

Was bedeutet es, im geistlichen Reich zu »kämpfen«? Nun, die Bibel sagt uns deutlich, dass wir uns in einem geistlichen Kampf befinden. So spricht Epheser 6,10–20 davon, die volle Waffenrüstung Gottes anzulegen: Wahrheit, Friede, Gerechtigkeit, Glaube und die Gewissheit der Rettung. Formen deine Gewohnheiten in dir ein solches Fundament, das es dir erlaubt, sowohl im Natürlichen zu leben als auch im Geist zu kämpfen? Ist es die Art von Fundament, auf das Gott aufbauen kann?

Ich denke, Basketballer, die von der NBA als wertvollste Liga-Spieler ausgezeichnet werden, Footballspieler, die die Heisman-Trophäe erhalten, die Gewinner der UEFA Champions League und die Sportler, die den Pokal des Rugby World Cup in die Höhe halten, wissen genau, um welche Auffassung es hier geht. Sie verstehen, dass der große Sieg nicht stattfand, als ihnen die Trophäe überreicht wurde; der Sieg lag in der täglichen Entscheidung, zum Training zu gehen, gute Schulnoten zu schreiben, sich an die Regeln zu halten, sich immer wieder für gesunde Ernährung zu entscheiden anstatt für das Doppel-Cheeseburger-Menü im Fast-Food-Schuppen oder die fettige Pizza auf der Party. Es waren die frühmorgendlichen Trainingsläufe an regnerischen Tagen, an denen das Bett so einladend aussah, aber Disziplin etwas anderes als Mittelmäßigkeit verlangte.

Bitte fühle dich an diesem Punkt nicht verurteilt oder entmutigt. Mein Predigen in diesem Kapitel richtet sich in erster Linie an mich selbst! Auch ich muss mich ständig auf die tägliche Selbstdisziplin besinnen, die zu einem Überwinderleben dazugehört. Ich tue das, weil ich weiß, dass Gott auf meinem weiteren Weg noch so viel mehr für mich bereithält.

Ich glaube wirklich, dass es die vierundvierzig Jahre kleiner Schritte im Natürlichen waren – dem Herrn meine Wege anzubefehlen, die Bibelschule zu besuchen, treu zu leben, pflichtbewusst mit unseren Finanzen umzugehen, in unseren Beziehungen aufrichtig zu sein –, die Bobbie und mir den geistlichen Segen und Durchbruch ermöglicht haben, den wir heute erleben. Das blühende Wesen unserer Gemeinde, unseres Zuhauses und unseres privaten Lebens hat sehr viel mehr mit den kleinen Schritten zu tun, die wir unternommen haben, um sicherzustellen, dass unsere Grundlagen die richtigen waren, als mit irgendeiner Art von Glück oder Schicksalsfügung, auf die es manche Menschen schieben mögen. Daran zu denken, wo wir ohne Gottes erstaunliche Gnade vielleicht wären, lässt mich schaudern. Und die Gnade, nicht eigenes Streben, formt und leitet unsere kleinen Schritte auf dem Weg.

Wahrscheinlich hast du diesen alten Spruch schon mal gehört: »Zu geistlich gesinnt, um für irdische Dinge zu taugen.« Ich denke, dass sich unverhältnismäßig viele Christen nur damit beschäftigen, ihr geistliches Leben in Ordnung zu bringen, während sie den Gedanken verwerfen, dass ihre alltäglichen Schritte einen bleibenden oder ewigen Wert haben. Freund, in der Welt um dich herum verlierst du zunehmend an Bedeutung und Aussagekraft, wenn du nicht erkennst, dass deine Beziehung zu ihr äußerst wichtig ist. Dein tägliches Gebetsleben, dein häusliches Leben, deine Gedankenwelt, dein Arbeits- und Privatleben mit all seinen Beziehungen sind für Gott und für dein Zeugnis als Nachfolger Jesu Christi allesamt von Bedeutung.

In Kolosser 1,17 (NGÜ) steht: »Er war vor allem anderen da, und alles besteht durch ihn.« *Alles* besteht durch ihn. Die großen Dinge *und* die kleinen Dinge.

Der Weg und der Kampf

Sieh dir diese weise Beschreibung unseres Zustands an: »Denn obgleich wir im Fleisch *wandeln*, so *kämpfen* wir doch nicht nach Art des Fleisches; denn die Waffen unseres Kampfes sind nicht fleischlich, sondern mächtig durch Gott zur Zerstörung von Festungen, sodass wir Vernunftschlüsse zerstören und jede Höhe, die sich gegen die Erkenntnis Gottes erhebt, und jeden Gedanken gefangen nehmen zum Gehorsam gegen Christus, und auch bereit sind, jeden Ungehorsam zu bestrafen, sobald euer Gehorsam vollständig geworden ist« (2Kor 10,3–6).

In der natürlichen Welt wandeln bzw. leben und in der geistlichen Welt kämpfen – das ist unsere Realität. So steht es in der Bibel. Aber wie wir bereits festgestellt haben, sind das Natürliche und das Geistliche keine gegensätzlichen Kräfte. Sie schließen einander nicht aus. Für den, der erlöst ist, können sie perfekt Hand in Hand gehen.

Viele von uns sind gut in dem einen, aber nicht in dem anderen. Eine Menge Leute sind großartig, wenn es um geistlichen Kampf geht. Zu Gebetstreffen kommen sie als Erste und verlassen sie als Letzte. Ihre Fähigkeit, die Nöte anderer zu erkennen und auf die Eingebungen des Geistes zu hören, lässt sie oft ermutigend und aufbauend sein. Doch ihre Rechnungen bleiben unbezahlt liegen. Ihre Rasenflächen verwildern und ihre Autos sind eine Müllhalde. Ihre mangelnde Aufmerksamkeit für die alltäglichen Dinge des Lebens kann zu Chaos führen.

Andere wiederum sind sehr alltagstauglich, aber furchtbar schlechte geistliche Kämpfer. Sie sind diszipliniert und organisiert. Heim und Arbeit sind harmonisch, und von anderen werden sie als Menschen gesehen, die wissen, wo es lang geht, und die auf alles gut vorbereitet sind. Doch taucht auch nur das leiseste Anzeichen eines geistlichen Kampfes auf, geraten sie in Panik, obwohl Gott sagt, dass das der Moment ist, in dem wir »die Waffenrüstung Gottes [anziehen sollen], um den listigen Anschlägen des Teufels zu widerstehen! Denn wir haben nicht gegen Menschen aus Fleisch und Blut zu kämpfen, sondern gegen Mächte und Gewalten, gegen die Weltherrscher dieser Finsternis, gegen die bösen Geister in den himmlischen Bereichen. Darum legt die Waffenrüstung Gottes an, damit ihr am Tag des Unheils widerstehen, alles vollbringen und standhalten könnt!« (Eph 6,11–13 EÜ).

Womit ringst du? Wie sieht dein Wandel und wie sieht dein Kampf aus? Welchem Bereich deines Lebens fehlt die Ausgewogenheit, die du brauchst, um in dem einen oder anderen Bereich weiterzukommen? Nach welchen großen geistlichen Antworten suchst du, während die natürlichen Lösungen dir ins Gesicht starren?

Nutze dein alltägliches, normales Leben

Das Natürliche und das Übernatürliche können wunderbar zusammen funktionieren. In den Worten von Paulus an die Römer: »Ich will, dass ihr mit Gottes Hilfe Folgendes tut: Nehmt euer alltägliches, normales Leben – euer Schlafen, Essen, Arbeiten und die täglichen Wege – und legt sie als Opfergabe vor Gott. Anzunehmen, was Gott für euch tut, ist das Beste, was ihr für ihn tun könnt« (Römer 12,1 MSG).

Ich weiß, das wirft Fragen auf. Erlaube mir, einige der Fragen, die ich immer wieder höre, einzeln anzusprechen.

»Wie kann ich erkennen, was der Heilige Geist will?«
Das ist eine Frage, die ich in meiner Laufbahn als Pastor schon unzählige Male gehört habe. Viele von uns wollen wissen, was Gott für ihre Zukunft auf dem Herzen hat oder was der Geist spricht, versäumen es aber, sich dem Durcheinander im eigenen Denken zu stellen. Damit meine ich, dass die geistliche Frage »Wie kann ich erkennen, was der Heilige Geist will?« lautet, die natür-

liche Lösung aber einfach nur die ist, den eigenen Kopf von Unentschlossenheit, Verwirrung und Zweifel freizuräumen und im Glauben vorwärtszugehen! Der Schreiber von Römer 12,2 (HFA) ermahnt uns: »Passt euch nicht den Maßstäben dieser Welt an, sondern lasst euch von Gott verändern, damit euer ganzes Denken neu ausgerichtet wird. Nur dann könnt ihr beurteilen, was Gottes Wille ist, was gut und vollkommen ist und was ihm gefällt.«

Du musst dich dem laufenden Prozess der Erneuerung deines Denkens widmen, bevor du den Willen des Geistes erkennen kannst. Wenn dein Kopf mit Negativität und Selbstzweifel gefüllt ist, wenn du ständig mit Angst und Ruhelosigkeit zu kämpfen hast, dann sind das die Dinge, die du zuerst angehen musst. Nimm parallel zu deiner Suche nach geistlichen Antworten auch Hilfe in Anspruch. Sprich mit jemandem, der vertrauenswürdig ist und arbeite daran, den »Lärm« zu verringern und das Verhaltensmuster zu ändern, das dich möglicherweise davon abhält, von Gott zu hören.

»Wie erfülle ich mein von Gott gegebenes Potenzial?«

Vor einigen Jahren nutzten zwei junge Freunde den frühen Morgen, um vor der Küste von Newcastle, das etwa zwei Autostunden nördlich von Sydney liegt, zu surfen. Newcastle ist eine Stadt von natürlicher Schönheit mit endlosen Stränden und einer großartigen Brandung. Historisch gesehen ist sie jedoch vorwiegend für ihre Industrie bekannt, weniger für ihre akademischen Einrichtungen. Die beiden jungen Surfer auf dem Wasser an jenem Tag waren Lee Burns und Scott »Sanga« Samways. Lee erzählte Sanga, dass er viel darüber nachgedacht habe, nach Sydney zu ziehen und dort das Hillsong-College zu besuchen. Er hatte keine Ahnung, dass Sanga sich ebenfalls nach Schulen erkundigt hatte, die ihn auf den Vollzeitdienst vorbereiten würden. Lees langjähriger Freund und Surferkumpel reagierte sofort und erklärte begeistert, dass auch er sich am Hillsong-College einschreiben würde – eine Entscheidung, von der keiner der beiden damals wusste, dass sie unwiderruflich ihr ganzes Leben beeinflussen würde.

Als diese beiden unbekümmerten Männer mit ihrem langen, wallenden Haar und ihrer lässigen Surfer-Attitüde in der Hillsong Church ankamen, stachen sie unter ihren Klassenkameraden ziemlich hervor. Aber beide waren sehr lernbegierig. Sie stürzten sich ins Collegeleben und engagierten sich mit dem ganzen Enthusiasmus zweier junger Draufgänger, die einen Traum haben, auch zunehmend in der Gemeinde. Es dauerte nicht lange, bis beide wichtige Leiterschaftsrollen in der Jugendarbeit einnahmen. Lee arbeitete während seiner Studienzeit auch noch stundenweise in der Versandabteilung von *Hillsong Music*. Später erfuhr ich, dass die »Hintergrundmusik«, von der man sagte, dass er sie während der Arbeit über die Lautsprecher laufen ließ, gar keine Musik war. Er hörte sich fast immer Lehreinheiten und Predigten von namhaften Diensten aus der ganzen Welt an und verschlang dabei das Wort Gottes mit einem Appetit, der nie wirklich nachgelassen hat.

Inzwischen ist Sanga, zusammen mit seiner wunderschönen bulgarischen Ehefrau (die er am Hillsong-College kennengelernt hat) und ihren gemeinsamen Kindern, von Gott zurück nach Newcastle geführt worden, wo sie die Campus-Pastoren an einem unserer schnell wachsenden Hillsong-Standorte sind. Er ist zweifellos einer unserer besten Prediger, und seine Art zu kommunizieren ist einzigartig und unübertroffen. Lee ist außerdem der geschäftsführende Vizepräsident des Hillsong-College und verwaltet eine beträchtliche Anzahl von Mitarbeitern und eine Studentenschaft von mehr als zweitausend jungen Menschen aus über sechzig Ländern. Und obwohl Lee eine wundervolle, wachsende

Familie hat und große Verantwortung in einer anspruchsvollen Position trägt, steht er kurz davor, seinen Doktor der Theologie zu machen, und bringt, neben all seinen anderen Aufgaben, viele Stunden jede Woche damit zu, sich für die volle Ausschöpfung seines Potenzials zu rüsten. Es war eine ziemliche Reise vom Surferstrand einer Arbeiterstadt zu den Möglichkeiten, die sich weltweit bieten, und dem Einfluss, den er heute genießt.

Ich bin immer wieder beeindruckt von Menschen wie Lee, die es auf sich nehmen, ihr Wissen einfach aus gewohnter Disziplin oder aus dem Gehorsam heraus stetig zu erweitern. Niemand hat sie darum gebeten; sie haben einfach nur erkannt, dass ihre Berufung ihnen mehr abverlangen könnte, als sie zurzeit besitzen. Lee wusste, dass er, um alles erfüllen zu können, was Gott mit ihm vorhatte, praktische Schritte im Natürlichen unternehmen musste, um sein Verständnis des Übernatürlichen zu erweitern.

Lee erinnert mich an einen anderen jungen Leiter im Dienst, zu dem Paulus sagte: »Setz alles daran, dass Gott in dir einen zuverlässigen Arbeiter findet und du dich für nichts schämen musst. Erweise dich als jemand, der Gottes Botschaft von der Wahrheit richtig und klar verkündet« (2Tim 2,15 HFA). Versteh die Aussage dieses Verses aber bitte nicht falsch. Er ist kein Freibrief für Strebsucht und sagt auch nicht, dass du eine Forderungsliste abarbeiten musst, um von Gott anerkannt zu werden. Sieh ihn stattdessen als Herausforderung. Hast du das Gefühl, du wärest auf deinem Weg hin zu dem, wozu Gott dich berufen hat, zum Stillstand gekommen? Vielleicht gibt es praktische Schritte, die du unternehmen kannst, um die Barriere, die dich behindert, zu durchbrechen.

»Wie erlebe ich die Segnungen der ›geöffneten Fenster‹ des Himmels?«

Die »geöffneten Fenster« beziehen sich auf Maleachi 3,10 (NLB), wo Gott seinem Volk eine Verheißung gibt, indem er sagt: »Stellt mich doch damit auf die Probe …, ob ich nicht die Fenster des Himmels für euch öffnen und euch mit unzähligen Segnungen überschütten werde!«

Öfter, als man erwarten sollte, folgt auf diese Frage eine Aussage wie: »Ich gebe jeden Sonntag meinen Zehnten!« Meine Antwort darauf mag sehr persönlich erscheinen, aber sie würde immer lauten: »Lässt du bei deinen Finanzen Weisheit walten? Triffst du im Alltag gute Entscheidungen und holst du dir die richtige Art von Rat, um deine Zukunft angemessen zu planen?«

Bei Gottes finanziellem Segen geht es ebenso um Sorgfalt im natürlichen Bereich wie um Gehorsam im geistlichen Bereich.

»Warum greift der Teufel meine Familie an?«

Der Feind weiß, wie er uns wehtun kann, und oft gibt es für die Wahl seines Angriffs keine andere Erklärung als die, dass er versucht, uns vom Kurs abzubringen. Aber das Wort Gottes gibt uns auch für diesen Bereich Weisheit: »Entsprechend gilt für euch Männer: Zeigt euch im Zusammenleben mit euren Frauen verständnisvoll und nehmt auf ihre von Natur aus schwächere Konstitution Rücksicht. Sie sind ja durch Gottes Gnade Erben des ewigen Lebens genau wie ihr. Respektiert und achtet sie also, damit der Erhörung eurer Gebete nichts im Weg steht« (1Petr 3,7 NGÜ). Behandelst du deine Frau (deinen Mann, deine Familie) mit Respekt? Liebst du sie, wie Christus die Gemeinde liebte? Oder musst du die Art und Weise ändern, wie du mit denen, die du liebst, umgehst? Die Bibel sagt ganz klar, dass unser geistliches Leben behindert werden kann, wenn dieser natürliche Bereich nicht in Ordnung ist.

»Warum erlebt unsere Gemeinde keine Erweckung?«
Seit vielen Jahren beobachte ich Gemeinden auf der ganzen Welt, wie sie für Zuwachs beten. Sie beginnen das Jahr vielleicht mit einer dreiwöchigen Fastenzeit oder halten tägliche Gebetstreffen ab. Vielleicht organisieren sie sogar Gebetsmärsche, auf denen sie Dämonen binden, während sie nach Norden, Süden, Osten und Westen zeigen. Sie mögen Gott fortwährend um Erweckung bitten, aber sie scheinen nie ihren Durchbruch zu bekommen. Das hier ist kein Kommentar zu einer dieser Praktiken, und die damit verbundene Hingabe und Sehnsucht ist lobenswert. Aber vielleicht haben sie versäumt, sich mit einigen Grundlagen zu befassen, zum Beispiel damit, eine echte Willkommenskultur zu schaffen, oder andere wichtige Elemente, die Menschen nicht nur anziehen, sondern auch einige ihrer praktischen Bedürfnisse erfüllen. Vielleicht fängt ja ihr Gottesdienst nie pünktlich an und keiner weiß so genau, wann er eigentlich endet. Vielleicht dürfen die Kinder wild durch die Gegend rennen und lenken dadurch die Menschen um sie herum von der Predigt ab. Oder möglicherweise sind auch die Leute der Gemeindeleitung notorisch schlechte Verwalter der Finanzen. Jedes dieser Dinge kann eine natürliche Barriere für geistliche Antworten sein.

Hast du jemals innegehalten und dir Gedanken über die natürlichen Barrieren hinter deiner geistlichen Bewegungslosigkeit gemacht?

Anfang 2017 ging ich stolz durch das *Hillsong Epicentre*, unseren neuen Gebäudekomplex auf dem Gelände unseres Hills Campus. Jahrelange Opfergaben haben dieses neue Bauwerk ins Leben gerufen. Ich war begeistert von den neuen Einrichtungen für Kinder und Jugendliche und verblüfft über die Sorgfalt und die durchdachten Details, die in die Planung eingeflossen waren, um Familien mit besonderen Bedürfnissen zu beherbergen, darunter auch

Räume, die so gestaltet sind, dass junge Menschen mit Autismus dem Gottesdienst folgen können, ohne überfordert zu sein. Jahrelang haben wir gebetet, dass unsere Gemeinde einen größeren Wirkungsbereich in unserer Kommune bekäme und Wege finden würde, für Familien mit besonderen Herausforderungen eine wichtige und sinnvolle Stütze zu sein. Aber wir haben nicht *nur* gebetet, sondern auch recherchiert, geplant und finanzielle Opfer gebracht, und zwar lange, bevor wir in der Lage waren, mit dem Bau zu beginnen. Wir haben im Natürlichen Schritte unternommen, um sicherzustellen, dass unsere Gebete erhört werden, und ich glaube, es war sowohl unser Vorgehen im Natürlichen als auch unser geistlicher Kampf, die dieses übernatürliche Wunder möglich gemacht haben.

Unmögliche Möglichkeiten

Vielleicht hast du dieses Kapitel bis hierhin gelesen und dabei gedacht: *Schön und gut, Brian, aber du weißt nicht, womit ich zu kämpfen habe. Meine Familie ist ein Chaos. Der Widerstand, den wir in unserer Arbeit und in unserem Dienst erleben, ist extrem, ganz zu schweigen von den gesundheitlichen Herausforderungen und der finanziellen Belastung.*

Ich verstehe das. Das Leben kann unberechenbar und geradezu entmutigend sein. Aber hab Vertrauen, mein Freund. Die Bibel ist voll mit Geschichten von unmöglichen Möglichkeiten. Bei Gott sind alle Dinge möglich, deshalb ist *mit ihm* nichts unmöglich. Schon allein, dass du an ihn glaubst, heißt, dass du an unmögliche Möglichkeiten glaubst, und das öffnet dich für das Reich der Wunder. Ein Wunder ist eine unmögliche Möglichkeit. Der Wille Gottes für unser Leben und der Weg des Glaubens sind unmögliche Möglichkeiten. Gnade ist eine unmögliche Möglichkeit. Errettung bedeutet, dass der Ungerechte gerecht gemacht wird – das ist an sich schon eine unmögliche Möglichkeit. Das Leben ist voller unmöglicher Möglichkeiten, wenn man Gott dient, doch es gibt auch immer Widerstand, und oft kommt der größte Widerstand nicht von außen, sondern von innen.

Vor Jahren machten wir eine lebensverändernde Erfahrung, als Bobbie, unsere Tochter Laura und ich nach Uganda reisten. Wir waren dort, um uns die Arbeit von *Compassion International* zum ersten Mal vor Ort anzuschauen. Wir reisten in ein Gebiet namens Kasese, in dem unsere Gemeinde Tausende ugandischer Kinder unterstützt, um ihnen die Möglichkeit zu schaffen, eine Ausbildung, medizinische Versorgung, Kleidung und anhaltende Beratung für das Wohlergehen der Familie zu erhalten. Die Straßen waren sehr schlecht und die Reise ging nur langsam voran.

Auf dem Rückweg fuhren wir auf einer langen Straße, die geradewegs zu einem Hügel führte. Ich konnte in der Ferne etwas den Hügel hinunterrollen sehen. Es war ein Minibus, aus dem irgendwelche Objekte herausgeschleudert wurden. Die Bremsen hatten versagt und der Fahrer hatte die Kontrolle über das Fahrzeug verloren. Zu meinem Entsetzen stellte sich heraus, dass diese »Objekte« Menschen waren. Wir erreichten als Erste die Unfallstelle. Überall lagen Leichen verstreut. Manche der Überlebenden schrien oder riefen, andere stöhnten nur leise oder gaben gar keinen Laut von sich und einige schienen im Sterben zu liegen. Wir wussten nicht, was wir tun sollten, und während unsere Pastoren von *Hillsong London* zu den Verletzten gingen und ihr Mögliches taten, ging ich einfach nur umher und betete für die Menschen. Das Ganze bot einen schrecklichen Anblick.

Ein befreundeter Sanitäter hat mir einmal gesagt, dass man nach einem Unfall nicht zuerst zu den Schreienden geht, sondern zu denen, die stumm bleiben. Diejenigen, die schreien, haben in der Regel äußerliche Verletzungen, aber diejenigen, die still sind, haben oft innere Verletzungen, die verheerender und lebensbedrohlicher sind als äußerliche Probleme. Ich habe das nie vergessen, weil ich glaube, dass dies auch im Leben und im Dienst gilt.

Zweifel, Unsicherheit, Verdrängung, Angst – das sind innerliche Probleme. Möglichkeiten gehen mit sehr viel Widerstand einher und der größte Widerstand, mit dem du konfrontiert wirst, ist der innere. Was in deinem Inneren vorgeht, kann weitaus verheerender sein als das, was äußerlich passiert, aber oft ist das, was du im Äußeren siehst, ein Spiegelbild dessen, was in dir vorgeht. Dein Herz kann durch Kummer und Verrat verletzt werden. Die Linse, durch die du das Leben betrachtest, kann durch die schlimmen Dinge, die dir widerfahren, getrübt sein. Es kann dann passieren, dass du eine Mauer aufrichtest, um dein Herz zu schützen. Es ist klug, dein Herz vor schädlichen Dingen zu schützen, aber wenn du dein Herz gegen Gott abschirmst oder dich von seiner Führung zurückziehst, kannst du sowohl in natürlicher als auch in geistlicher Hinsicht in eine Spirale des Kummers geraten.

Gewinne den täglichen Kampf

Das Leben des Propheten Daniels inspiriert mich. In Daniel 6,4 (LUT) wird er als jemand mit einem »überragenden Geist« beschrieben. Obwohl er Zeit seines Lebens mit starkem Widerstand konfrontiert war, errang er in seinem Inneren immer wieder Siege. Ich glaube, dass das, was in ihm war, auch genau das war, was ihn weiterkommen ließ und einen Weg für seine Zukunft bereitete.

Gegen seinen Willen an ein fremdes Land, eine fremde Sprache und Kultur gefesselt, mit nichts Vertrautem und ohne jemanden, auf den er sich stützen konnte, stieg Daniel immer weiter an die Spitze auf. Er hatte göttliche Gunst bei drei verschiedenen Königen: Nebukadnezar, Darius und Kyros. Und selbst als die Leute in seinem Umfeld ihm den Aufstieg verübelten, konnten sie ihm nichts vorwerfen, weil er treu war. Sie versuchten, seine Treue zu Gott gegen ihn zu verwenden, weil das alles war, was sie tun konnten. Also stellten sie ihm eine Falle, die zu einer der meisterzählten biblischen Geschichten führte, nämlich die über seine übernatürliche Rettung vor einem Rudel hungriger Löwen (siehe Dan 6).

Daniel erlebte regelmäßig natürlichen Widerstand, jedoch sagt uns die Bibel, dass er innere Stärke besaß: »Daniel aber übertraf alle Fürsten und Statthalter, denn es war ein überragender Geist in ihm. Darum dachte der König daran, ihn über das ganze Königreich zu setzen« (Dan 6,4 LUT). Er lebte in Segen und Wohlstand, weil er innerlich gesund war.

Wenn du dich Verfolgung ausgesetzt siehst, geht es sehr oft nicht um dich, sondern um den Gott, dem du dienst. Der vorherrschende antichristliche Geist wird versuchen, dich zu Fall zu bringen. Aber mach es wie Daniel: unterscheide dich von anderen. Lass deine Herzenshaltung eine überwindende sein, fest entschlossen, die täglichen Kämpfe im Natürlichen zu gewinnen, denn das wird zu deiner geistlichen Gunst führen. So, wie er es für Daniel getan hat, wird Gott auch dich befreien und dich trotz des äußeren Widerstands begünstigen, weil das, was in dir ist, größer ist als das, was dir widerfährt.

Erlaube Gott, weiterhin innerlich an deinem Herzen und an deiner Seele zu arbeiten und dich nach seinem Willen zu führen. Lass ihn den Widerstand deines Herzens brechen, der seine Kraft in dir untergräbt. Führe dein Leben im Verantwortungsbewusstsein für deinen Geist und dein Herz, und dann erlebe, wie Gott dich über alle Umstände und Herausforderungen hinauswachsen lässt.

Und sei entschlossen, die täglichen Schlachten zu gewinnen. Die mittelmäßigen. Die beiläufigen. Und die *gewohnheitsmäßigen*.

Entwickle dich weiter, in deinem täglichen Leben *und* in deiner Kriegsführung. Baue ein Fundament für geistlichen Erfolg, indem du dich im Natürlichen täglich dafür entscheidest, zu lieben, zu vergeben und loszulassen. Sei ein Champion in deiner Ehe und sei für deine Kinder jemand, der sie ermutigt.

Sei jemandes Mut, Hoffnung und Mitgefühl und lass dich kontinuierlich mit Glauben füllen für jeden neuen Tag. Dann erlebe, wie Gott deine natürlichen Fähigkeiten nimmt und sie in endlose geistliche Möglichkeiten verwandelt.

10

Störe den Störenfried

Die roten und blauen Lichter blinkten auf und sofort wusste ich, dass ich in Schwierigkeiten war. Es war ein ganz normaler Tag gewesen. Wie immer sollten mein älterer Bruder Graeme und ich nach der Schule vor dem Kirchengebäude auf unsere Eltern warten, die dort als Pastoren dienten. Oft mussten wir lange warten, und durch die immer neuen Wege, die wir fanden, um unsere Langeweile zu überwinden, entstand der ein oder andere Unfug.

Wir waren nur einen Block vom Gemeindebüro entfernt, in dem, wie ich wusste, meine Mutter und mein Vater ihre Arbeit erledigten, nicht ahnend, welches Chaos mein Bruder und ich gerade anrichteten. Wir hatten nichts Böses im Sinn gehabt, aber dieses kleine Motorrad hatte einfach so dagestanden und förmlich darum gebettelt, dass man auf ihm eine kleine Runde dreht. Ich wusste, dass der Besitzer, ein Bibelschüler, noch im Unterricht saß und sein Motorrad während der nächsten paar Stunden wohl kaum brauchen würde – was also konnte so eine kleine Spritztour schon schaden? So dachte ich mir das jedenfalls. Wir waren gelangweilt und die Versuchung war einfach viel zu groß für ein halbwüchsiges Brüderpaar.

Ich geriet in Panik, als ich den Streifenpolizisten entdeckte, und versuchte das Motorrad zu stoppen, indem ich mit meinen Füßen über den Boden schleifte. Mein auffälliges Verhalten erregte seine Aufmerksamkeit. Es kam, wie es kommen musste: Er gab mir ein Zeichen, an den Straßenrand zu fahren und anzuhalten. Ich wusste, dass ich jetzt in Schwierigkeiten steckte.

Ich zitterte, als der Polizist meinen Führerschein sehen wollte. Natürlich hatte ich keinen, ich war schließlich erst dreizehn. Meine Angst vor Bestrafung war weitaus größer als meine Abenteuerlust, und die Strafe, die ich von meinem Vater bekam, reichte aus, um mich für lange Zeit auf dem Weg der Tugend zu halten. Ich würde jetzt gerne sagen, dass es das letzte Mal war, dass ich mir Unannehmlichkeiten einhandelte, aber wir wissen alle, dass das nicht die Wahrheit ist.

Meine Jahre als Teenager und Collegestudent waren von fröhlichem Unfug geprägt, und in meinen späteren Jahren habe ich für so manches erheiternde Missgeschick in meinem Leben gesorgt. Ich bin mit einer gebrochenen Schulter gegen eine Glastür gelaufen, bin auf Socken die Treppe hinuntergepurzelt und habe mir unwissentlich, direkt vor einer wichtigen Konferenz, rasenmäherartig einen Streifen ins Haar rasiert (ich hatte vergessen, den Kammaufsatz auf meinen Rasierer zu stecken). Ich habe unmittelbar vor einer Sonntagmorgenpredigt meine Notizen in irgendeinem Besenschrank eingeschlossen. Und mein Kopf machte Bekanntschaft mit einem scharfkantigen Türrahmen, nur wenige Minuten, bevor ich eine Bühne in Baton Rouge im US-Bundesstaat Louisiana betreten sollte, um dort anlässlich einer Pastorenkonferenz zu sprechen, die live über das *Daystar Television Network* gesendet wurde (was ich mit einer schmerzhaften, eigroßen Beule am Kopf und einem blutigen Schnitt auf der Stirn auch getan habe).

Über die meisten dieser unangenehmen Umstände kann ich jetzt lachen, aber ist dir schon mal aufgefallen, dass einige Menschen von Unheil verfolgt zu sein scheinen? Wie dem auch sei, ich glaube jedenfalls nicht, dass wir als Nachfolger Christi dazu berufen sind, immer zum Opfer zu werden.

Der Störenfried oder das Opfer von gestörtem Frieden?

In seinem Bemühen, uns zu entmutigen, liebt es der Teufel, uns Probleme zu bereiten. Familiäre, finanzielle und gesundheitliche Krisen scheinen jeden von uns zu einer bestimmten Zeit im Leben zu befallen und belasten oftmals unsere Seele und nehmen uns den Schwung. Trauer, Schmerz, Verlust und Kummer sind oft Auslöser für andere ernste Probleme wie Angstzustände und Depression.

Ich kann mir vorstellen, dass du es leid bist, Bücher in die Hand zu nehmen, die deine verzweifelte, deprimierende Lage als »schnell vorübergehend und leicht« (2Kor 4,17) bezeichnen. Und so sehr ich diesen Vers verstehen kann, sind auch mir Lebenssituationen nicht fremd, die sich *alles andere* als leicht und schnell vorübergehend anfühlen. Doch der Vers, der diesem vorausgeht, packt mich jedes Mal. Er lässt mich aufhorchen und gibt mir neuen Kampfgeist. »Deshalb verlieren wir nicht den Mut. Denn wenn wir auch äußerlich aufgerieben werden, so werden wir doch innerlich jeden Tag erneuert« (Vers 16 NEÜ).

Innerliche Erneuerung, innere Stärkung, eine Dynamik, die dich vorwärtstreibt – das ist meine Hoffnung für dich. Ich bete, dass du ein Leben entdeckst, das sich vorwärts bewegt, anstatt auf dem Rückzug zu sein – dass du ein Leben lebst, das der Macht der Finsternis echte Probleme bereitet, anstatt ihr zu erliegen. Ich habe keinen Zweifel, dass du das kannst.

In Apostelgeschichte 16 können wir die Reise von Paulus, Timotheus und Silas verfolgen, auf der sie in verschiedenen Nationen dienten. Darunter findet sich auch ein denkwürdiger Zwischenstopp im mazedonischen Philippi. »Auf dem Weg zur Gebetsstätte der Juden trafen wir eines Tages eine Sklavin, aus der redete ein Geist, der die Zukunft wusste. Mit ihren Prophezeiungen brachte sie ihren Besitzern viel Geld ein. Die Frau lief hinter Paulus und uns anderen her und rief: ›Diese Leute sind Diener des höchsten Gottes! Sie zeigen euch den Weg zur Rettung.‹« (Verse 16–17 GNB). Kannst du dir vorstellen, wie lästig das für Paulus und Barnabas war? Die Geister in dieser jungen Frau trieben sie dazu, sich wie eine Stalkerin zu verhalten und ihnen Tag für Tag überallhin zu folgen. Aber damit nicht genug, sie störte mit ihrem unaufhörlichen Rufen auch viele Tage lang ihren Dienst. Da sie von einem bösen Geist besessen war, kann man daraus schlussfolgern, dass ihr Tonfall spöttisch war und dass sie darauf abzielte, Paulus und Barnabas aus dem Gleichgewicht zu bringen und deren Anhänger von der wahren Botschaft abzulenken, die Grund für ihr Kommen war. Kein Wunder, dass Paulus es schließlich »nicht länger anhören konnte« (Vers 18 HFA)!

Ich habe auch schon so manchen Zwischenrufer erlebt. Ich habe Menschen gesehen, die betrunken, missgelaunt oder mit dem Vorhaben in die Versammlung kamen, die Aufmerksamkeit vom Wort Gottes wegzulenken. Sie sind von einem Geist der böswilligen Absicht erfüllt und ganz darauf versessen, Ärger zu machen. Ich kann Paulus' Verärgerung gut verstehen! Irgendwann reichte es ihm und eines Tages fuhr er deshalb herum und sagte zu dem Geist in dem Sklavenmädchen: »Ich befehle dir im Namen von Jesus Christus: Fahre von ihr aus!« (Vers 18 GNB). Und daraufhin passierte das:

Im gleichen Augenblick fuhr der Wahrsagegeist von ihr
aus. Die Besitzer der Sklavin sahen sofort, dass mit dem
Geist auch ihre Hoffnung auf Gewinn ausgefahren war. Sie
packten Paulus und Silas und schleppten sie zum Marktplatz
vor das städtische Gericht.
Sie stellten sie vor die beiden Stadtobersten und erklärten:
»Diese Menschen hier stiften Unruhe in unserer Stadt.«
– Verse 18–20 GNB

Von Philippi aus zogen sie weiter nach Thessalonich, wo sich auf den Straßen wie ein Lauffeuer verbreitete, dass dieselben Männer, die die Welt auf den Kopf gestellt hatten, nun auch in dieser Stadt waren und direkt vor der Haustür für Chaos sorgten. Der nächste Halt auf der Reise dieser umherziehenden Apostel war Korinth. Dort kam es zu Aufruhr, weil Paulus Neubekehrte dazu aufforderte, Jesus anzubeten. Von dort reisten sie nach Ephesus, wo sie einen großen Aufstand unter den Silberschmieden auslösten, die mit der Massenproduktion von Statuen der Göttin Diana Profit machten. Die möglichen Auswirkungen auf ihr zweifelhaftes Handwerk versetzten die Männer nämlich in Angst und Wut, denn diese Jesus-Nachfolger brachten viele dazu, sich von den heidnischen Göttern abzuwenden.

Ärger, Ärger, nichts als Ärger. Sie predigten Christus mit Vollmacht, was die vertraute Geborgenheit der Menschen erschütterte. Insbesondere Pharisäer, Regierungsbeamte, religiöse Führer und unempfängliche Ungläubige fühlten sich durch die Veränderungen, die sie bei den Menschen sahen, bis in die Grundfeste bedroht. Sie merkten, wie ihnen die Kontrolle und der Einfluss auf die Einhaltung der vorgegebenen Regeln und Grenzen verloren gingen. Ohne den bösen Geist in ihr verdienten die Herren des Sklavenmädchens kein Geld – also verloren sie die Kontrolle!

Die gute Nachricht breitete sich weiter aus, erreichte Mazedonien, Griechenland und die Türkei und verursachte vor allem bei religiösen Führern ein überwältigendes Gefühl der Angst, sie könnten an Boden verlieren. Die Menschen begannen sich aus ihren religiösen Begrenzungen zu befreien, und die Leiter konnten sie nicht mehr zur Einhaltung der üblichen Praktiken bewegen. Wie konnte Paulus eine Art der Anbetung wagen, die außerhalb der religiösen Konventionen lag, an die jeder sich anzupassen hatte! Wie konnte er es wagen, Jesus Christus zum Gegenstand der Anbetung zu machen! Als die Menschenmengen begannen, den Sohn Gottes zu entdecken, stellte diese Entdeckung ihr Leben und ihre Städte auf den Kopf. Tatsächlich stellten der Apostel und seine Reisegefährten die ganze Welt auf den Kopf. Im Grunde haben sie den »Störenfried gestört«, und genau das hat auch Jesus getan.

Das auf den Kopf gestellte Reich Gottes

Hoch über dem See Genezareth sprach Jesus Worte der Wahrheit, die die Geschichte für immer prägen sollten. Er stellte Religion auf den Kopf, öffnete die Augen der Ungläubigen und gab alten Idealen eine neue Bedeutung. Er zerschmetterte die vorgefassten Meinungen seiner Anhänger und brachte sie dazu, alles in Frage zu stellen, was sie über Religion bisher gewusst hatten, weil er sich alten Glaubenslehren widersetzte, indem er Dinge sagte wie: »Ihr wisst, dass den Vorfahren auch gesagt wurde: ›Auge um Auge, Zahn um Zahn!‹ Doch ich sage euch: Leistet keine Gegenwehr, wenn man euch Böses antut! Wenn jemand dir eine Ohrfeige gibt, dann halte die andere Wange auch noch hin!« (Mt 5,38–39 HFA). Oder: »Liebt eure Feinde, segnet, die euch fluchen« (Vers 44). Jesus brachte die Weisheit der Welt durcheinander.

Als gläubiger Mensch kannst auch du die Welt auf den Kopf stellen, indem du dich dem Werk des Feindes widersetzt und es durch gegenläufige Normen und Werte ersetzt. Ich liebe es, dass unser Glaube an die »Schon jetzt und noch nicht«-Wirklichkeit des Reiches Gottes bedeutet, dass die Liebe über den Hass triumphiert, der Friede die Angst überwindet, Hoffnung für die Hoffnungslosen vorhanden ist und Schönheit aus der Asche kommt. Ich liebe es, wenn unsere Gemeinden sich trotz der medialen Schlagzeilen über »sterbende Religion« weiter ausbreiten. Ich liebe es, wenn unsere jungen Menschen für Freundlichkeit und Mitgefühl werben, während der Feind eine ganze Generation mit Gewalt und Hass bombardiert.

Es wäre bequemer, wenn wir einfach sagen könnten, dass wir als Christen keine Probleme erleben. Aber das wäre nicht wahr. Jesus selbst erlebte den Tod von Freunden, die Furcht vor Schmerzen und den Schmerz der Ablehnung.

In Matthäus 14 lesen wir, wie Jesus die Enthauptung seines geliebten Cousins Johannes des Täufers betrauerte. Die Bibel sagt uns, dass er sich einen einsamen Ort suchte, um mit seiner Trauer allein zu sein, und dabei unfreiwillig auf eine Menschenmenge stieß, die seinen Dienst empfangen wollte. Genau in jenem Moment zeigte Christus eine Reaktion, die nicht nur dem Teufel eins auswischte, sondern auch das Reich Gottes voranbrachte. Er heilte Menschen. Er betete. Er diente. Er sprach das Wort der Wahrheit und sah auf jenem Hügel, wie sich das Reich Gottes ausbreitete.

Ja sicher, wir müssen uns die Zeit nehmen, uns mit unserer Not auseinanderzusetzen – Zeit, um zu trauern, und Zeit, um Weisheit zu erbitten. Es muss aber auch eine innere Festigkeit da sein, die den Verlust ausgleicht, ein Kampfeswille, der Vorrang vor dem Schmerz hat, ein Geist, der sagt: »Ich werde dem Unruhestifter Unruhe bereiten und ihn für den Schmerz, den er mir zugefügt hat, bezahlen lassen.« Ja, suche dir einen einsamen Platz, aber schlage dort kein Zelt auf. Du kannst dorthin einen Abstecher machen, das ist in Ordnung und sogar nützlich, aber lebe nicht dort. Erlebe stattdessen, wie der Herr sein Versprechen erfüllt, jeden Tag ein bisschen mehr Erneuerung in dein Inneres zu bringen. Halte an dem Wissen fest, dass das Reich Gottes zwar noch kommt, aber dass es auch bereits gekommen ist, und wir müssen so leben, als wäre es schon da. Die Welt, in der wir leben, ist eine gefallene, aber sie wird auch jeden Tag erneuert. Schlimme Dinge passieren, Probleme kommen, aber wir müssen so leben, als ob das Reich Gottes ebenfalls kommt.

Ich habe Gethsemane schon mehrmals besucht. Bei einem kürzlichen Besuch stand ich neben einer Höhle, von wo aus ich gute Sicht auf die alten Stadtmauern hatte, und sann dort über die Einsamkeit, Verzweiflung und Trostlosigkeit nach, die Jesus in jenem Moment im Garten erlebte. Du und ich wissen aber, dass er dort nicht mehr ist. Er verweilte dort nicht und schlug auch nicht sein Lager auf. Es war eine Pause, ein Moment, ein verzweifeltes Gebet, das er dort in jenem Garten betete und das ihn dazu bewegte, alles, was vor ihm lag, anzunehmen.

Verheißenes Gebiet

Es besteht kein Zweifel: Mit der Gebietseinnahme kommen auch Feinde. Im Jahr 2002 eröffnete Hillsong erstmals sein *Convention Center* (bis heute unser größter Versammlungsort). Es war ein echt toller Tag, der unüberhörbar eine Geschichte von Treue erzählte, sowohl die unserer großzügigen Gemeinde als auch die des Herrn. Segen und Durchbruch kennzeichneten den Moment, als wir die Türen zu unserem neuen Auditorium öffneten und damit das Gebiet für eine Gemeinde absteckten, die die Vision hatte, über ihre Grenzen hinauszuwachsen. Der australische Premierminister war einer unserer Ehrengäste. Tatsächlich kamen Leiter aus dem ganzen Land und machten damit auf diese in den nordwestlichen Vororten von Sydney in Erscheinung tretende Gruppe von leidenschaftlichen Gläubigen aufmerksam.

Ab dem Moment fingen die Schwierigkeiten an.

Jahre zuvor hatte ich mich hingesetzt, um über die Gemeinde zu schreiben, die ich im Sinn hatte. Ein Satz, den ich dabei schrieb, wurde auf Punkt und Komma wahr, als wir später unser Gebiet auf wortwörtliche Weise absteckten. Er lautete: »Die Kirche, die ich sehe, ist so groß, dass die Stadt und die Nation sie nicht ignorieren können.« Und ignoriert wurde sie gewiss nicht. Um den Zusammenhang zu erklären: Es schien, als hätte das säkulare Australien von dieser Gemeinde, die Gläubigen auf allen Kontinenten der Erde bereits ein Begriff war, noch nie wirklich etwas gehört. Was folgte, waren zehn Jahre intensiver Hinterfragung und (überwiegend negativer) Berichterstattung über fast alle denkbaren Medienkanäle. Die Nachrichtenmedien versuchten zu ergründen, wie es sein kann, dass in einem Klima, in dem die Zahl der Gottesdienstbesucher rückläufig zu sein scheint und das Christentum allgemein als hinfällig angesehen wird, eine Kirche sowohl mit Jungen und Alten gefüllt, vor Leben pulsierend und oft bis zum Platzen voll ist.

Es war einfach so, dass Menschen etwas kritisierten, was sie nicht verstehen konnten oder wollten. Außerdem war es – davon bin ich überzeugt – ein geistlicher Angriff, der darauf abzielte, eine echte Bewegung des Heiligen Geistes zu hemmen, zu demotivieren und zum Erliegen zu bringen.

Ich glaube fest daran, dass Gemeindeaufbau etwas an sich hat, was der Teufel hasst. Die Dauerhaftigkeit von Gläubigen, die in einer Stadt und in einem Land fest Fuß fassen, ärgert den Feind. Jedem unternommenen Versuch, uns in Verruf zu bringen, haben wir während all dieser Jahre viele weitere Gebäude in Australien entgegengesetzt, Lobpreislieder, die sich weiter verbreiten als je zuvor, ein erfolgreiches Bibelcollege, einen weltweit empfangbaren Fernsehkanal und Tausende von Menschen, die sich in großen Städten in ganz Europa, Afrika und Nord- und Südamerika versammeln. Und das Wichtigste von allem ist, dass jede Woche Ströme von Menschen zum Glauben an Jesus Christus kommen und dass mehr denn je überall dort auf der Welt, wo sich in den Städten eine Hillsong Church versammelt, den Armen und Gebrochenen geholfen wird. Und nicht nur dort, sondern auch in weit entlegenen Orten wie Aleppo in Syrien, im indischen Mumbai und in der Township Guguleto in Südafrika. Es ist ein fortdauerndes und wachsendes Zeugnis für die Treue Gottes und die Widerstandskraft seiner Gemeinde. Aber es gibt nichts Besseres als Fortschritt, um Widerstand zu erzeugen. Frag einfach Josua.

Sei stark und mutig

Nirgendwo in der Verheißung war von Problemen oder Feinden die Rede. Ich kann mir vorstellen, dass Josuas Brust ein wenig schwoll, als der Gott des Universums die Verheißung von neuem Land und die Hoffnung auf Gebietsvergrößerung, die Mose in früheren Zeiten empfangen hatte, auf ihn übertrug:

*»Ich sage dir zu, was ich schon Mose versprochen habe:
›Wohin ihr auch geht, werdet ihr Land betreten, das ich euch
geschenkt habe: von der Wüste im Süden bis zu den Bergen
des Libanon im Norden, das ganze Land der Hetiter, bis zum
Euphrat im Osten und zum Mittelmeer im Westen. Das soll
euer Gebiet sein.‹ Solange du lebst, wird sich niemand gegen
dich behaupten können, denn ich will bei dir sein, wie ich
bei Mose war. Ich werde dich nie verlassen und dich nicht
aufgeben.«* – Josua 1,3–5 NLB

Nö, da steht nichts von Ärger. Aber jetzt lies aufmerksam, wie
die Verheißung weitergeht:

*»Sei stark und mutig, denn du sollst meinem Volk zu dem
Land verhelfen, das ich seinen Vorfahren versprochen habe.
Sei stark und mutig. Gehorche gewissenhaft den Gesetzen,
die dir mein Diener Mose gab. Weiche nicht von ihnen ab,
damit du Erfolg hast, wohin du auch gehst. Die Worte des
Gesetzes sollen immer in deinem Mund sein. Denke Tag
und Nacht über das Gesetz nach, damit du allem, was darin
geschrieben steht, Folge leisten kannst, denn nur dann wirst
du erfolgreich sein. Ich sage dir: Sei stark und mutig! Hab
keine Angst und verzweifle nicht. Denn ich, der Herr, dein
Gott, bin bei dir, wohin du auch gehst.«* – Josua 1,6–9 NLB

Warte mal – noch immer nichts. Für mich klingt das alles
ziemlich eindrucksvoll. Ich kenne ein paar Geschäftsleute und
Pastoren (mich eingeschlossen), die nichts gegen ein bisschen zu-
sätzliches Gebiet und eine feste Aussicht auf Erfolg hätten. Wenn
alles, wohin er seinen Fuß setzte, ihm gehören würde, warum
sollte Josua dann mutig sein müssen? »Sei stark und mutig.« Ich

wüsste gerne, ob er je innegehalten und sich darüber Gedanken gemacht hat.

Wie du siehst, erwähnt diese Bibelstelle mit keinem Wort die einunddreißig feindlichen Könige, denen er gegenüberstehen würde, *bevor* die Verheißung erfüllt wäre (siehe Jos 12). Nirgendwo findet sich eine Äußerung zu den endlosen Kämpfen, Schwierigkeiten und den Herrschern, die sich Josua und seinem Volk auf ihrem Weg in das von Gott zugesagte Gebiet widersetzen würden.

Sei nicht überrascht, lieber Leser, wenn der Feind sich gegen dich erhebt, sowie du deine Verheißung verfolgst. Lass dich nie von den Schlachten und dem Kummer schockieren, die auf dich zukommen, wenn du um neues Gebiet kämpfst. Wenn du an Boden gewinnst, *verliert* der Teufel ihn! Wenn du Jesus dienst, ist es sein Wille, dass du dich in ein Leben der überfließenden Fülle hineinbewegst, aber das wird nicht ohne Widerstand geschehen. So, wie er es für Josua getan hat, will Gott auch dein Leben voranbringen, und so, wie es Josua erging, wird es auch für dich Könige geben, die es zu bezwingen gilt.

Sei nicht entmutigt, lieber Pastor, wenn deine Gemeinde an sich floriert, wenn du gerettete Seelen, Wachstum und Bewegung siehst und ihr plötzlich finanzielle Schwierigkeiten erfahrt. Die Taktik des Feindes steht in direktem Verhältnis zu eurem Fortschritt. Während deine Gemeinde gesegnet ist, Leben gerettet und Menschen verändert werden, wird der Teufel alles tun, um euren Fortschritt aufzuhalten. Während Gott in eurer Mitte Übernatürliches tut, einschließlich Heilungen und Segnungen, Versorgung und Wunder, könnten zynische Herzen versuchen, die Glaubwürdigkeit zu untergraben. Vielleicht kennst du das Sprichwort: Je höher der Baum, desto stärker trifft ihn der Wind. Das Wort Gottes sagt uns jedoch deutlich, dass wir keine Angst davor haben sollen, neues Land einzunehmen. Wir müssen verstehen, dass Gott uns dazu berufen hat, trotz des Widerstandes standhaft zu bleiben und zu gewinnen und nicht zu verlieren. Beim Missionsbefehl geht es darum, das Reich Gottes voranzubringen und den Menschen die Errettung zu zeigen. Und während du den Willen Gottes voranbringst, störst du damit gleichzeitig den Störenfried!

Die Bibel sagt uns in Matthäus 16,18, dass die Tore der Hölle uns nicht überwältigen können. Ich weiß nicht, wie das bei dir ist, aber ich bin noch nie von einem Tor angegriffen worden. Tore greifen nicht an – sie verteidigen. Aber selbst die Tore der Hölle können nicht aufhalten, was Gott tut!

Jesaja 59,19 (KJV) sagt Folgendes:

Wenn der Feind kommt wie eine Flut,
wird der Geist des Herrn ein Banner gegen ihn erheben.

Schnell stellt man sich den Feind vor, der wie eine Flut von Schwierigkeiten auf uns *zukommt*, aber ich habe auch schon die Aussage gehört, dass die Änderung der Kommastelle in diesem Satz wesentlich mehr Ermutigung als Furcht hervorrufen dürfte. Und deshalb sage ich zu meiner Gemeinde gerne: »Wenn der Feind kommt (Pause), *wie eine Flut* wird der Geist des Herrn ein Banner gegen ihn erheben und ihn in die Flucht schlagen.«

Unser Gott siegt immer. Ich bete, dass du auch weiterhin erlebst, wie die Absichten Gottes dich vorwärtsbringen, und dass du, während du neues Gebiet einnimmst, stets die Erwartung hast, dass Gott in der Tat dein Helfer und Beistand in Zeiten der Not ist. Weiche nicht zurück – sei stark und mutig und erobere neues Gebiet. Blicke auf und nach vorn und sieh die Verheißungen, die der Herr dir gegeben hat.

Bleibe nicht stumm

Wo Stille herrscht, bilden sich Bollwerke. Ich glaube wirklich, dass die Kultur, in der wir leben, es gerne hätte, wenn die Kirche stumm bliebe – dass die Welt sagt, Kirche sollte innerhalb der Mauern historischer Gebäude mit leiser Orgelmusik und schwindenden Besucherzahlen stattfinden. Doch ich denke, dass der Störenfried am effektivsten gestört wird, wenn Lautstärke und Einfluss erhöht werden.

Nachdem die Wahrsagerin in Philippi zum Schweigen gebracht worden war, dauerte es nicht lange, bis die Einflussreichen der Stadt durch die Verbreitung der Evangeliumsbotschaft mit ihrer kraftvollen Wirkung auf das Leben gewöhnlicher Menschen so sehr beunruhigt waren, dass sie entschieden, genug ist genug, und Paulus und Silas ins Gefängnis brachten. Diese Geschichte beflügelt meinen Geist, weil es ihr Lobpreis war, der sie befreite. Die Bibel sagt, es war »um Mitternacht«, als die beiden Männer zu singen begannen (siehe Apg 16,25). Sie fanden in ihrem Lied nicht nur Kraft, sondern auch Freude in Zeiten der Not. Ich glaube, dass in vergleichbarer Weise auch unser Lobpreis die Stille bricht, anderen die Gefängnistüren öffnet und Gefangene befreit.

Der Teufel würde dich liebend gerne gefesselt und unter seiner Kontrolle halten. Er würde nichts lieber tun, als dein Leben, deine Finanzen und deine Beziehungen zu kontrollieren und dich davon abzuhalten, nach vorne und nach oben zu dem Mehr vorzudringen, das Gott für dich bereithält. Er will, dass du in der Angst vor Enttäuschung, in Scham und Schuldgefühlen und in der Falle der Sünde verstrickt bleibst. Es ist erstaunlich, wie oft wir seinem Plan, uns zu kontrollieren, Vorschub leisten, weil wir versuchen, unsere Probleme selbst zu meistern, indem wir uns Sorgen machen oder ausschließlich nach natürlichen Lösungen suchen. Aber erst wenn wir unsere Probleme und die Kontrolle über unser Leben Christus übergeben, verweigern wir dem Feind das Herrschaftsgebiet und erleben, wie Freiheit hereinbricht.

König David tanzte ausgelassen herum. Die Psalmen zeugen von seinem Lobpreis, und als seine Frau versuchte, ihn mit ihrer zügelnden Art einzuengen, tanzte David nur umso mehr.

Ich möchte Menschen niemals durch Kleingeistigkeit einengen, die ich vielleicht selbst in irgendeinem Bereich haben mag. Mein ganzer Dienst dreht sich darum, Menschen dazu auszurüsten und zu befähigen, alles zu sein, wozu Gott sie berufen hat. Und das wünsche ich mir auch für dich. Grenze Menschen nicht ein, mache sie nicht durch kleines Denken klein. Genauso wenig erlaube es anderen, dir dieses Gefühl zu geben. Lass dein Denken durch Lobpreis, Partnerschaft und Gebet verändern. Lebe in einer Weise laut, die dem Feind keine Gelegenheit gibt, in deinem Leben ein Bollwerk zu errichten. Die religiösen Führer in Korinth waren verärgert, als Paulus die Menschen lehrte, »Gott auf eine Art zu verehren, die wider das Gesetz ist«(Apg 18,13 ZÜB). Doch wenn Jesus die Quelle ist, gibt es keine Verurteilung und Begrenzung in Christus. Stattdessen muss unsere Anbetung von Freiheit geprägt sein – der Entscheidung, Gott mit unseren Lippen und unserem Leben zu ehren.

Ich kann dich gar nicht genug dazu ermutigen, dem Feind sein Vergnügen zu verwehren. Lebe mit einem Sinn für Visionen, verbinde sie mit etwas, das dem Reich Gottes dient und mache dein Leben zu einer Festung der Widerstandskraft, des Fortschritts und des Segens. Um dem Feind jeglichen Vorteil vorzuenthalten, umgib dich mit guten Menschen; werde dir der Kraft der Gemeinschaft bewusst, die die Pläne des Feindes zu verdrängen vermag.

Du kannst die Dinge überwinden, die sich dir in den Weg stellen – Versuchung, Sünde, Furcht, Entmutigung, Depression, Sorge, Hoffnungslosigkeit, Sucht, Zorn, Kapitulation, Täuschung, Müdigkeit, Burnout, Stress, Verzweiflung, schlechte Entscheidungen, mangelnde Weisheit, Abhängigkeiten, Unsicherheit, fehlende Zuversicht, Krankheit, Schmerz, Verrat, Kummer, Rückschritt, Verwirrung –, indem du ein Leben führst, das sich dem Teufel widersetzt. Wir können trotz jedem dieser Umstände frei sein, wenn wir von der Frucht des Geistes geprägt sind: Liebe, Freude, Friede, Geduld, Freundlichkeit, Güte, Treue, Sanftmut und Selbstbeherrschung. Angesichts von Ungerechtigkeit können wir die andere Wange hinhalten. Angesichts von Krankheit können wir ewige Heilung ausrufen. Angesichts von Mangel im Natürlichen können wir geistliche Fülle verkünden. Wir können den Plänen des Feindes schaden, mit denen er uns eigentlich Schaden zufügen wollte.

Jetzt ist die richtige Zeit. Säe das Wort Gottes in dein Herz und entscheide dich, mit deinem Leben alle Verheißungen Gottes zu verfolgen – seine *überfließenden* Verheißungen. Heute ist der Tag, um aufzustehen, sich hinzustellen, kühn und mutig zu sein, den Störenfried lautstark zu stören und in Gottes Weitaus-mehr-als-du-erbitten-oder-erdenken-kannst-Verheißungen einzutreten.

11

Außergewöhnliche Gnade
und ungewöhnliche Wunder

Ich glaube an Wunder. An die unerklärlichen. An die großen.
Die kleinen. Die alltäglichen. Die besonderen. Ich habe Wunder
erlebt – habe sie selbst empfangen und für andere darum gebeten.
Wenn du in den Gottesdienst einer Hillsong Church gehst, wirst
du höchstwahrscheinlich Berichte über Gebetserhörungen zu hören bekommen, egal, zu welcher Zeit und in welchem Land der
Erde. Wir sind eine Kirche, die gute Neuigkeiten feiert. Bevor wir
für die Bedürfnisse der Menschen beten (was wir auch während
der Gottesdienste tun), geben wir Gott die Ehre, indem wir das
Gute bezeugen, das in den Leben der Menschen in unserer Gemeinschaft geschieht. Wir danken ihm für die großen Wunder
und auch für die kleinen. Wir feiern Siege und applaudieren sogar
(wenn auch nur für einen kurzen Moment) den Gebetserhörungen.

Ich habe gesehen, wie Familien anonym Segnungen erhielten,
Einzelne unerklärliche Heilung erlebten, Ärzte über ungewöhnliche Durchbrüche staunten, Geschäftsleute außergewöhnliche Er-
folge erzielten und Menschen gerettet, wiederhergestellt und auf
ganz außerordentliche Weise zurück in die Beziehung mit Jesus
gebracht wurden.

Genauso habe ich aber auch gesehen, wie Menschen sich durch unbeantwortete Gebete kämpften und den Kummer von Situationen erlebten, die sich nicht so entwickelten, wie sie es erbeten hatten. Ich habe Eltern gesehen, die gebetet haben und trotzdem Babys zur Welt brachten, die sie nie lebendig im Arm halten durften. Ich habe erlebt, wie gute Männer und Frauen in die Knie gingen, weil ein enormer Verlust dem anderen folgte. Ich habe den Tod auf unerwartete Weise kommen sehen, und ich habe ihn schleichend kommen sehen, trotz der treuen Gebete vieler. Ich wünschte, ich könnte sagen, dass jedes meiner Gebete zu Wundern geführt hat, aber das wäre natürlich nicht die Wahrheit; es hat auch erhebliche Enttäuschungen gegeben. Dennoch habe ich beobachtet, wie Menschen sowohl aus Wundern als auch Enttäuschungen mit der zuversichtlichen Erklärung hervorgingen, dass sie für immer an einen Gott glauben werden, der das Außergewöhnliche tut. Viele Male habe ich Menschen dazu ermutigt, ihre Glaubensüberzeugungen niemals auf die Ebene ihrer Erfahrung sinken zu lassen, sondern weiter entschlossen zu bleiben, ihre Erfahrung auf die Ebene ihres Glaubens zu heben.

Ich glaube, dass es gefährlich ist, für Wunder zu beten; es ist mutig und furchterregend und trotzt allem, was im natürlichen Leben üblich ist. Wie steht es mit dir? Erwartest du noch Wunder im Glauben? Betest du für das Unmögliche und bittest Gott um das, was andere für unüblich, ungewöhnlich oder unerreichbar halten? Viele Jahre lang hatte eine Frau in unserer Gemeinde im Leiterschaftsteam eine Position inne, in der sie mit der Entwicklung sozialer Projekte betraut war. Ich erinnere mich an den Tag, an dem sie zu mir kam und sagte, dass sie sich dazu angeregt fühle, für ein öffentliches Amt zu kandidieren. Ich dachte, sie sei verrückt. Ihre Zuversicht, einen Sitz in unserer Regierung zu bekommen, war nicht nur ungewöhnlich, sondern ihr Ziel erschien

Leuten, die wussten, dass vieles gegen sie sprach, auch unerreichbar. Dennoch hielt sie vertrauensvoll an dem fest, was Gott zu ihr gesprochen hatte. Sie bekam nicht nur einen Sitz bei der nächsten Wahl, sondern hielt diese Position auch zwölf Jahre lang. Mit ihrer Glaubwürdigkeit und ihrem unerschütterlichen Einsatz für Verbesserungen in der Gesellschaft gewann sie gleichermaßen den Respekt ihrer Kollegen und Wähler.

Lass mich also nochmal fragen: Bittest du Gott mit deinen Gebeten und Anliegen um Dinge, die andere für unüblich, ungewöhnlich oder unerreichbar halten?

Ein ungewöhnliches Manifest

Jesus zu dienen ist in jeder Hinsicht ungewöhnlich, nicht der Norm entsprechend und besonders. Wir haben bereits festgehalten, dass sein Reich ein auf den Kopf gestelltes ist und dass sein Aufruf an seine Anhänger der vorherrschenden Kultur zuwiderläuft.

In der sternenklaren Nacht, als Jesus geboren wurde, wurde eine von vielen unerhörten Aussagen getroffen, als eine Schar von Engeln den Nachthimmel erhellte und erklärte: »Friede auf Erden, Wohlwollen den Menschen gegenüber!« (Lk 2,14 KJV). In einer Zeit voller Unruhen, geprägt von Herrschern, die alles *außer* Frieden im Sinn hatten, war das eine radikale Erklärung: Es war wahrhaftig ein neuer König geboren, und mit ihm ein neuer Weg.

Jesu ganzes Leben war gekennzeichnet von ungewöhnlichen Begegnungen und Wundern; sein Dasein auf der Erde war von außergewöhnlicher Gnade und Barmherzigkeit bestimmt. Der Sohn Gottes kam mit einer gefährlichen Erklärung in die Welt. Sein Evangelium war ein neuer Weg, und nicht nur hinterließ seine Bergpredigt bei den Menschen Ehrfurcht vor diesem heiligen

Mann, sondern die Seligpreisungen und das Vaterunser, die folgten, gaben uns auch ein aufrührerisches Manifest als Richtlinie für unser Leben:

Selig sind, die nach Gerechtigkeit hungern und dürsten.
Selig sind, die da trauern.
Selig sind die Friedensstifter.
Selig bist du, wenn du am Ende deiner Kräfte bist.
(siehe Matthäus 5)

Auf den ersten Blick scheint es bei den Seligpreisungen um ein Leben des Weniger zu gehen – und das stimmt auch in vielerlei Hinsicht! Es geht um weniger Bedeutungsloses und mehr Bedeutsames, um weniger Lärm und mehr Musik, weniger Hektik und mehr Ruhe, weniger von den Dingen, die die Welt für wichtig hält, und mehr von dem, was Gott wichtig ist. In Gottes Ökonomie dreht sich alles um *wie gut* und nicht um *wie viel*. In den Seligpreisungen liegt die Betonung weniger auf dem Gesetz und mehr auf der Gnade; es geht weniger um äußerliche Dinge und mehr um Inneres (Dinge des Herzens).

Seltsame, rare, unübliche, atypische, außergewöhnliche, bemerkenswerte, überraschende Lehre.

Im Verlauf der Weltgeschichte hallten viele solcher Erklärungen in heiligen Hallen und über den Äther wider und fanden ihren Weg in die Geschichtsbücher. Martin Luther King jr. stand 1963 auf den Stufen des Lincoln Memorials und verkündete: »Ich habe einen Traum.« Im Jahr 1776 schlossen sich dreizehn amerikanische Kolonien zu einem Aufstand gegen die Truppen Großbritanniens zusammen und schufen die Unabhängigkeitserklärung. Es war die Geburtsstunde einer ganz neuen Nation, die Wege beschritt, die der herrschenden Kultur zuwiderliefen.

Nicht alle Erklärungen sind es wert, wiederholt zu werden. Adolf Hitler erklärte seine politischen Ideologien und seine Macht durch sein zum Teil im Gefängnis verfasstes Manifest *Mein Kampf*, das eine ganze Nation zu einem verzerrten Weltbild bekehrte und in ein böses Kapitel der Geschichte führte.

Was erklärt das Manifest deines Lebens?

Es war ein Sommerabend und meine noch kleinen Enkelkinder spielten Fangen, dabei rannten sie ins Haus und wieder hinaus, genau dort, wo eine riesige und schwere Vollholztür unseren Eingang schmückte und jeden Tag auf und zu schwang. Nur wenige Momente später, während die Kinder erschöpft im sicheren Wohnzimmer saßen, erschütterte ein mächtiger Knall das gesamte Erdgeschoss unseres Vorstadthauses. Schnell stellten wir fest, dass die riesige Eingangstür – die zu schwer war, um von einer Person angehoben zu werden – vollständig aus den Angeln gerissen und auf die Holzdielen vor den Eingangsstufen gekracht war. (Später erfuhren wir, dass die Tür defekte Scharniere hatte.) Der Schaden war groß, aber die Auswirkungen hätten viel verheerender sein können, wenn eines der Kinder zum Zeitpunkt des Vorfalls in der Nähe gewesen wäre.

Ich glaube, dass wir in einer Welt mit defekten Scharnieren leben – einer Welt, die jederzeit aus den Angeln gehoben werden kann, je nachdem, was Menschen verkünden, sei es Gutes oder Schlechtes. Nichtsdestotrotz dienen wir einem Gott, an dem die gesamte Geschichte hängt. Ohne Jesus Christus als zuverlässiges Scharnier, das das tägliche Auf und Ab und Hin und Her sichert, heben sich alle Dinge aus den Angeln und verlieren die Kraft, das Gewicht einer knarrenden, allmählich kippenden und unberechenbar zwischen Leben und Tod, Gut und Böse pendelnden Tür zu tragen.

Christus kann im Mittelpunkt deines Lebens stehen – sicher und sorgfältig befestigt, um die Tür zu vergangenen, verletzenden und schmerzhaften Dingen zuschwingen zu lassen und die Tür zu neuen Horizonten, Plänen und Zielen zu öffnen. Wenn er im Mittelpunkt steht, kann das Manifest deines Lebens die mächtige Wahrheit verkünden, dass der Weg Christi – so außerordentlich, ungewöhnlich und allem zuwiderlaufend er auch sein mag – Liebe, Freude und Friede und für alle ist.

Jesu Erklärung wird Menschen für immer dazu befähigen, sich um eine gemeinsame Sache zu vereinen, und zwar genau die Sache, wegen der er in die Welt gekommen ist: damit alle Leben haben und es in Fülle haben.

Ungewöhnliche Menschen

Es war ein ganz normaler Tag in Jerusalem. Ich stelle mir vor, dass die Sonne auf das Stadttor herunterbrannte, als dieselben beiden Freunde, die die Stadt »gestört« hatten, gemeinsam auf dem Weg zum Tempel waren. Vielleicht waren sie ins Gespräch vertieft und diskutierten, was sie an diesem Nachmittag predigen sollten, als sie von einer müden und kratzigen Stimme unterbrochen wurden, die um Geld bettelte. Bei genauerem Hinsehen stellten die beiden Männer fest, dass dieser Bettler nicht laufen konnte. Die Reaktion des älteren der beiden Jünger war die eines Mannes, der erwartete, trotz seiner Unzulänglichkeiten und seines Menschseins von Gott gebraucht zu werden. Petrus sprach diese kraftvollen Worte: »Silber und Gold habe ich nicht. Aber was ich habe, werde ich dir geben: Im Namen von Jesus aus Nazareth, dem Messias: Steh auf und geh!« (Apg 3,6 NEÜ). Im selben Moment wurde ein verkrüppelter Bettler geheilt und die gesamte Gemeinschaft von religiösen Führern und Amtsleuten war verblüfft, dass ein paar ganz gewöhnliche, durchschnittliche und etwas seltsame Männer von Gott dazu gebraucht werden konnten, ein solches Wunder zu vollbringen. »Als sie aber die Freimütigkeit des Petrus und Johannes sahen und bemerkten, dass es ungelehrte und ungebildete Leute seien, verwunderten sie sich; und sie erkannten sie, dass sie mit Jesus gewesen waren« (Apg 4,13 ELB).

In jenem Moment widerlegte Gott das althergebrachte Vorurteil, das man von sozialem Rang oder vornehmer Herkunft sein musste, um vom Herrn gebraucht zu werden. Das einfache, gewöhnliche, untypische Wesen derer, die er sich als Werkzeug für sein Wirken ausgesucht hatte, zeugte von seiner verändernden Kraft und seiner gnädigen Art.

Hast du jemals das Gefühl gehabt, für ein Leben der außergewöhnlichen Gunst nicht geeignet zu sein? Dann lass dir sagen, dass du dich in guter Gesellschaft befindest. Kein einziger von Jesu Jüngern war geeignet! Nicht nur das, sondern oft gebraucht Gott gerade die Gewöhnlichen, Normalen, Untypischen unter uns, um seine wunderwirkende Kraft zu demonstrieren.

Es ist ein ernüchternder Gedanke, wenn man sich klarmacht, dass Petrus und Johannes in vielen Denominationen heutzutage nicht für den Dienst qualifiziert wären. Ihre Bildung war schlecht und sie waren nicht ausreichend geschult. Sich für die eigene Berufung schulen zu lassen, zeugt von großer Weisheit, und Bildung ist eine große Bereicherung, aber letztendlich kann weder das eine noch das andere die Gnade Gottes und die Salbung des Heiligen Geistes ersetzen. Fast alle Jünger, sogar Jesus selbst, kamen aus dem Handwerk und nicht aus der oberen Schicht. Fischer, Zeltmacher und Zimmerleute – sie waren das, was Australier »Tradies« (von engl. *trade* = Handwerk) nennen. Sie waren Handwerker. Ich rate dir, lass nur Gott und sonst niemand deinem Leben Grenzen setzen. Seine Wege übertreffen bei weitem alles.

Hast du jemals den Namen Ananias gehört? Weißt du, wer er war und was er getan hat? War er ein großer Prediger? Ein Ältester, ein Dekan oder ein König? Die Bibel erzählt uns nichts Außergewöhnliches über diesen Mann. Apostelgeschichte 22,12 (NEÜ) stellt lediglich fest: Er war »ein frommer und gesetzestreuer Mann, der bei allen Juden in der Stadt hoch angesehen war«. Aber es war Ananias, den Gott sandte, um Saulus – einen zukünftigen Apostel – von seiner Blindheit zu heilen. Es war Ananias, der den Weg für einen bemerkenswerten Dienst bahnte, durchgeführt von einem wiederhergestellten, geheilten Saulus. Ein Apostel, der von einem Jünger geheilt wurde. Man könnte sagen, dass das Gewöhnliche das Weise zunichtegemacht hat, um die späteren Worte von Saulus (Paulus) aufzugreifen:

Denkt einmal an das, was ihr vor eurer Berufung wart, liebe Geschwister! Da gab es nicht viele, die nach menschlichen Maßstäben weise, einflussreich oder prominent gewesen wären, sondern Gott hat das ausgewählt, was nach dem Maßstab der Welt einfältig und schwach ist – um die Weisen und Mächtigen zu beschämen. Er erwählte das, was in der Welt als niedrig und bedeutungslos gilt; das, was für sie nichts zählt, um das, was für sie zählt, zunichtezumachen. Niemand soll sich vor Gott rühmen können. – 1. Korinther 1,26–29 NEÜ

Ich hoffe, du erwartest, von Gott gebraucht zu werden. Ich bete, dass du trotz der Tatsache, dass du dich vielleicht »nur als Frau des Pastors« oder »nur als Buchhalter« oder als »einfache Hausfrau« oder als »Leiter eines unbedeutenden Dienstes« siehst, heute begreifst, dass Gott mit Menschen, auf die er seine Hände gelegt hat, etwas Außerordentliches und Außergewöhnliches tun möchte, und das schließt dich mit ein. In den Momenten, in denen wir uns untauglich, klein und unwichtig fühlen – in den gewöhnlichen, alltäglichen, einfachen und ruhigen Momenten –, können wir Gott zu uns sprechen, ihn in uns hineinhauchen lassen und es ihm erlauben, uns für seine Absichten zu gebrauchen. Trotz unserer Unzulänglichkeiten können wir uns entscheiden, unsere Hände zu öffnen oder unsere Augen zu heben oder in unsere Taschen zu greifen oder etwas tiefer zu graben, um zu beweisen, dass unser außergewöhnlicher Gott gewöhnliche Menschen gebraucht – dass seine Wege *in der Tat* einzigartig, unüblich und manchmal sogar außergewöhnlich sind.

Außergewöhnliche Wunder

Die Sonne ging unter, während Bobbie und ich in Newport Beach, Kalifornien, mit unseren lieben Freunden Nick und Christine Caine zum gemeinsamen Abendessen am Tisch saßen und auf ein weiteres Ehepaar warteten. Wir kannten Matt und Laurie Crouch, aber privat hatten wir nie wirklich viel Zeit mit den beiden verbracht, obwohl meine Fernsehsendung schon seit vielen Jahren auf dem Sender *Trinity Broadcasting Network* (TBN) lief. Doch jenes war ein Jahr, in dem unsere ganze Kirche im Glauben außergewöhnliche Wunder erwartete, und an diesem Abend sollte ein *sehr* großes Wunder geschehen.

Matt ist Vorsitzender von TBN und er und Laurie leisten großartige Arbeit damit, das weltweit größte christliche Sendernetzwerk in die zweite Generation und in die Zukunft zu führen. Das Treffen kam fast nicht zustande. Es gab Verwirrung darüber, auf welchen Abend wir uns geeinigt hatten, also saßen wir da und warteten und warteten auf ihr Eintreffen. Schließlich schickte Christine eine Textnachricht an Laurie, die mit Matt gerade einen Film genoss, weil ihr nicht bewusst war, dass wir uns an jenem Abend treffen wollten. Schnell verließen sie das Kino und fuhren direkt zum Restaurant, wo wir gerade mit unseren Desserts begannen.

Nur wenige Momente, nachdem sich alle begrüßt und wieder gesetzt hatten, beugte sich Matt zu mir herüber und fragte: »Brian, hast du jemals an einen eigenen Hillsong-Kanal gedacht?«

Ich nahm mir einen Moment Zeit, um über seine Frage nachzudenken, bevor ich sagte: »Nun, ja, ich hab darüber nachgedacht, aber …« Tatsächlich hatte ich lediglich an einen australischen Sender gedacht und wir waren auch schon dabei, das zu realisieren. Aber für mich war schon das ein Wunder, ohne mir auch nur vorstellen zu können, dass Gott im Begriff stand, etwas weitaus Größeres zu tun, etwas, das alles überstieg, was ich mir hätte erbitten, erdenken oder ausmalen können. Die Frage brachte mich etwas aus der Fassung, aber Matt hatte definitiv meine volle Aufmerksamkeit (was nicht unbedingt immer meine Stärke ist). Er erzählte mir dann von der riesigen Satellitenschüssel, die sie direkt vor ihren Studios in Tustin, nur ein paar Kilometer entfernt von dem Restaurant, in dem wir saßen, aufgestellt hatten. Diese Satellitenschüssel konnte Mehrfachsignale an diverse Rundfunksatelliten übertragen, die diese Signale dann zu verschiedenen Kontinenten auf der ganzen Welt weiterleiteten. Er sprach darüber, wie es funktionieren könnte, und eine ganze Weile fragte ich mich, ob das, was ich hörte, auch wirklich das war, was er sagte. Lud er uns tatsächlich in die Senderfamilie des Trinity Broadcasting Networks ein, um dem ehemaligen *Church Channel* ein neues Gesicht und eine neue Ausrichtung zu geben?

Als wir uns schließlich voneinander verabschiedeten, wandte ich mich zu meinem Freund Nick und fragte: »Hat er gesagt, was ich denke, was er gesagt hat?«

Nick antwortete: »Ich glaube schon.«

Also bat ich ihn, das Gesagte stichpunktartig aufzuschreiben, als Bestätigung für mich, dass ich richtig gehört hatte.

Acht, neun Monate und zahlreiche Gespräche und Treffen später gingen wir schließlich einen förmlichen Vertrag ein, der gekennzeichnet war von der Großzügigkeit dieses Paares und der Gunst Gottes. Am 1. Juni 2016 schaltete ich mit Tränen in den Augen kurz vor 24 Uhr den Sender ein, auf dem der Countdown lief, und pünktlich um Mitternacht begann der Sendebetrieb. Was für ein überaus außergewöhnliches Wunder!

Ich staune noch immer, wenn ich an diese Momente zurückdenke, und bin von diesem ungewöhnlichen Wunder überwältigt. Nicht in einer Million Jahre hätte ich mir ein Geschenk von solcher Bedeutung und die Chance auf einen solchen Einfluss im Rundfunksektor vorstellen können. Heute haben wir ein wachsendes Team von Leuten, das rund um die Uhr damit beschäftigt ist, der Welt Leben, Hoffnung und Ermutigung durch eine einzigartige Programmgestaltung und innovative Inhalte einzuhauchen. Diese werden 24 Stunden am Tag, 7 Tage die Woche in die Haushalte von Millionen Zuschauern in den südlichsten und nördlichsten Regionen der Erde ausgestrahlt. Ein wirkliches Wunder – und ein riesiger Glaubensschritt, der ständiges Gebet und laufende Unterstützung erfordert. Aber das wäre gar nicht erst möglich gewesen, wenn Matt nicht dem Heiligen Geist gehorsam gewesen wäre und kein so freigiebiges und großzügiges Herz gehabt hätte.

Mir ist klar geworden, dass die meisten Wunder ungewöhnlich sind. Denk nur an die bekannten Geschichten der Bibel. Als Gott sein Volk nach dem Auszug aus Ägypten retten wollte, teilte

er das Rote Meer. Er legte einen Weg durch die riesigen Wasser-
massen hindurch frei, anschließend ließ er die Wasserwände zu-
sammenfallen, um so den Feind zu besiegen. Josua 10 erzählt uns
von einem Tag, wie ihn die Welt noch nie erlebt hat, weder davor noch danach. Die Sonne blieb am Himmel stehen, sodass das
Volk Gottes den Sieg erringen konnte. Der Allmächtige verschloss
die Mäuler der Löwen, kühlte den feurigen Ofen und verwandelte
einfaches Wasser in Wein.

Ich frage mich, welche ungewöhnlichen Dinge Gott in deinem
Leben tun kann – nicht nur *in* deinem Leben, sondern auch *durch*
dein Leben.

Das Neue Testament sagt, dass zu Zeiten der Apostel »Gott
Paulus die Kraft [verlieh], ungewöhnliche Wunder zu bewirken.
Wenn man zum Beispiel Tücher oder Kleidungsstücke, die seine
Haut berührt hatten, Kranken auflegte, wurden sie gesund, und
wenn sie von bösen Geistern besessen waren, fuhren diese aus ihnen aus« (Apg 19,11–12 NLB). Wie Paulus möchte auch ich ein Leben führen, das die Menschen durch die Gabe ungewöhnlicher
Wunder auf Jesus hinweist. Mit dem Heiligen Geist, der in mir
wirkt, möchte ich der Großzügigkeit des Vaters Raum geben und
ein Leuchtfeuer der Errettung, Hoffnung und des Lebens sein, das
anderen den Weg zum Sohn weist. Unterschätze nicht, was Gott
in dir und durch dich tun möchte. Vergiss nicht, zu bitten, zu suchen und anzuklopfen und die Fülle seiner Gaben und die Reich-
tümer seines Willens zu begehren.

Ich glaube, Gott möchte, dass du in dein volles Erbe als Sohn
oder Tochter des Allerhöchsten eintrittst. Übernatürliche, lebensverändernde Wunder sind in der Tat dein Erbteil und Gott möchte dir begegnen und auf höchst ungewöhnliche Weisen durch dich
wirken.

Ungewöhnliche Wege

Sein Name war Mark. Es war eine schreckliche Zeit. Er hatte seine Kinder monatelang nicht gesehen, nachdem seine Frau ihn wegen eines anderen verlassen hatte. Nicht lange nach dem Scheitern seiner zweiten Ehe erhielt er eine unerwartete Krebsdiagnose. Das Leben lastete zu schwer und war unerträglich geworden, also beschloss Mark, allem ein Ende zu setzen. Der höchste Punkt der Kleinstadt Mount Gravatt befand sich auf dem gleichnamigen Berg und als er die Adresse in sein Navi eingab, wusste er, dies würde seine letzte Fahrt sein.

Als er Mount Gravatt erreichte, verlangsamte sich genau am Fuße des Berges der Verkehr auf Schritttempo, da eine lange Autoschlange auf einen großen Parkplatz einfädelte, der ein Gebäude umgab, in das Menschenmengen hineinströmten. Ordner mit freundlichen Gesichtern und übergestreiften Warnwesten dirigierten die Autoschlangen auf den großflächigen Parkplatz. Am Eingang hing ein riesiges Schild, auf dem in Schreibschrift »Willkommen zu Hause« stand. Widerwillig folgte er den anderen. Als er im dafür vorgesehenen Bereich parkte, stellte er fest, dass es keine Möglichkeit gab, den von Menschen überfüllten Parkplatz wieder zu verlassen. Während er sich einen Weg zum Gebäude bahnte, murmelte er leise: »Gott, das ist deine letzte Chance.« Nachdem er von einem halben Dutzend Menschen begrüßt und dann zu einem Platz in dem hellerleuchteten Gebäude am Fuße dieses Berges geführt worden war, veränderte sich an einem einzigen Abend sein Leben radikal.

Heute ist Mark ein sehr engagierter freiwilliger Mitarbeiter an unserem Campus in Brisbane, wo er jedes Wochenende in dem für Veranstaltungen verantwortlichen Sicherheitsteam arbeitet. Vor über drei Jahren, als seine Frau ihn mit gebrochenem Herzen zurückgelassen hatte und er seine düstere Diagnose erhielt, war sein Leben ein Trümmerhaufen. Nicht in einer Million Jahre hatte er erwartet, am Fuße des Berges, von dem er sich hinunterstürzen wollte, ein hell erleuchtetes Kirchengebäude vorzufinden, aber es war ein Freitagabend gewesen und die Menschen in dem überfüllten Gebäude hatten ihn zum Bleiben eingeladen. An jenem Abend fand Mark am Altar in unserem ständig wachsenden Campus in Brisbane zu Jesus. Seitdem ist er getauft worden und die Beziehung zu seinen Kindern ist wiederhergestellt.

Gott begegnet uns manchmal auf höchst ungewöhnlichen Wegen. Wenn wir am Ende unserer Kräfte sind und nicht mehr weiterwissen, hat er gerade erst angefangen. Wir sind zu einem außergewöhnlichen Leben berufen, für besondere Zwecke ausgewählt und zu außerordentlichem Segen bestimmt.

An dem Tag, an dem Mark plante, Selbstmord zu begehen, fühlte er sich, als hätte er der Welt nichts mehr zu bieten – als hätte er nichts Sinnvolles oder Gutes mehr beizutragen. Heute hilft er jede Woche treu, die Menschen in der Gemeinde, die er liebt und in der sein Leben für immer verändert wurde, willkommen zu heißen und für ihre Sicherheit zu sorgen.

In 2. Mose 35 ist der Tag beschrieben, an dem Mose das ganze Volk versammelte und die Menschen damit beauftragte, die Stiftshütte zu bauen, so wie der Herr es befohlen hatte. Er holte sich Hilfe von Fachleuten aus allen möglichen Handwerken und ermutigte auch alle anderen, sich an dieser heiligen Arbeit zu beteiligen. In Vers 35 (NLB) berichtet der Chronist über die letzten der Arbeiter, die hinzugezogen wurden: »Der Herr hat sie in besonderer Weise zu allen möglichen handwerklichen Arbeiten befähigt und auch zu Webe- und Stickereiarbeiten mit violettem, purpur- und karmesinfarbenem Garn und feinem Leinen. Sie können sie entwerfen und kunstvoll ausführen.« *In besonderer Weise befähigt.*

Lieber Freund, das Werk des Herrn, der Missionsbefehl und der Aufruf, sein Haus zu bauen, erfordern, dass alle daran teilnehmen. Welche Fähigkeit du auch haben magst, bring sie mit der ganzen Leidenschaft und Begeisterung ein, die du aufbringen kannst. Entscheide für dich, dass deine einzigartigen Stärken und Gaben in der Tat dazu ausgesondert sind, das Werk des Herrn zu tun, und dann leg los, egal, wie ungewöhnlich oder unüblich sie dir erscheinen mögen.

Genauso müssen wir von außerordentlicher Weisheit erfüllt und entschlossen sein, außergewöhnlichen Einfluss zu haben, wenn wir unser Leben in ganzer Fülle leben wollen. Sacharja war ein Torwächter, der bestimmte, wer die Stadtmauern passieren durfte und wer nicht. Die Bibel bezeichnet ihn als einen »Mann von großer Weisheit« (1Chr 26,14 NLB). Ich glaube, dass auch wir Gott um diese Art von Weisheit bitten müssen – dass Leiter, Eltern und junge Menschen wissen sollten, wen sie ihn ihr Leben hineinlassen und was sie aus ihrem Leben heraushalten. Ihre Bestimmungen sind zu wichtig, um einfach alles und jeden hineinzulassen. Lass uns darauf vertrauen, dass wir für unseren Alltag außergewöhnliche Weisheit empfangen – übernatürliche, prophetische, instinktive und intuitive Weisheit, die allem Üblichen und Gewöhnlichen trotzt.

Sei eine Person, die sich fest entschieden hat, auf den Heiligen Geist zu hören. Enthülle und finde heraus, welche einzigartigen Begabungen du hast, und suche und entdecke den Weg, den der Herr für dich vorgesehen hat.

Außergewöhnliche Gnade

Ich nehme mal an, diese *außergewöhnliche Gnade* führt zu der Frage: Was ist *gewöhnliche* Gnade? Tatsächlich aber ist Gnade schon vom Wesen her ganz und gar außergewöhnlich. Die außerordentliche Liebe, die uns am Kreuz von Golgatha erwiesen wurde, sollte den Anstoß dazu geben, dass wir ein sinnvolles und zielgerichtetes Leben in größerer Tiefe und Breite führen.

Die Gnade Gottes ist (im besten Sinne des Wortes) immer verschwenderisch und niemals verdient, und sie wird immer wieder auf uns ausgegossen, wenn wir täglich die Entscheidung treffen, aus der Offenbarung aus Epheser 3 heraus zu leben – indem wir vertrauen, gehorchen und an das Überfließende, reichlich Vorhandene und darüber Hinausgehende glauben.

Bevor ich dieses Kapitel schließe, möchte ich dich dazu auffordern, kühne Gebete zu beten, mutige Aussagen zu treffen und gegen alle Widerstände ungewöhnliche Wunder im Glauben zu erwarten. Die Liebe und die Gnade Gottes haben Anspruch auf unser Bestes und schaffen uns eine Möglichkeit, für solche Dinge nicht nur zu beten, sondern sie auch zu erleben. Mögest du, wenn du kühn und mutig im Glauben auf ungewöhnliche Wunder vertraust und von ganzem Herzen betest, wie Jesus es uns in Matthäus 6,10 gelehrt hat – »Dein Wille möge geschehen« –, von nun an verstehen, dass sein Wille viel spannender, ungewöhnlicher, aufregender und wundervoller ist als selbst deine kühnsten Träume. Wie 2. Korinther 4,7 (HFA) erklärt: »Diesen kostbaren Schatz tragen wir in uns, obwohl wir nur zerbrechliche Gefäße sind. So wird jeder erkennen, dass die außerordentliche Kraft, die in uns wirkt, von Gott kommt und nicht von uns selbst.«

Es geht nicht um das zerbrechliche Gefäß, um das gewöhnliche Behältnis; es geht um die außergewöhnliche Gnade und ungewöhnliche Gunst, die Gott uns geschenkt hat. Der Preis, den Jesus gezahlt hat, verdient unser Bestes, und diese einzigartige, außergewöhnliche, unübliche, außerordentliche, untypische und gefährliche Deklaration, die wir in uns tragen, benötigt eine Gemeinde und Menschen, die ihr Leben dafür geben, um sie verwirklicht zu sehen.

12

Neue Straßen, neue Flüsse

Bist du eher ein Sonnenaufgangs- oder ein Sonnenuntergangs-typ? Lebst du im Norden oder im Süden, im Osten oder im Westen? Natürlich lebt nicht jeder so nah am Meer wie wir, also frage ich mich, wie ein Sonnenaufgang oder Sonnenuntergang wohl für dich aussieht. Aber egal, ob man im Flachland oder in den Bergen die Sonne begrüßt oder ihren letzten Strahlen Lebewohl sagt, das Bild, das die Sonne in dem Himmel malt, ist immer wunderschön!

Sydney liegt an Australiens Ostküste und bietet uns den Luxus zahlreicher herrlicher Strände, die sich entlang der Küste aneinanderreihen. Ich kann mich nicht darüber beklagen, dass Bobbie und ich vor vierzig Jahren dazu berufen wurden, genau in diese Stadt umzusiedeln. Sie gehört zu dem »weitaus Mehr«, mit dem Gott uns beschenkt hat.

Und der Ort, an dem ich schon viele Male aufwachen durfte, liegt im östlichen Teil der Metropole Sydney, am Bondi Beach, dem weltberühmten halbmondförmigen weißen Sandstrand mit seinen riesigen Dünungswellen. Wenn du an diesem wunderschönen Stück Natur an einem klaren Tag früh genug aufwachst, wirst du Gottes Schönheit in Form eines einzigartigen australischen Sonnenaufgangs erleben.

Kurz bevor die Nacht der frühen Dämmerung weicht, bildet sich am Horizont eine zunächst fast nicht wahrnehmbare Linie, und dann, wenn diese Linie heller wird, verändert sich ihre Form und wird zu einem unverkennbaren Glühen, das irgendwie wissen lässt, dass da noch sehr viel mehr kommt. Und tatsächlich, plötzlich kriechen goldene Strahlen hinter dem Horizont hervor. Herrlich strahlend und zielstrebig schieben sie sich entschlossen in den Himmel und verkünden, dass ein neuer Tag angebrochen ist.

Was ist mit dir? Hast du in letzter Zeit mal durch deine Schlafzimmergardinen geschaut, um bei Tagesanbruch die Lebendigkeit am Horizont zu bewundern oder das Sonnenlicht, das durch die Bäume tanzt und Schatten an die Wände wirft? Jeder einzelne Sonnenaufgang ist anders. Jeder einzelne Tag bringt etwas Neues mit sich. Hast du in letzter Zeit mal am Straßenrand angehalten und hast tief die Frische eines neuen Tages eingeatmet und dich – mit Dankbarkeit – daran erinnert, dass jeder Tag mit Jesus voll mit neuem Leben und neuen Chancen, neuer Gnade und neuer Güte ist? Die Bibel drückt es aufs Schönste aus:

Schaut nach vorne, denn ich will etwas Neues tun!
Es hat schon begonnen, habt ihr es noch nicht gemerkt?
Durch die Wüste will ich eine Straße bauen,
Flüsse sollen in der öden Gegend fließen. – Jesaja 43,19 HFA

Und wie geht man auf diesen neuen Straßen und wie befährt man diese neuen Flüsse?

Etwas Neues

Jeder von uns braucht Neuheit und Frische. Wir sehnen uns danach und müssen ständig nach Neuem suchen, um das Alte zu ersetzen oder aufzufrischen. Wir haben darüber geredet, wie man mit alten Gewohnheiten bricht und was nötig ist, um zu einem sicher verankerten Glauben, der eigenen Berufung und zu Beständigkeit in Christus zu finden.

Aber was kommt als Nächstes? Wie sieht »etwas Neues« für dich aus? Wusstest du, dass Gott sich danach sehnt, in dir und durch dich etwas Neues zu tun, und das nicht nur einmal, sondern tagtäglich?

Vielleicht brauchst du übernatürliches Eingreifen. Vielleicht sieht für dich das »Neue« wie ein Durchbruch in deiner gegenwärtigen Situation aus. Ich habe eine gute Nachricht für dich: Wir dienen einem Gott des Durchbruchs. Gott hat die Kinder Israels nicht nur mithilfe eines »Durchbruchs« durch das Rote Meer aus der Gefangenschaft in Ägypten befreit, sondern auch immer und immer wieder für sie eingegriffen, wenn sie es am nötigsten hatten. Er brachte ihnen Freiheit aus der Gefangenschaft, Versorgung, wenn sie nichts hatten, und Antwort auf ihre Gebete, wenn sie mit ihrer Weisheit am Ende waren. Sowohl Freiheit als auch Versorgung sind Verheißungen, die eine neue Sache begleiten. In welchem Bereich deines Lebens brauchst du einen übernatürlichen Durchbruch oder Gottes Eingreifen oder Versorgung und Freiheit? Vergiss nicht, er ist der Gott des Mehr.

Vielleicht erfordert die neue Sache, auf die dein Blick und dein Herz gerichtet sind, Gottes Gunst. Auch hier gilt: Er ist der Gott der Gunst. Er gab den Kindern Israels Gunst vor dem Pharao, was sie auf eine Straße der Freiheit und Versorgung in der Wüste führte. Er gab seinem Volk Gunst bei Kyrus, dem persischen Herrscher von Babylon, der ihnen nicht nur gestattete, in ihr Land zurück-zukehren, sondern auch den Tempel wiederaufzubauen. Es war Gunst, die von einer höchst unerwarteten und unwahrscheinlichen Quelle kam! Könntest du dir vorstellen, dass das iranische Staatsoberhaupt heute einen christlichen Dienst in Jerusalem finanziert? Genau die Art von Wunder war das damals!

Unser Gott bleibt der Gott der Gunst. Jesaja formuliert es am besten:

> *Der Herr wartet [sehnlichst] darauf, euch gnädig zu sein; deshalb erhebt er sich, damit er euch gnädig sein und euch seine Güte zeigen kann. Denn der Herr ist ein Gott des Rechts. Gesegnet [glücklich, begünstigt und beneidenswert] sind alle, die [ernsthaft] auf ihn warten; die ihn erwarten, nach ihm Ausschau halten und sich nach ihm sehnen [nach seinem Sieg, seiner Gunst, seiner Liebe, seinem Frieden, seiner Freude und der unvergleichlichen, ungebrochenen Gemeinschaft mit ihm]! – Jesaja 30,18 AMP*

Der Herr möchte dich begünstigen und seine Barmherzigkeit auf dich ausschütten. Seine Gegenwart in deinem Leben kann die Quelle von einem Segen und einer Fülle sein, wie du sie dir niemals hätte vorstellen können, und alles, was du dazu tun musst, ist einfach auf dem Pfad der Beziehung zu Jesus zu bleiben.

In den Buchkapiteln 9, 10 und 11 haben wir über die Hindernisse, Schwierigkeiten und Wunder gesprochen, die den Weg mit Christus kennzeichnen. Aber ich liebe die Unterhaltung, die Gott mit Mose führt, als dieser müde gewordene Leiter die Ängste und Zweifel seines Volkes an den Vater weitergibt. Gottes Antwort an ihn ist diese: »Was schreist du zu mir? Sage den Kindern Israels, dass sie aufbrechen sollen!« (2Mo 14,15). Vielleicht bist auch du am

Ende angelangt. Vielleicht sehnst auch du dich nach etwas Neuem, aber der Weg stellte sich als holprig heraus. Gott hat immer einen Weg, der weiterführt; du musst nur in Bewegung bleiben. Er ist seinem Wort immer treu, und wie wir soeben gelesen haben, verkündet sein Wort neue Straßen und neue Flüsse.

Absichtserklärungen

Jesaja 43 ist voll von Absichtserklärungen und Aussagen, die sich auf unsere Zukunft beziehen. Gott sieht dich. Er kennt dich. Er kümmert sich um dich und um die Dinge, die dir wichtig sind.

Ich liebe die Zeugnisse, die von kleinen Kindern erzählen und von ihrem Staunen, wenn sie für etwas beten, wie beispielsweise für ein Hündchen, und es dann auch bekommen. Oder wenn jemand für einen freien Parkplatz betet. Vielleicht belächelst du die Vorstellung, dass sich der Gott des Universums um derart triviale Dinge kümmert, aber ich tue das nicht. Ich glaube, dass er sich in unser Leben voll einbringt, dass er an unserem Wohlergehen stark interessiert ist, dass ihm unsere Gegenwart und unsere Zukunft wichtig sind und dass er es liebt, uns mit Erinnerungen an seine Güte zu überhäufen. Erinnerungen wie diese:

»Ich kümmere mich darum«
Jesaja 43, Vers 15 (ELB) sagt:

> »Ich bin der HERR, euer Heiliger,
> der Schöpfer Israels, euer König.«

Bevor er in den nachfolgenden Versen seine Zusagen macht, verkündet Gott seinen höchsten Titel: ICH BIN. Sofort lässt er noch vier weitere folgen: der Herr, der Heilige, Schöpfer und König. Mit anderen Worten: Er ist mehr als fähig, etwas Neues zu tun.

Was erwartest du dir für dieses oder nächstes Jahr von Gott? Kannst du es in deinem Herzen und vor deinem geistigen Auge sehen? Gott kümmert sich darum. Du kannst ihm vertrauen. Wirst du deinen Glauben entfesseln und seine Verheißungen für dein Leben ergreifen? Wirst du mit beiden Füßen in das Neue hineinspringen, weil du genau weißt, dass seine Titel Hirte, Retter, Freund und König nicht einfach nur Worte, sondern eindrucksvolle Bescheinigungen seiner Macht und seiner Fähigkeit sind, dich zu leiten, zu retten, zu trösten und sicher in neue Zeiten und zu neuen Horizonten zu führen?

»Ich habe das schon mal getan«
Vers 16 sagt:

>*»So spricht der HERR, der einen Weg im Meer bahnt*
>*und einen Pfad in mächtigen Wassern«.*

Das ist nicht einfach nur Poesie. Gott fordert uns wieder einmal auf, uns daran zu erinnern, dass allein er einen Weg, einen Pfad durch das Unwegsame hindurch bahnt. Er hat es schon einmal für die Israeliten getan und er wird es von neuem für dich tun.

Warum lesen wir in unserer Kirche Gebetserhörungen und Zeugnisse vor, die Gott die Ehre geben? Weil wir manchmal daran erinnert werden müssen, dass er das, worum du ihn jetzt bittest, auch schon für andere getan hat. Er sorgt *immer noch* für Wunder, haucht toten Dingen *immer noch* Leben ein und wird *immer noch* die mächtigen Wasser und die stürmische See zurückhalten, um sein Volk zu befreien. Er kennt sich mit deinen Träumen und Herzenswünschen aus und weiß mit ihnen umzugehen, und er möchte dir und mir versichern, dass wir ihm selbst die unmöglichsten Dinge anvertrauen können.

»Ich werde es wieder tun«
Hier die letzte von drei erstaunlichen Aussagen, mit denen Gott uns an seine Güte erinnert (Vers 18 ELB):

> *»Denkt nicht an das Frühere,*
> *und auf das Vergangene achtet nicht!«*

Vergiss frühere Enttäuschungen und Verluste und trauere nicht länger der Vergangenheit nach. Mach deine Gedanken frei davon! Richte deinen Blick auf den Horizont und stell dir vor, wie der neue Tag anbricht.

Häufig lassen wir uns von Fehlern der Vergangenheit ablenken, aber genauso leicht kann es passieren, dass unsere Sentimentalität unsere Relevanz zerbröckeln lässt. Relevanz hat etwas mit der Zukunft zu tun, Sentimentalität hingegen dreht sich nur um die vergangenen Dinge. Falls du jemand bist, der gerne auf die »glorreichen Tage« zurückblickt, darf ich dich dann ermutigen, daran zu denken, dass deine Relevanz von dem, was vor dir liegt, bestimmt wird und nicht von dem, was hinter dir liegt? Gott sagt, dass er etwas Neues tut. »Jetzt sprosst es auf« (Vers 19 ELB). Erwartest du, dass Gott in deinem Leben etwas Neues tut? Blickst du nach vorne, dorthin, wo es ist? Das Neue ist nicht hinter dir, mein Freund, aber es liegt ganz sicher vor dir.

Ich habe immer über Leute geschmunzelt, die schon lange in der Hillsong Church sind und die zwanzig Jahre zurückliegende Zeit als »die gute alte Zeit« bezeichnen. Auch wenn wir im Laufe der Jahre viele Höhepunkt erlebt haben, gab es doch niemals Zeiten wie die, die wir jetzt genießen. Ja klar, wir hatten Spaß und Gott hat in der Vergangenheit erstaunliche Dinge in unserer Mitte getan, aber ich will nie wieder dorthin zurück! In den letzten zwanzig Jahren haben wir sprunghaftes Wachstum erfahren und haben erlebt, wie zahllose Leben und ganze Gemeinschaften verändert wurden.

Meine Teammitglieder lachen über mich, wenn ich erwähne, wie gerne ich es mir nach einem vollen Sonntag in der Gemeinde in meinem Sessel bequem mache und *Precious Memories* einschalte, eine Gospel-Fernsehshow, die mich geradewegs zurück in die Vergangenheit führt, während ich die alten Lieder mitsinge, die wir im Gottesdienst gesungen haben, als Lobpreis noch aus Chören bestand und nur von Pastoren geleitet wurde, die ihre Arme wie Dirigenten bewegten. Die *Gaither Vocal Band* macht mir richtig gute Laune, wenn ich mich zurücklehne und die vertrauten Melodien mitsinge. Auch wenn ich *Precious Memories* aus sentimentalen Gründen genieße, bin ich trotzdem nicht der Typ, der sich übermäßig nach der Vergangenheit sehnt. Wenn ich sage, dass das Beste noch kommt, dann meine ich das so. Im Großen und Ganzen waren die guten alten Tage nicht ganz so gut, wie wir sie in Erinnerung haben. Vor allem ältere Menschen müssen sich davor hüten, ihre Zelte in der Vergangenheit aufzuschlagen und ständig ihren Erinnerungen nachzuhängen, die ihr Gedächtnis im Laufe der Jahre aufgebläht hat. Ich liebe es, in Erinnerungen zu schwelgen und mit guten Freunden zu lachen, aber trotzdem ist mein Blick immer nach vorne gerichtet.

Als Jesaja prophezeite, dass Gott etwas Neues tun würde, ermahnte er die Menschen zugleich, nicht auf frühere oder alte Dinge zurückzublicken – auf die Dinge, die sich ereigneten, als das Volk Gottes auf wundersame Weise aus Ägypten befreit wurde und Mose sie durch das geteilte Meer führte. Er erinnerte sie daran, dass auch in Babylon eine wundersame Befreiung stattfinden könnte – dass er immer noch die Herzen von Königen verändern und neue Straßen des Glaubens und Flüsse der Versorgung in ihre gegenwärtigen Umstände bringen konnte.

Ich will die Vergangenheit feiern, aber ich will nicht dort leben. Ich will meine Augen auf die Zukunft gerichtet halten, immer erwartungsvoll, immer Ausschau haltend nach der nächsten Sache, das Neue, das Gott im Begriff ist zu tun.

Straßen und Flüsse

Als Gott durch den Propheten Jesaja sprach und verkündete, dass er etwas Neues tun würde, erklärte er im Anschluss, was dieses Neue war: »Ich will einen Weg in der Wüste bereiten und Ströme in der Einöde« (Jes 43,19). Welch ein Bild! Andere Übersetzungen sprechen von einer »Straße durch die Wüste« (HFA) und »Flüsse durchs Ödland« (EÜ). Das Neue – Gottes neue Sache – bringt Leben dorthin, wo vorher keines war. Es bringt auch neue Lebendigkeit, wo vielleicht das alte Wachstum an Schwung verloren hat. Das Neue wirft wie die aufgehende Sonne Licht auf unsere Behaglichkeit. Es bringt den Staub auf dem Boden zum Vorschein und drängt uns, die Fenster zu putzen. Es befähigt uns, unsere Augen zu öffnen und etwas Eintöniges in neuen Farben und mit neuem Leben erfüllt zu sehen. Es hilft uns, unsere Herzen von Spinnweben und unsere Seelen von Lähmung zu befreien.

Ich schätze langjährige Freunde – die Art von Freunden, die auf jedem Schritt des Weges an deiner Seite bleiben. Beziehungen können eine Tiefe erreichen, die nur entsteht, wenn man schon eine weite Strecke gemeinsam zurückgelegt hat. Steve Penny ist für mich ein solcher Freund. Er ist schon sehr lange ein Kollege im

Dienst und ein Freund. Er ist ein unverwechselbarer Typ, der eine Gabe der Ermutigung unter einer dünnen Schicht freundlichem Draufgängertum verbirgt.

Als wir uns im Januar 2015 zu unserem jährlichen Urlaubsfrühstück im Aromas Café im schönen Noosa, Queensland, trafen (ein Ort, den Bobbie und ich seit langem lieben), begann Steve mit mir über neue Straßen und neue Flüsse zu sprechen. Dieses Frühstück Anfang Januar ist eine Tradition, die wir schon seit Jahren pflegen, und oft geschieht es bei diesen Treffen, dass mir Steves Überlegungen und seine prophetische Gabe persönlich dienen. Als Steve begann, mir von seiner Offenbarung über Jesaja 43 zu erzählen, war mein Inneres so stark im Einklang mit dem, was er sagte, dass ich wusste, dass ich es zu Beginn dieses Jahres kühn über unsere Kirche aussprechen musste.

Das ist eine wichtige Proklamation. Denn Straßen führen zu neuen Horizonten, neuen Möglichkeiten und neuen Gelegenheiten. Und Flüsse sind eine Quelle für Versorgung, Nachschub und Ressourcen. Mein Gebet für dich ist, dass du neue Straßen bereisen und neue Flüsse befahren wirst, während du mehr über das Wesen Gottes und über seinen Wunsch herausfindest, dass er sich für dich Gedeihen und Wachstum wünscht.

Es ist eine gängige, aber wahre Metapher, dass das Leben ein Weg ist, eine Reise, die uns auf ihren Straßen durch Zeiten des Wachstums, der Gelegenheiten und Erfahrungen führt. Wie wir wissen, sind die Wege des Lebens selten so gerade, eben und breit wie eine Autobahn – und wenn, dann hält dieser Zustand nicht lange an!

In Sprüche 15,24 (NKJV) heißt es: »Der Weg des Lebens windet sich aufwärts für die Weisen …« Dieses Bild lässt mich an eine kurvenreiche Straße denken, die auf einen Berggipfel führt. Du kannst nicht weit voraus sehen, weil sich die Straße steil und schmal wie ein Pfad zum Gipfel emporwindet. Auf solchen Straßen kann es sein, dass du anhalten und dich ausruhen musst, um wieder zu Kräften zu kommen. Diese Straße ist für die »Weisen«, die verstehen, dass ihr Leben einen Sinn hat, der sich entlang des Weges entfaltet. Und je höher man kommt, desto besser ist die Aussicht!

Es ist nicht immer der einfachste Aufstieg, aber vergiss nicht, vom Gipfel aus ist die Aussicht immer großartig! Fühlst du dich angesprochen? Gibt es einen Weg, den du gerade einschlägst, oder ist da etwas Neues am Horizont, das ein wenig außer Reichweite zu sein scheint? Sei nicht entmutigt. Gott bahnt einen Weg. Setze deine Reise durch alle Biegungen und Kurven hindurch fort.

Das wahre Wesen und die Genialität unseres Schöpfers zeigt sich darin, dass eine sich aufwärts windende Straße oft dem Lauf eines hinabfließenden Flusses folgt. In Gottes Ökonomie der Dinge gibt es dort, wo es Straßen gibt, auch immer Flüsse. Mit Gottes Bestimmung kommt auch seine Versorgung. Es bringt nichts, Straßen zu neuen Gelegenheiten zu haben, wenn nicht auch Flüsse da sind, auf denen die Versorgung für die Reise kommt.

Die Bibel hat viel über Flüsse zu sagen. Zum Beispiel verkündete Jesus: »… Wenn jemand dürstet, der komme zu mir und trinke! Wer an mich glaubt, wie die Schrift gesagt hat, aus seinem Leib werden *Ströme lebendigen Wassers* fließen« (Joh 7,37–38).

Hesekiel 47,1–12 spricht von Wassern, die aus dem Tempel strömen und auf ihrem Weg ins Tote Meer alles zum Leben erwecken. Vor vielen Jahren haben Bobbie und ich Jordanien besucht und bekamen dabei auch Gelegenheit, im Toten Meer zu schwimmen, das ein geografisches Wunder ist. Es ist der tiefste Punkt der Erde und Flüsse fließen kontinuierlich in dieses stehende Gewässer. Obwohl ich über die biblische und historische Bedeutung des Ortes staunte, an dem wir uns befanden, war es trotzdem keine Erfahrung, die ich wirklich genoss. Das Tote Meer wird nicht umsonst so genannt. Es ist schwer zu beschreiben, wie seltsam es sich anfühlt, praktisch *auf* der Wasseroberfläche zu treiben, und wie salzig das Wasser ist, das einem in Augen, Nase, Mund und auf jedem anderen Körperteil brennt, wenn man nicht aufpasst. Trotz der Warnungen, meine Augen geschlossen zu halten, habe ich es irgendwie geschafft, die giftige Brühe in meine Augen zu bekommen. Entsetzlich schmerzhaft! Und wie uns unsere arabischen Pastorenfreunde aus Amman zeigten, gehörte zu einer vollständigen Totes-Meer-Erfahrung auch noch, sich am schlammigen Ufer zu den anderen Hunderten von Menschen zu gesellen und sich von Kopf bis Fuß mit vermeintlich »heilendem« braunen Schlick einzuschmieren.

Wenn ich an Ströme denke, die vom Tempel in Jerusalem – einer Stadt, die hoch oben in den Hügeln thront – hinunter zum tiefsten Punkt der Erde fließen und dabei alles, was sie berühren, sofort zum Leben erwecken, dann entsteht in meinem Kopf ein sehr anschauliches Bild. Was aus dem Haus Gottes, der Gemeinde, fließt, sollte ebenfalls tote Dinge berühren und sie zum Leben erwecken. Flüsse enthalten lebendiges Wasser; ihr Wesen ist die ständige Bewegung und Veränderung. Gleich einem Fluss war das Evangelium nie dazu gedacht, eingedämmt oder kanalisiert zu werden; es sollte immer frei zu anderen fließen.

In vergleichbarer Weise zeichnet Micha 4,1 das Bild von einem Strom von Menschen, der *in* den Tempel fließt. Wenn es um das Haus Gottes geht, müssen wir immer daran glauben, dass Menschen hineinfließen und Leben herausfließt. Ich wünsche mir, dass aus unseren Gemeinden die Art von Leben fließt, die Sünde, Armut, Ungerechtigkeit und Krankheit berührt und den toten Dingen Hilfe, Heilung und neues Leben bringt. Ich bete, dass unsere Gemeinden Wegweiser zur Erlösung, ein Zeugnis seiner

Treue und die Quelle endloser Flüsse des Lebens und der Heilung für andere sind.

Ein Leben in Christus hält immer wieder neue Straßen bereit, die voller Sinn und Vision sind, und neue Flüsse des Lebens und der Versorgung, die sie begleiten. Hab Vertrauen; halte deinen Blick auf den Horizont gerichtet! Sei nicht entmutigt, wenn mit den neuen Straßen auch neue Herausforderungen kommen, denn neue Straßen des Glaubens setzen auch immer neue Flüsse des Segens frei.

Herausforderung

Wenn Gott etwas verkündet, ist damit oftmals eine Herausforderung verbunden. Und die Herausforderung läuft im Grunde auf eine Frage hinaus: *Wirst du es glauben?* In dem Abschnitt von Jesaja 43, den wir uns angesehen haben, ist Gottes Herausforderung an Israel und auch an uns heute: *Kannst du glauben, dass ich das für dich tun werde?*

Als Nachfolger Christi sind wir dazu aufgefordert, über das hinauszugehen, was wir mit unseren natürlichen Augen sehen, und zu glauben, was Gott in seinem Wort als Wahrheit verkündet. Zweiter Korinther 5,7 bringt es auf den Punkt: »Wir wandeln durch Glauben, nicht durch Schauen.« Um dir alles zu eigen zu machen, was Gott für dein Leben geplant hat, musst du seine Verheißung ergreifen, dass er dir einen Weg durch die Einöde und die Täler bahnt.

Als Bobbie und ich vor vielen Jahren in Sydney ankamen, hatten wir keine Ahnung, was Gott tun würde oder was vor uns lag. Gottes Verheißungen und die Träume in unseren Herzen waren alles, worauf wir uns stützen konnten. Der Ruf Gottes ist wirklich ein Abenteuer mit vielen Herausforderungen und nur wenig Klarheit darüber, was vor uns liegt. Klar ist nur, dass das, was er uns zugesagt hat, gut sein wird! Wir müssen also in unserem Herzen anerkennen, dass es eine Reise ist, die vom Glauben und nicht vom Sehen gelenkt wird. Denk daran: Wenn Gott dich irgendwohin führt, sorgt er auch für den Weg, auf dem du dein Ziel erreichen kannst.

Ich frage dich nochmal, glaubst du an etwas Neues? Neues Leben für deine Arbeit, neue Energie für deinen Alltag, neue Versorgung für deine Zukunft und neue Gnade für deinen Weg? Ich weiß, dass noch mehr vor dir liegt, und ich weiß auch, dass die Straße holprig, die Landschaft weitläufig und das Klima trocken sein kann. Aber wir dienen dem Gott des Mehr und dem Gott des Neuen. Jemand hat einmal gesagt: »Das Beste kommt erst noch.« Glaubst du das?

Steh in Ehrfurcht da und staune

Dieses Kapitel konzentriert sich auf Gottes Ankündigung: »Siehe, nun mache ich etwas Neues« (Jes 43,19 EÜ). Weißt du, was *siehe* in diesem Zusammenhang bedeutet? Es bedeutet eigentlich »in Ehrfurcht dazustehen und erstaunt zu sein«. Im modernen Sprachgebrauch würde man vielleicht einfach »Wow!« sagen.

Warum hat Gott das gesagt? Worauf wollte er unsere Aufmerksamkeit lenken? Ich glaube, dass seine Ankündigung eine Aussage zu seiner Person war: *Ich bin ein Erlöser.* Als er erklärte, sein Volk solle in Ehrfurcht dastehen und staunen, geschah das nicht nur zu ihrem eigenen Nutzen, sondern es sollte auch der Menschheit die Hoffnung durch Jesus Christus und die Gnade des Evangeliums ankündigen.

Als er mit seinen Worten einen Weg des Glaubens formte, der die Israeliten aus siebzig Jahren der Gefangenschaft in die Befreiung und Erlösung führen würde, rief Gott damit sein Volk aus dem Alten heraus und ins Neue hinein. Von Dingen, die noch nicht waren, sprach er so, als wären sie bereits geschehen. Was Gott anging, war alles bereits beschlossene Sache.

Ich glaube, dass der Herr heute zu uns sagen würde: »Seht! Ich tue etwas Neues.« Er ruft uns auf, aus dem Gewöhnlichen herauszukommen und über unsere wahrgenommenen Grenzen hinauszugehen. Er fordert uns auf, in unserem Leben und in der Gemeinde, seiner Braut, seine Hand der Zurüstung und Bestimmung zu *sehen* und auf sie zu *reagieren* – zu sehen, was er getan hat, was er tut und auch weiterhin tun wird, wenn wir gemäß dem Wort Gottes in Gerechtigkeit leben und die Vision haben, sein Reich auf die Erde kommen zu sehen.

Erwartest du, dass Gott jetzt etwas Neues in deinem Leben tut? Das mag überwältigend erscheinen, wenn du deine gegenwärtigen Umstände betrachtest, aber fasse Mut und lass mich dich daran erinnern, dass die Bibel verkündet, dass Gott bereits einen Weg geschaffen hat, eine Straße in den Fels gehauen hat, auf der er dich führt und an der er Flüsse der Versorgung entlangfließen lässt, um dich zu erfrischen. »Wenn jemand Durst hat, soll er zu mir *kommen* und trinken. Flüsse lebendigen Wassers werden aus der Tiefe eines jeden herausprudeln, der so an mich glaubt, wie es die Heilige Schrift sagt« (Joh 7,38 MSG).

Am Horizont deines Lebens wartet noch so viel auf dich. Lass dich von den Straßenunebenheiten oder den Umleitungen auf deinem Weg nicht entmutigen. Jesus kümmert sich um die Details. Vertraue weiter, glaube an Gott und sprich *Neues* in die Zeiten hinein, in denen du durch Ödland oder durch die Wüste gehst.

Schmecke und siehe, was Gott in deinem Leben, in deinen Unternehmungen und auf der ganzen Welt tut, und staune.

Welche Träume und Wünsche, Hoffnungen und Wunder, Gebete und Bitten sprudeln in deinem Inneren über, während du das hier liest? Erwartest du es? Kannst du es ergreifen? Erkennst du es denn nicht? Es ist unsichtbar und unerklärlich, aber es ist von Gott geboren, und der Tag wird kommen, an dem diese Träume und Wünsche hervorsprießen werden, weil er sie kennt und sie verkündet, noch *bevor* sie da sind.

Zweiter Korinther 5,17 bezeugt das Neue, das Gott begonnen hat und tut: »Ist jemand in Christus, so ist er eine neue Schöpfung; das Alte ist vergangen; siehe, es ist alles neu geworden!« Unterschätze nicht die erstaunlichen Dinge, die Gott in dich hineingelegt hat, und was aus ihnen werden kann, wenn sie hervorsprießen. Was siehst du? Wir werden wie das, was wir betrachten. Wenn du mit ganzer Aufmerksamkeit in Gottes Gesicht schaust, seine Absichten suchst und nach seinem Willen lebst, dann wird von dort das Neue und Übernatürliche – das *Wow* – kommen. Das ist der Ort, aus dem deine Steh-in-Ehrfurcht-und-staune-Momente hervorsprießen werden.

Ich möchte, dass du Wege zu neuen Gelegenheiten, neue Möglichkeiten, ungewöhnliche Wunder und neue Horizonte an noch unberührten Orten erwartest. Ich möchte, dass du mehr erwartest, als du dir erbitten, erträumen, erdenken oder vorstellen kannst. Glaube, dass Gott neue Höhen für dich erschließt, die dir einen erstaunlichen Ausblick bieten, und neue Sonnenaufgänge inszeniert, die dich die Fenster in Erwartung dessen aufreißen lassen, was Gott im Begriff ist zu tun.

Der Pfad der Gerechten ist wie das Morgenlicht,
es strahlt immer heller bis zum vollen Tag.
– Sprüche 4,18 NEÜ

Steh in Ehrfurcht und staune.

13

Decken und Fußböden

Denke einen Moment an das Basketballteam der Chicago Bulls – wessen Name kommt dir als erster in den Sinn? Erinnere dich an Nikes bekanntes *Swoosh*-Logo und an die Silhouette eines Basketballers – den Ball in der Hand perfekt ausgerichtet, hoch über dem Korb schwebend, ein Mann, der die anderen nicht nur an Körperlänge überragt. Wessen Name kommt dir über die Lippen? Wenn man die Frage stellen würde: »Wer war der größte Basketballspieler aller Zeiten?«, läge den meisten Menschen wohl der Name von Michael Jordan auf der Zunge. Er war ein echter Superstar, eine Ikone seiner Sportart. Diese Sportlegende war so berühmt, dass sein Name sogar Menschen geläufig ist, die sich ansonsten wenig für Sport interessieren.

Im Jahr 2009 wurde Michael Jordan in die *Basketball Hall of Fame* (die Ruhmeshalle des Basketballsports) aufgenommen, und wenn auch seine sportliche Leistung außer Frage steht, zeigte seine Dankesrede eine Seite an ihm, die viele überrascht haben mag. Er war dafür bekannt, unglaublich ehrgeizig zu sein, aber während der zwanzig Minuten, in denen er sprach, wandte er sich an seine Söhne und sagte, »dass sie ihm leid täten«.[11] Jordan sinnierte darüber, dass sie nie an die von ihrem berühmten Vater vorgegebene Messlatte und seinen sportlichen Ehrgeiz während seiner glorreichen Tage heranreichen würden, und wie es für sie wohl sein müsse, ständig in seinem Schatten zu leben. Möglicherweise konnte er durch seine Fachkenntnis die Grenzen ihrer Fähigkeiten erkennen, aber ich glaube nicht, dass ich an jenem Tag gerne einer seiner Jungs gewesen wäre. Vielleicht waren sie nie dazu geschaffen, Basketball-Legenden zu werden. Vielleicht waren sie ja auf anderen Gebieten begabt, auf denen auch sie ganz an die Spitze gelangen konnten.

Ich weiß nicht, wie es dir geht, aber als Vater will ich nie einen Schatten auf meine Kinder werfen. Es ist meine Hoffnung und mein Gebet, dass meine Kinder viel größere Dinge tun werden, als ich sie je getan habe – dass sie mehr sehen werden, als ich gesehen habe, und dass sie größeren Erfolg und Segen erfahren und höhere Gipfel erreichen, als ich es jemals könnte. Mein Wunsch ist es, dass sie (bildlich gesprochen) auf meinen Rücken klettern, wie sie es als kleine Kinder getan haben, weil sie wissen, dass meine Schultern breit und stark genug sind, um nicht nur ihr Gewicht zu tragen, sondern sie auch höher hinauf zu heben, damit sie sich von dort aus in jede neue Unternehmung und in jedes aufregende Abenteuer stürzen können, die ihr Weg für sie bereithalten mag.

Unser himmlischer Vater wünscht sich das Gleiche.

Seine Liebe kennt keine Grenzen, sein Weg ist frei von Eifersucht und auf unsere Schultern hat er keine unmöglichen Erwartungen gelegt. Er sehnt sich danach, dass die Menschheit eine Geschichte des Sieges erzählt, dass Alt und Jung harmonisch zusammen arbeiten und leben und die Treue ihrer Väter und die Opfer ihrer Vorfahren von einer Generation zur nächsten weiterreichen.

Es ist mein größtes Gebet, dass die Decken über mir der Fußboden für die nächste Generation sein werden.

Väter und Söhne

Traurigerweise sind einige Väter seelisch so beeinträchtigt, dass sie ihre Kinder mit den Folgen der Verletzungen und Konflikte kämpfen lassen, unter denen sie selbst ihr ganzes Leben lang gelitten haben. Natürlich hat jeder von uns Vätern hin und wieder Fehler gemacht. Wenn ich jedoch an funktionierende, gesunde Väter denke, denke ich an Eigenschaften wie erfahren, bewährt, verlässlich, geerdet, kundig und sicher.

Söhne sind im Gegensatz dazu noch unerprobt, unbewährt, unerfahren und nicht so verlässlich. Es spricht viel für die Weisheit, die mit dem Alter und der Erfahrung kommt, aber auch sehr viel für die staunende Neugier, den Wissensdurst und die Innovationskraft jüngerer Generationen.

Meine Söhne sind viel risikobereiter, als ich es heute bin. Es würde eine Menge Überredungskunst erfordern, mich bei südlichem Wellengang ins Wasser zu bringen, wenn die Wellen höher reichen als mein Haus. Aber meine Söhne sehen große Wellen als eine Gelegenheit, der sie nicht widerstehen können. Sie können es gar nicht erwarten, ihre Neoprenanzüge anzuziehen und sich mit ihren Surfbrettern ins schäumende Wasser zu stürzen.

Als Teenager waren Joel und Ben leidenschaftliche Snowboarder und ich traf damals als fast Fünfzigjähriger die Entscheidung, vom durchschnittlichen Skifahrer zum unterdurchschnittlichen Snowboarder zu werden. Der Hauptgrund für meinen Wechsel war mein Wunsch, mehr Zeit mit meinen Söhnen zu verbringen, aber als sie mich auf den Berg zur höchsten und steilsten Abfahrt brachten und mir sagten, ich solle »einfach runterfahren«, bevor sie zwischen den Bäumen verschwanden, wurde mir klar, dass ich nie mit ihnen mithalten würde, auch wenn sich meine Fähigkeiten mit der Zeit verbesserten.

Wir können sehr viel von einer Generation der Risikobereiten lernen – von jungen Menschen, denen ihre vor ihnen liegende Zukunft lang und einladend erscheint. Die Gemeinde wird immer von Männern und Frauen in leitenden Positionen profitieren, die noch unbelastet von den Enttäuschungen des Lebens sind, deren Sicht nicht durch alte Vorgehensweisen eingeschränkt ist und die von den Herausforderungen der Zukunft unbeeindruckt bleiben.

Jesus konfrontierte alte Denkweisen und bedeutungslos gewordene Praktiken, als er sagte: »Es füllt auch niemand neuen Wein in alte Weinschläuche. Sie würden platzen, der Wein würde auslaufen und die Schläuche wären verdorben. Neuer Wein gehört in neue Weinschläuche« (Mk 2,22 NLB). Heutzutage, mit unseren schicken Flaschen und dem ständigen Zugang zu frischem Wasser, ist es schwer vorstellbar, einen Ziegenlederschlauch in der Tasche mit herumschleppen zu müssen. Aber zu Jesu Zeiten wurden Ziegenhautstücke fest miteinander vernäht und dann zum Transport von Wein und Wasser verwendet. Wenn neuer Wein in einen Weinschlauch gefüllt wurde, konnte der sich problemlos dehnen, wenn er noch flexibel war, aber wenn zu viel neuer Wein in einen bereits gedehnten Schlauch gefüllt wurde, platzte dieser und der Inhalt ergoss sich auf den Boden.

So kann es auch uns ergehen, wenn wir zu sehr daran festhalten, Dinge auf eine bestimmte Weise zu tun. Manche Kirchen und ganze Denominationen widersetzen sich jeder Art von Veränderung oder Neufindung, weil sie glauben, dass es am besten ist, sich immer an das zu halten, was bewährt, anerkannt und erprobt ist.

Auch wenn die Botschaft des Evangeliums und die Wahrheit des Wortes Gottes zeitlos sind, müssen sich die Methoden, wie wir sie der Welt anbieten, kontinuierlich wandeln und verändern, sonst riskieren wir ein »Platzen«. Veraltete religiöse Systeme, Begriffe und Rituale müssen durch relevante, manchmal auch unerprobte Methoden und Musik ersetzt werden, um neue Menschenmengen anzuziehen und bei der nächsten Generation Interesse zu wecken. So bewegen wir uns von unseren alten Wegen vorwärts in die Zukunft. Aber viele Kirchen und Dienste bestehen auch heute noch darauf, ihren neuen Wein immer wieder in die alten Hüllen zu gießen. Sie wehren sich gegen Neuerungen und bekämpfen den Fortschritt.

Als ich aufwuchs, sangen wir stets nur Lieder aus dem *Elim Redemption Hymnal.* »Schlagt Nummer 163 auf« war die übliche Aufforderung, und Woche für Woche waren wir auf das zwischen roten Buchdeckeln steckende Gesangbuch angewiesen, das direkt vor uns auf der Rückseite der vor uns stehenden Bankreihe zu finden war. Als Kind machte ich aus allem einen Wettstreit, also vertrieb ich mir die Zeit, in der der Prediger seinen Text herunterhämmerte, indem ich die Anzahl der Lieder zählte, die jeder Verfasser geschrieben hatten, um zu sehen, wer die meisten Melodien in dem Buch hatte. Vielleicht interessiert es dich zu erfahren, dass es sich knapp zwischen Charles Wesley und Fanny J. Crosby entschied.

Die Sache ist die: Ich mochte viele dieser Lieder und ich danke Gott für den Segen der alten Hymnen, an denen wir uns immer noch erfreuen können. Aber ich bin nicht dort stehen geblieben, und ich bin dankbar, dass wir weitergezogen sind und vom Herrn ein neues Lied empfangen haben. Wir sind dazu berufen, uns auf die Zukunft auszurichten, berufen, uns vorwärts zu bewegen. Das Wort Gottes bleibt, aber manche Dinge müssen sich ändern. Als junger Pastor legte ich wenig Wert auf Traditionen, aber mit den Jahren habe ich eine größere Wertschätzung für manche Traditionen entwickelt und kann deshalb sehen, dass auch Liturgie einen Platz in unseren Gottesdienst haben kann. Ich glaube sogar, dass eine gesunde, moderne Kirche ihre eigene Liturgie oder Gottesdienstordnung haben kann. Schade ist es aber, wenn der Heilige Geist aus seinem eigenen Haus ausgesperrt wird, weil wir in unseren Wegen so festgefahren sind.

Was ist mit dir? Wehrst du dich gegen Veränderungen? Fühlst du dich wohl in dem, was schon immer so war – bist du froh, in der Sicherheit von Altbekanntem und Altbewährtem ruhen zu dürfen? Tatsächlich fühlen sich die meisten von uns sehr viel wohler mit dem, was erprobt, anerkannt und bewährt ist. Doch ich glaube, dass der Herr eine Generation von Menschen dazu aufruft, die Decke über dem Alten anzuheben, sich von dem, was sicher und etabliert ist, wegzubewegen und von Gott, der immer etwas Neues tut, mehr zu erwarten. Sich dem Wandel zu widersetzen, kann uns tatsächlich daran hindern, mehr von diesen Facetten Gottes zu erleben. Veränderung, auch wenn sie manchmal beängstigend ist, führt uns tiefer auf den Glaubensweg und in eine engere Gemeinschaft mit unserem Schöpfer. In Momenten der Ungewissheit können wir uns auf den Einen stützen, der immer gewiss ist und sich nie verändert – den Einen, der uns in ein Leben führen kann, das alles übersteigt, was wir erbitten, erdenken oder uns vorstellen können.

Ich sehe so viel Hoffnung für die Zukunft, und ich glaube, dass es meine Aufgabe ist, die nächste Generation darauf vorzubereiten, alles zu sein, wozu Gott sie berufen hat. Ich möchte sehen, wie das Reich Gottes in meinem Leben vorankommt, und ich will es umso mehr, je älter ich werde. Ich glaube, dass auch du weiter auf das bisher Unversuchte zustreben musst, ganz gleich, in welchem Jahrzehnt deines Lebens du gerade bist, denn wenn ich in meinen Jahren als Leiter eines gelernt habe, dann das: Erfahrung ist nicht alles.

Denke größer und erwarte das Unerwartete

Ich denke, Erfahrung wird überbewertet. Zum Beispiel gibt es Menschen, die sich mit dem Heiraten viel besser auskennen als ich – schließlich habe ich nur einmal geheiratet. Es gibt Leute, die mit dem Pastorendienst in unterschiedlichen Kirchen sehr viel mehr Erfahrung haben als ich, da ich fast mein ganzes Erwachsenenleben hindurch immer derselben Kirche als Pastor gedient habe. Ich sage das ohne eine Spur von Selbstgefälligkeit. Ich will damit nur deutlich machen, dass Erfahrung an sich nicht bedeutet, dass wir aus ihr gelernt haben; manchmal lässt sie uns sogar negative Früchte hervorbringen. Zynismus kann der Grund dafür sein, dass wir unseren Kindern oder denen, die wir leiten, sagen, was nicht möglich ist, einfach nur, weil »wir es schon versucht haben und es nicht funktioniert hat«.

In einer Stadt namens Antiochia in Pisidien predigte der Apostel Paulus eine mitreißende Predigt, die von einigen der verhärteten Juden, die sich in der Synagoge versammelt hatten, zynisch aufgenommen wurde. Zwar waren viele, die sich versammelt hatten, begierig darauf, von diesem gesalbten Mann zu hören und wollten ihn sogar wieder einladen, um mehr über die Geschichte des Evangeliums zu erfahren, andere jedoch gingen mit verschränkten Armen auf Abstand. An jenem Tag hörten Hunderte von Menschen Dinge, die sie trotz ihrer ganzen religiösen Erfahrung noch nie gehört hatten. Mit Erstaunen begannen sie zu erkennen, dass es durch Jesus Christus noch so viel mehr für sie gab. Aber sieh dir den Vers, den wir in Kapitel 7 dieses Buches gelesen haben, noch einmal genau an. Paulus richtet sich darin mit einer direkten Herausforderung an die Zyniker in der Menge:

*Passt auf, ihr Zyniker; seht genau hin – seht, wie eure Welt
zerfällt. Ich tue etwas, direkt vor euren Augen, das ihr nicht
glauben werdet, obwohl es euch förmlich ins Gesicht starrt.*
– Apostelgeschichte 13,41 MSG

Da hast du es! Starren dir Möglichkeiten oder Gelegenheiten
ins Gesicht, die du nicht sehen kannst, weil sie für dich den Bereich des Möglichen übersteigen? Gibt es Dinge, auf die du mit
Zynismus reagierst, weil sie weit über alles hinausgehen, was du
je erlebt oder gesehen hast? Vielleicht untergraben Dinge, die du
in der Vergangenheit erfahren oder erlebt hast, deinen Glauben
an die Möglichkeit, dass Gott etwas Frisches und Neues tut. Ja,
wir können andere mit all dem, was wir erlebt haben, aufbauen,
unsere Erfahrung kann jedoch nur auf dem aufbauen, was bereits
vorhanden ist oder was wir bereits gelernt haben und schon wissen. Es spricht sehr viel dafür, das Neue anzunehmen und ins Un-
gewisse einzutauchen.

Ich habe vielleicht schon ein, zwei Mal erwähnt, dass wir unser
Erbe schätzen und die Vergangenheit in Ehren halten und achten,
aber wir dürfen nicht aufhören, uns nach vorne zu bewegen, und
müssen in die Zukunft schauen. Ich bin dankbar für meine Herkunft. Ich bin dankbar, dass ich in der Gemeinde aufgewachsen
bin und von den Dingen Gottes umgeben war. Genauso bin ich
aber auch dankbar, dass meine Eltern mich nie von neuen Orten,
neuen Wegen und neuen Gelegenheiten abhielten, zu denen Gott
mich gerufen hat.

Die Mission von Hillsong ist, »Menschen dazu zu befähigen, in
allen Bereichen des Lebens zu leiten und Einfluss zu nehmen«. Die
Wahrheit ist, dass du Menschen niemals dazu inspirieren kannst,
etwas zu bewirken, wenn du nicht einen Geist hast, der loslassen
kann und keine Scheu vor dem Unvorhersehbaren hat. Wenn du

denkst, dass das Leben mit Jesus vorhersehbar ist, liegst du falsch. Es ist immer ein Abenteuer!

Jesus war der König der Unvorhersehbarkeit. Laut Johannes 4 versetzte er die Menschen in Erstaunen, weil er mit jemandem sprach, mit dem er nie hätte sprechen dürfen. Er hielt inne, um einer Frau zu dienen, und nicht irgendeiner Frau – einer Samariterin! Sein Dienst war immer unberechenbar, verärgerte oft die Religiösen in der Menge und verblüffte seine eigenen Jünger. Sie konnten kaum mithalten. Warum sprach er mit einer unreinen, heidnischen Frau – einer sündigen Frau? Von welchem Wasser sprach er, als er ihr sagte, sie würde nie wieder Durst haben? Warum beschäftigte er sich mit ihr, wo seine Jünger doch schon zum Essen gingen? Welch ein unvorhersehbares Ende ihr Tag doch genommen hatte! Ja, Jesus nachzufolgen hatte nichts Vorhersehbares an sich.

Als meine Kinder noch klein waren und ich häufig auf Reisen war, bin ich gerne ein, zwei Tage früher nach Hause geflogen, um sie zu überraschen. Ihre Gesichter sagten alles, wenn ich ganze vierundzwanzig Stunden früher als erwartet zur Haustür hereinspazierte. Ich brachte sie dann zur Schule oder verbrachte den Tag mit ihnen, wenn wir lange getrennt gewesen waren.

Ich glaube, dass auch unsere Leben und Gemeinden dazu bestimmt sind, auf vorhersehbare Weise unvorhersehbar zu sein – denn herkömmliche Weisheiten, konventionelle Ansichten, öffentliche Meinungen, Gruppenzwang und Mehrheitsdenken können den neuen Segen ersticken, den Gott in unsere Leben bringen will. Darf ich dich ermutigen? Ziehe deine Kinder mit Spontaneität groß. Öffne dein Herz für neue Erfahrungen – neue Arten des Lernens und Führens. Lebe zukunftsorientiert, statt der Vergangenheit die Treue zu halten. Freu dich auf alles, was Gott für dich bereithält, und sei nicht überrascht, wenn er dich gezielt dazu aufruft, dir den Staub von den Füßen zu schütteln, und dich dann ins Unvorhersehbare schubst.

Mein Freund, die Berechenbarkeit

Obwohl ich glaube, dass Unberechenbarkeit (nicht Impulsivität oder Zwanghaftigkeit) von Vorteil sein kann, gibt es eindeutig Zeiten, in denen Berechenbarkeit dein Freund ist. So unvorhersehbar das Leben mit Jesus für die Jünger auch sein konnte, wenn es darum ging, dem Willen seines Vaters zu dienen und die Bestimmung seines irdischen Lebens als Mensch zu erfüllen, war Jesus bemerkenswert berechenbar. Auch in deinem Leben gibt es viele Bereiche, in denen dir Berechenbarkeit zugutekommt. Sich in das Weitaus-mehr-Leben hineinzubewegen, das alles übersteigt, was du erbitten oder dir vorstellen kannst, bedeutet auch, einen entschlossenen Charakter zu haben und ständig an Format und Gunst sowohl bei Gott als auch bei Menschen zuzunehmen. Die folgenden berechenbaren Eigenschaften werden dir dabei helfen.

Loyalität
Lebe so, dass Menschen deine Loyalität einschätzen können. Sei ein vertrauenswürdiger Weggefährte, ein offenes Ohr und jemand, der sich durch wechselnde Meinungen und veränderliche Lebensumstände nicht ständig erschüttern lässt.

Liebe und Loyalität sollen dir nicht verloren gehen.
Binde sie dir um den Hals; schnitze ihre Initialen in dein Herz.
Erwirb dir den Ruf, in Gottes Augen und in den Augen der
Menschen ein redliches Leben zu führen. – Sprüche 3,3–4 MSG

Verlässlichkeit

Verlässlichkeit geht Hand in Hand mit Glaubwürdigkeit. Dein Chef, deine Familie und deine Freunde müssen wissen, dass du verlässlich bist – dass du in deiner Bereitschaft, da zu sein und zu tun, was du dir vorgenommen hast, berechenbar bist. Sei nicht unberechenbar, wenn es darum geht, zu erscheinen. Deine Verlässlichkeit gibt anderen die Sicherheit, dass du jemand bist, auf den man zählen kann und den man anruft, wenn Widrigkeiten oder auch Gelegenheiten an die Tür klopfen.

Glaube

Weißt du, was du glaubst? Kennst du die Grundlagen deines Glaubens? Bei Hillsong haben wir grundlegende Überzeugungen, die das Kreuz, die Auferstehung und den Heiligen Geist betreffen. Um vorwärts zu kommen und für das Reich Gottes etwas zu bewirken, müssen wir in unserem Glauben entschlossen sein – das heißt, nicht auf jeder Trendwelle mitschwimmen und keine Wischiwaschi-Haltung zu biblischen Themen haben, sondern sicher zu wissen, *wem* und *was* wir glauben.

Selbst als er im Gefängnis war, sagte Paulus: »Ich weiß, an wen ich glaube, und ich bin überzeugt, dass er mächtig ist, das mir anvertraute Gut zu bewahren« (2Tim 1,12). Er ließ nicht zu, dass seine Umstände seinen Glauben beeinflussten. Er war zuversichtlich in dem, was er als wahr erkannt hatte, und entschlossen, es mit anderen zu teilen.

Verbindlichkeit

Das ist heutzutage kein beliebtes Wort. Eine Menge Leute fangen gut an, aber viele von ihnen sind schlecht darin, etwas zum Abschluss zu bringen. Am Anfang des Jahres geraten wir in Begeisterung – zuversichtlich in unseren Vorsätzen und fest entschlossen, etwas zu verändern. Doch es kommt nicht darauf an, wie du beginnst, wichtig ist, wie du es zu Ende bringst. Lass uns berechenbar sein, wenn es um unsere Verbindlichkeit geht.

Steh zu deinem Wort

Matthäus 5,37 (NEÜ) sagt: »Euer Ja sei ein Ja und euer Nein ein Nein.« Wir sollten altmodisch genug sein, dass unser Wort mehr wert ist als ein Vertrag.

Sei ehrlich in deinem Umgang und geradlinig in deiner Kommunikation. Gib Menschen keinen Anlass zu der Annahme, dass du nicht die Wahrheit sagst oder dein *Ja* ein *Vielleicht* oder dein *Nein* ein *Vielleicht nicht* ist. Ehrlichkeit wird dich in deine gottgegebene Bestimmung befördern.

Vision

Ein alljährlicher Höhepunkt für unsere Kirche ist der Visionssonntag, wenn wir uns per Livestream mit den mehr als Hunderttausend Menschen in den neunzehn Ländern verbinden, in denen Hillsong Church vertreten ist. Die Leute kommen an und sind gespannt auf die Präsentation und die Botschaft von Gott, die unseren Kurs festlegt und unseren Glauben für das vor uns liegende Jahr mobilisiert. Merkwürdigerweise ist es gar nicht so einfach, immer etwas anderes zu sagen, da wir unsere Vision ja nicht jedes Jahr ändern. Wir haben die Vision der Hillsong Church vor mehr als vierunddreißig Jahren festgelegt. Seitdem ist sie gewachsen und wir kündigen immer wieder Neuigkeiten an. Aber im Großen und Ganzen haben wir all die Jahre derselben Vision gedient und sind immer noch auf dem gleichen Weg. Von neuem über unsere Vision zu sprechen ist dann aber doch ganz leicht, weil sie in unseren Herzen immer noch frisch ist. Wir blicken höher, bleiben aber in dem geerdet, wozu Gott uns vor all den Jahren berufen hat.

Werde dir darüber klar, wer du bist und worum es dir geht. Lass dich nicht so leicht vom Kurs abbringen oder entmutigen. Lebe mit einer Vision, die fest mit den Zielen von König Jesus verbunden ist, und erlebe, wie er dich an Orte bringt, die du dir nie hättest vorstellen können.

Frisch und blühend

Es spielt keine Rolle, wie alt du gerade bist, im Reich Gottes gibt es für jeden die Möglichkeit, etwas beizutragen:

In den letzten Tagen wird es geschehen, so spricht Gott:
»Ich werde von meinem Geist ausgießen über alles Fleisch.
Eure Söhne und eure Töchter werden prophetisch reden,
eure jungen Männer werden Visionen haben
und eure Alten werden Träume haben.«
– Apostelgeschichte 2,17 EÜ

Jesus gab der Gemeinde vor mehr als zweitausend Jahren den Missionsbefehl, und der ist nicht veraltet! Jesus hat in Bezug auf Alter, Geschlecht, Bekenntnis oder Bildung keine Einschränkungen gemacht; er hat einfach jeden von uns beauftragt, am Reich Gottes zu bauen.

Der eine oder andere hat mich schon gefragt, wann ich in Rente gehe. Die Wahrheit ist, ich bin mitten in meinen Sechzigern und habe mich nie besser gefühlt. Ich lasse es nicht langsamer angehen, sondern drehe die Vision voll auf!

Das Reich Gottes ist generationenübergreifend und das Gleiche gilt für das Wort Gottes. Erst war Abraham da, dann kam Isaak und dann Jakob. Das Neue Testament beginnt mit dem Stammbaum Jesu, der alles in allem zweiundvierzig Generationen umfasst, und nach Gottes Gesamtplan waren es vierzehn Generation von Abraham bis David, vierzehn weitere Generationen von König David bis zur Gefangenschaft der Israeliten in Babylon und dann noch einmal vierzehn Generationen bis Jesus Christus. Das Wort Gottes sagt: »Eine Generation soll der anderen von deinen Taten erzählen« (Ps 145,4 HFA), und ich bin mit dem Erzählen noch nicht fertig!

Seit ich ein Kind war, spürte ich im Herzen, dass ich dazu berufen war, eines Tages unsere kirchliche Bewegung, die *Australian Christian Churches* (ACC), anzuführen. Mit sechsunddreißig Jahren war ich Vorsitzender auf bundesstaatlicher Ebene und im Alter von dreiundvierzig Jahren wurde ich zum Präsidenten der ACC auf nationaler Ebene gewählt.

Einige Leute fragen sich, warum ich die ganze zusätzliche Verantwortung übernommen habe, und manchmal habe ich mich das Gleiche gefragt. Zwölf Jahre lang diente ich einer wachsenden Bewegung von mehr als elfhundert unabhängigen Gemeinden; dann hatte ich das Gefühl, dass Gott mich zu etwas Neuem berief, mit der Zusage, dass es kein Rückschritt, sondern ein Schritt nach vorn sein würde. Es wäre gelogen, wenn ich sagen würde, dass ich mich in den ersten paar Wochen nicht ein wenig verloren fühlte. Aber ich kam schnell darüber hinweg, da ich wusste, dass das noch nicht der Höhepunkt meines Lebens gewesen war. Die letzten neun Jahre meines Lebens – in denen ich mich ohne weiteres als irrelevant oder als »Geschichte« hätte betrachten können – waren bislang sogar die bei weitem einflussreichsten, fruchtbarsten und erfreulichsten Jahre. Und zwar in einem Ausmaß, dass ich fassungslos den Kopf darüber schütteln muss, wie treu unser Gott ist.

Im Grunde habe ich immer in die Zukunft geblickt. Altes hinter dir zu lassen, fühlt sich nie bedrohlich an, wenn du deinen Blick in die Ferne richtest und aufregende neue Horizonte für dich entdeckst:

Der Gerechte wird sprossen wie ein Palmbaum,
er wird wachsen wie eine Zeder auf dem Libanon.
Die gepflanzt sind im Haus des HERRN,
sie werden gedeihen in den Vorhöfen unsres Gottes;
noch im Alter tragen sie Frucht, sind saftvoll und frisch.
– Psalm 92,13–15

Glaub mir: Ganz gleich, in welcher Lebensphase du gerade bist, deine Zeit ist noch nicht vorüber. Das alte Sprichwort »Wo Leben ist, da darf auch Hoffnung sein« gilt ganz gewiss für dieses wunderbare Abenteuer, das man Glauben nennt!

Ein Erbe hinterlassen und ein Erbe leben

Solange mir Gott den Atem dazu gibt, möchte ich als Leiter weiterhin mit gutem Beispiel vorangehen, das ist mein Herzenswunsch. Ich möchte ganz bewusst neue Leiter heranbilden – junge Leiter, die etwas Frisches und Innovatives in unser Team einbringen. Ich möchte jungen Menschen die Zustimmung geben, dass sie alles sein können, wozu Gott sie berufen hat, und ihnen ständig Möglichkeiten geben, sich zu bewähren. Allzu oft fühlen sich gestandene Leiter durch junge Leiter bedroht oder vertrauen ihnen nicht. Sie haben Angst, etwas von ihrer Autorität aufzugeben, und stehen am Ende mit einer ergrauten Gemeinde oder einer alternden Gruppe von Menschen da, denen es an Kreativität und Elan mangelt. Traurigerweise führt das mit ziemlicher Sicherheit zu einer Fokussierung auf die »glorreichen Zeiten« und zu mehr als nur ein paar leeren Sitzen. Ich liebe es, die Sitzreihen mit Menschen jeder Altersgruppe gefüllt zu sehen, angefangen bei den Jungen bis hin zu denen, die silberhaarige Weisheit beisteuern.

An die Stelle deiner Väter werden deine Söhne treten,
du wirst sie als Fürsten einsetzen im ganzen Land.
– Psalm 45,17

In diesem Sinne glaube ich, dass es meine Aufgabe als Leiter ist, jemand zu sein, der für die nächste Generation sowohl Raum schafft als auch die Decke anhebt. Ich möchte ein Königsmacher sein, der anderen Raum gibt zu wachsen und ihre Fähigkeiten und ihren Einfluss zu vergrößern. Doch du kannst keine Decke heben, die du nicht selbst erreichen kannst. Um also die Decke für andere Menschen zu erhöhen, musst du in deinem Leben und deiner Art der Leiterschaft ständig über dich hinauswachsen und dich weiterentwickeln.

König Salomos Herz war in keinem guten Zustand, als er fragte: »Warum arbeite ich so hart, nur damit andere dann die Früchte genießen?« (siehe Pred 2,21). In seinem verirrten Zustand konnte er keinen Sinn darin sehen, so hart zu arbeiten, wenn es doch andere sein würden, die den Segen erhielten. Wenn ich mir jedoch die Gemeinde anschaue, glaube ich, dass wir genau dazu da sind: Um jüngere Menschen zu rüsten, damit sie größere Dinge tun und längere Schritte machen können, als wir es jemals vermochten. Ich habe immer daran geglaubt, dass in einem funktionierenden Reich Gottes die Generationen zunehmend stärker werden sollten, wobei jede Generation auf den Fundamenten der vorherigen aufbaut.

Als Pastor liebe ich es zu sehen, wie Gott generationenübergreifend wirkt. Bei Hillsong segnen wir einmal im Monat neue Babys, und es ist eine solche Freude, nach über dreißig Jahren als Pastor derselben Gemeinde die Babys von inzwischen erwachsenen Babys zu segnen, die ich viele Jahre zuvor gesegnet habe. Das ist das Reich Gottes in Aktion, das einer neuen Jesus-Generation Leben einhaucht.

Bei dem Weitaus-mehr-Leben, das alles übersteigt, was du erbitten oder dir vorstellen kannst, geht es genauso sehr um dein Vermächtnis in anderen, wie es um dich selbst geht, und eine Erbschaft hat sowohl mit der Gegenwart als auch mit der Zukunft zu tun. Ein *hinterlassenes Erbe* kann durch materiellen oder immateriellen Reichtum (Vermögen und Ansehen) definiert sein, aber ein *gelebtes Erbe* ist beziehungsorientiert und gründet sich darauf, dem Hier und Jetzt Sinn und Zweck zu verleihen und zukünftigen Generationen zeitlose Werte mit auf den Weg zu geben.

Ich will Geschichte schreiben und nicht der Geschichte dienen. Ich möchte aus der Geschichte lernen, ohne die Fehler der Geschichte zu wiederholen. Ich achte die Geschichte und würdige die, die mir vorausgegangen sind und auf deren Schultern ich stehe, aber ich habe nicht die Absicht, mich von der Geschichte und einer fehlgeleiteten Loyalität gegenüber den Begrenzungen vergangener Generationen einschränken zu lassen.

Ich möchte den Widrigkeiten der Geschichte lieber trotzen, als mich in ihren Grenzen eingeengt zu sehen. Und ich will neue Geschichte schreiben und mich nicht nur an die früheren »guten alten Zeiten« oder an ihre Misserfolge und Enttäuschungen erinnern.

Was werden dein Vermächtnis und die nachfolgenden Generationen über dich sagen? Auf diese Frage antwortete der große englische Premierminister Winston Churchill: »Die Geschichte wird gut zu mir sein, denn ich beabsichtige, sie selbst zu schreiben.«[12] Ich möchte dich dazu ermutigen, »deine Geschichte« in einer Weise zu schreiben, die etwas von dem generationenübergreifenden Wesen Gottes zeigt. Blicke immer in die Zukunft, säe Gelegenheit schaffende Samen für andere und lebe ein Leben, das die Decken anhebt, die dich einschränken und zurückhalten.

Auf der Decke tanzen

Im Leben mit Christus geht es immer darum, nach vorne zu schauen – deinen Blick auf die Zukunft zu richten und Zuversicht in unsere Hoffnung zu haben, dass es in diesem Leben mehr gibt als das, was wir gegenwärtig sehen können. Unsere heutigen Gelegenheiten, Entscheidungen und Segnungen drehen sich nicht nur um uns, sondern auch darum, andere in ihre von gottgegebenen Bestimmungen freizusetzen.

Meine Definition von Erfolg ist der Aufbau einer Plattform, auf der künftige Generationen siegreich sein können. Gott hat mir, bildlich gesprochen, einen wunderbaren Boden gegeben, auf dem ich aufbauen kann, einen Grund, den die vorherige Generation gelegt hat, damit ich darauf gehen und Gott dienen kann. Letztendlich möchte ich aber, dass meine Decken die Böden sind, auf der die Generation meiner eigenen Kinder tanzen wird – Böden, die als Grundlage dienen, um die Decke über den Leben anderer anzuheben und das Reich Gottes für künftige Generationen voranzubringen.

14

Geistlich tot und geistlich lebendig

Flughafenangst – gibt es so was? International zu reisen ist derzeit eine monatliche, wenn nicht wöchentliche Pflichtübung für mich. Mit Hillsong Churches in verschiedenen Ländern und auf mehreren Kontinenten fühlen sich Flughäfen manchmal wie eine zweite Heimat für mich an. Schon seit langem hege ich eine Abneigung gegen lange Schlangen bei der Einwanderungskontrolle und der Zollabfertigung. Es ist ja nicht so, dass ich Schmuggelware mit mir führe oder mir Sorgen darüber mache, was man in meinem Gepäck finden könnte. Tatsächlich ist es sogar schon eine ganze Weile her, dass ich gebeten wurde, mein Gepäck zu öffnen. Es ist nur so, dass meine nicht sonderlich stark ausgeprägte Geduld schlecht damit zurechtkommt, nach einem langen Flug von Bord zu gehen, um die letzte Ecke zu biegen und festzustellen, dass sich vor mir eine weitere Ladung müder Passagiere in Richtung Einwanderung schiebt.

Wenn ich aus einem Flugzeug eile, habe ich nur ein Ziel vor Augen: so viele bummelnde, umherstreifende und zaudernde Menschen wie möglich hinter mir zu lassen und auf kürzestem Weg alle notwendigen Prozesse zu durchlaufen, um endlich durch die Ausgangstüren nach draußen zu gelangen und frische

Luft einatmen zu können. Jeder, der mich jemals auf einem Flug begleitet hat, kann über meine zielstrebige Mission, allen anderen davonzueilen, amüsante Geschichten erzählen. (Ich weiß, dass ich den Frucht-des-Geistes-Test hier nicht bestehe, also bitte keine Predigten!)

Aber es scheint so, als wären die elektronischen »Smart Gates« die neue Weltordnung des 21. Jahrhunderts. Man scannt einfach seinen Pass, beantwortet ein paar Fragen, drückt einige Knöpfe, schaut in eine automatische Kamera und lässt sich ablichten. Dann öffnen sich die Glastüren und schon kann man loslaufen! Das ist ein Tempo, wie es mir gefällt.

Zugang ist alles. Er ist in vielerlei Hinsicht extrem wichtig. Die meisten von uns in der westlichen Welt sind dankbar für den Zugang zu sauberem Trinkwasser, medizinischer Versorgung und Kirchen, die wir ungehindert betreten können. Vielleicht hast du einen Schlüsselbund mit vielen Schlüsseln bei dir, die dir Zugang zu deinem Zuhause, Auto, Arbeitsplatz, Postfach oder Safe geben – Schlüssel, die dir den Zugang zu einem uneingeschränkten und effektiven Leben geben.

Was wäre, wenn ich dir sagen würde, dass du auch Zugang zu mehr Leben, zu mehr Reich Gottes, zu mehr Liebe, Freude, Frieden, Segen, Ausstrahlung und Gnade hast, die das Leben in Gottes Willen bestimmen? Dieser Zugang ist nichts, wofür du kämpfen oder dich anstellen musst, auch nichts, wofür Formulare auszufüllen sind oder was alle fünf Jahre erneuert werden muss. Nein, das Wort Gottes sagt es klar: »Durch ihn haben wir beide durch einen Geist den Zugang zum Vater« (Eph 2,18 ELB). Mit »ihn« ist Jesus gemeint, der Sohn Gottes. Und was wissen wir über den Vater? Lass es mich dir sagen.

Er ist allwissend, stets gegenwärtig und auf Schritt und Tritt greifbar. Er ist Liebe und Licht und Hoffnung und Freude. In ihm ist Stärke, wenn du dich ganz schwach fühlst, er birgt die Antworten auf deine drängendsten Fragen und er gibt deinem Leben Fülle. Seine Kraft wirkt unablässig in dir und er ist in der Lage, mehr zu tun – unermesslich viel mehr –, als du erbitten, erdenken oder dir vorstellen kannst. Und das Beste daran ist, dass er leicht zugänglich ist und den Schlüssel zu deinem überfließenden Leben und einen genauen Plan für deine täglichen Bedürfnisse hat. Und wohin du auch gehst, sein Stempel der Gunst liegt stets griffbereit. Er hat immer noch mehr auf Lager.

Zugang durch Lebendigkeit

Hast du das Gefühl, dass du zu allem, was Gott tut, Zugang hast? Ist dein geistliches Leben morgens beim Aufwachen voller Energie und Leben? Oder bist du körperlich zwar anwesend, aber geistlich gedrosselt? Bist du geistlich lebendig oder einfach nur am Leben? Jetzt, da wir uns dem Ende dieses Buches nähern und uns darum bemüht haben, einige der Geheimnisse des Weges mit Gott zu enthüllen, kannst du ehrlich sagen, dass du aktiv auf der Suche nach allen Dimensionen seines Plans für deine Zukunft bist? Oder lässt du dich treiben und bist damit zufrieden, einfach nur zu existieren, weil du glaubst, dass deine gegenwärtige Realität alles ist, was Gott für dich hat? Hoffst du zwar auf mehr, aber betest nicht aktiv dafür und suchst auch nicht danach?

Als Gott Adam Leben einhauchte, wurde der Mensch sowohl körperlich als auch geistlich lebendig. Wenn dir das nicht schon passiert ist, wird es dir an dem Tag passieren, an dem Christus dir deine Sünden vergibt und du in die Familie Gottes eintrittst. Die Geschichte deines geistlichen Lebens beginnt an diesem Tag, und wenn du auch nur im Geringsten so bist wie die »Baby-Christen«, mit denen ich in Kontakt komme, wirst du vor neuem Leben sprühen und den vor dir liegenden Weg voller Hoffnung und Spannung erwarten.

Vielleicht hat dir die Zeit ja auch ein wenig von deiner Leidenschaft geraubt. Vielleicht würdest du sagen, dass deine Begeisterung nachgelassen hat. Falls es nötig wäre, in der Schlange zu stehen, um in den Gottesdienst hineinzukommen, würdest du dann auch heute noch in der Kälte stehen, wenn du feststellst, dass du einen Gottesdienst verpasst hast und auf den nächsten warten musst? Ich möchte nie vergessen, dass ich der Empfänger des größten Geschenks bin, das auf diesem Planeten jemals gegeben wurde. Ich möchte, dass meine Leidenschaft widerspiegelt, dass ich der Träger der besten Nachricht bin, die die Menschheit je empfangen hat, dass ich hier und jetzt das Sprachrohr von Jesu Botschaft bin.

Aber ich möchte darauf hinweisen, dass geistliches Leben und geistliche Aktivität nicht dasselbe sind. Während ich aufwuchs, ging ich in eine Gemeinde, die man nur als Pfingstkirche auf Steroiden bezeichnen kann. Meine Gemeinde war voller Leidenschaft. Ich kann mir noch immer das Bild von einer Handvoll dieser begeisterten Menschen vor Augen rufen, die für immer in meinen Kindheitserinnerungen verewigt sind.

Jeder wurde entweder als »Bruder« oder »Schwester« bezeichnet, allerdings habe ich ihre Namen in diesem Buch geändert, um ihre Identität zu schützen. Nehmen wir zum Beispiel Bruder Klein. Er stand an der Tür und begrüßte die Leute jeden Sonntag. Bruder Klein gehörte dieser Platz, und er stellte sicher, dass es auch seiner – und nur seiner – blieb. Ein anderer war Bruder Pillsbury, wahrscheinlich einer der ermutigendsten älteren Herren, die man hätte treffen können. Sein Benehmen war sanft und seine Augen gütig, wenn er meine Schulter spielerisch knuffte und jedes Mal Worte des Lebens zu mir sprach, wenn ich als kleiner Junge an ihm vorbeikam. Dann gab es noch Bruder Morton und Bruder Milner – gute Männer, wie ich sie in Erinnerung habe, verlässlich und solide. Bruder Dejong war achtfacher Vater. Sein ältester Sohn ist bis heute einer meiner engsten Freunde und leitet eine blühende Gemeinde in Neuseeland.

Dann waren da noch die Frauen. Zuerst kommt mir Schwester Jenkins in den Sinn. Sie war eine temperamentvolle Dame mit einem festen Platz in der zweiten Reihe links vom Mittelgang. Jedes Mal, wenn sich der Prediger in den Gang verirrte, während er allzu begeistert und lebhaft predigte, hatte sie ein Bonbon parat, das sie ihm zusteckte, wenn er vorbeikam. Oma Ethel sang mit einer Stimme, die den ganzen Saal erschütterte, und war den anderen immer eine Strophe voraus, was ihr Gelegenheit gab, den Raum mit ihrer etwas schrillen Stimme zu füllen. Sie war sehr klein gewachsen, aber man wusste immer, ob sie im Gottesdienst war! Schwester Paterson tanzte und schüttelte sich während des Lobpreises so heftig, dass die Bänke und Reihen um sie herum in Zustimmung zu vibrieren schienen.

Diese Kirche brachte Leidenschaft auf eine ganz neue Ebene. Ich könnte dir tagelang Geschichten über einige der verrückten Dinge erzählen, die ich gesehen habe. Ich habe viele gute Erinnerungen an die Gemeinde meiner Kindheit, aber ganz sicher möchte ich heute etwas anderes leiten.

Es ist nur so, dass dieses Umfeld damals zwar mit geistlicher Betriebsamkeit gefüllt war – die Atmosphäre brummte vor geistlichem Reden und religiösen Praktiken –, es aber hinter den Kulissen niedergeschlagene Gläubige, Verleumdung, Klatsch und muffige Denkweisen gab.

Geistliche Aktivität ist einfach nicht dasselbe wie geistliches Leben.

Wenn ich an eine Kirche denke, die geistlich lebendig ist, dann denke ich an einen Ort, der pulsierend ist und voller Glaube und Gnade. Ein Ort, an dem verlorene Menschen zu Hause willkommen geheißen werden, unabhängig von Alter, Geschlecht, sozialem Status oder irgendwelchen anderen bestimmenden Faktoren. Eine Kirche, die sich auf Jesus konzentriert und sich ständig auf die unvergleichliche Kraft seines Namens und auf die Hoffnung, die er jedem bietet, verlässt. Eine Kirche, die geistlich lebendig ist und ganz offensichtlich Gott liebt, Menschen liebt und das Leben liebt – nicht nur an Sonntagen oder während kirchlicher Veranstaltungen, sondern aus dem Überfluss der Liebe heraus, indem sie ständig tätig ist und sich auf den Missionsbefehl konzentriert, wo immer es nötig ist und was es auch kostet. Eine Kirche, die auf das Reine und Ehrenwerte achtet und aktiv daran arbeitet, den Klatsch mit all seiner Hässlichkeit und die Unzufriedenheit im Leib Christi einzudämmen. Eine Kirche, die sich auf gesunde Gemeinschaft, Beziehungen und Partnerschaft konzentriert, in denen die Gnade immer den Vorrang vor dem Gesetz und den Werken hat.

Wenn ich an Menschen denke, die geistlich lebendig sind, denke ich an solche, die eifrig für ihren Glauben sind. Wenn ich über die Wesensart der Menschen in der Kirche nachdenke, die ich leiten möchte, dann denke ich an Menschen, die im Geiste jung, in ihrem Herzen großzügig, in ihrem Bekenntnis von Glauben erfüllt, in ihrem Charakter liebevoll und in ihrem Ausdruck einladend sind. Geistlich lebendige Menschen erkennen ihr Bedürfnis nach Gott und ihre Abhängigkeit vom Heiligen Geist, der sie in allem, was sie tun, leitet, unterweist und unterstützt.

Deshalb haben wir diesen Bibeltext:

»Was kein Auge jemals gesehen und kein Ohr gehört hat, worauf kein Mensch jemals gekommen ist, das hält Gott bereit für die, die ihn lieben.« – 1. Korinther 2,9 GNB

Aber *du hast* es gesehen und gehört, weil Gott durch seinen Geist alles vor dir ausgebreitet hat.

Der Geist, der sich nicht damit begnügt, nur an der Oberfläche zu dümpeln, taucht in die Tiefen Gottes ein und bringt herauf, was Gott schon immer geplant hat. Wer weiß schon, was du denkst und planst, außer dir selbst? Dasselbe gilt für Gott – außer, dass er nicht nur weiß, was er denkt, sondern *uns* auch einweiht. Gott bietet einen vollständigen Bericht über die Gaben des Lebens und der Errettung an, die er uns gibt. Wir müssen uns nicht auf die Vermutungen und Ansichten der Welt verlassen. Wir haben es nicht durch Bücher erfahren oder in der Schule gelernt; wir haben es von Gott erfahren, der es uns persönlich durch Jesus vermittelt hat, und wir geben es auf die gleiche direkte und persönliche Art und Weise weiter.

Das nicht-geistliche Ich, wie es von seinem Wesen her ist, kann die Gaben des Geistes Gottes nicht empfangen. Es hat nicht das nötige Fassungsvermögen. Sie scheinen so albern zu sein. Geist kann nur durch Geist erkannt werden – Gottes Geist und unser Geist in offener Gemeinschaft. Geistlich lebendig haben wir Zugang zu allem, was Gottes Geist tut, und können von nicht-geistlichen Kritikern nicht beurteilt werden (siehe 1Kor 2,9–16).

Wenn ich dir in diesem vorletzten Kapitel von *Es gibt mehr* noch eine Sache mit auf den Weg geben kann, bevor sich unsere Wege wieder trennen, dann diese: Strebe nach geistlichem Leben. Das ist mein Gebet für dich. Lass uns die gerade angeführten Worte von Paulus beherzigen, die uns ermutigen, dass wir Zugang zu allem haben – ja, zu *allem* –, was Gottes Geist tut, wenn wir geistlich lebendig sind (aufmerksam, aktiv, begeistert und uns vorwärtsbewegend).

Lerne von Apollos

Apollos war ein Ägypter aus Alexandria, einer Stadt an der Mündung des Nils. Er war ein Zeitgenosse von Paulus und diente Christus als Apostel. Alexandria, wo Apollos aufgewachsen war, bildete das perfekte Übungsgelände für seine Gabe der Rhetorik und seinen Redestil, für die er bekannt war. Alexandria war ein Zentrum der Bildung und des Lernens. Es soll dort eine Bibliothek mit rund vierhunderttausend Büchern gegeben haben. Die Stadt wurde von Alexander dem Großen gegründet, der sie zu einem intellektuellen Epizentrum machen wollte, in dem die griechische Sprache, Kultur und Philosophie nicht nur hochgehalten wurde, sondern wo man auch debattierte, in dem Bemühen, die Denkweise der Massen zu verändern.

Zum ersten Mal begegnen wir Apollos in der Apostelgeschichte, und ich glaube, wir können vom Leben dieses Mannes, der so offenkundig geistlich lebendig war, viel lernen:

Aber ein Jude mit Namen Apollos, aus Alexandria gebürtig, kam nach Ephesus, ein beredter Mann, der mächtig war in den Schriften. Dieser war unterwiesen im Weg des Herrn und feurig im Geist; er redete und lehrte genau über das, was den Herrn betrifft, kannte aber nur die Taufe des Johannes. Und er fing an, öffentlich in der Synagoge aufzutreten. Als nun Aquila und Priscilla ihn hörten, nahmen sie ihn zu sich und legten ihm den Weg Gottes noch genauer aus. Als er aber nach Achaja hinübergehen wollte, ermunterten ihn die

Brüder und schrieben an die Jünger, dass sie ihn aufnehmen
sollten. Und als er dort ankam, war er eine große Hilfe für
die, welche durch die Gnade gläubig geworden waren. Denn
er widerlegte die Juden öffentlich mit großer Kraft, indem
er durch die Schriften bewies, dass Jesus der Christus ist.
– Apostelgeschichte 18,24–28

Hör dir das an: Apollos war mächtig in den Schriften. Ich frage mich, ob man dich oder mich als »mächtig in den Schriften« bezeichnen könnte? Du kennst das Wort Gottes vielleicht, aber wächst du auch darin? Entdeckst du neue Dinge, gräbst du in der Bibel, dieser endlosen Quelle, und forschst nach der Wahrheit, um sie in deinem Leben anzuwenden? Das Wort zu lesen ist für deinen Weg unbedingt erforderlich. Es ist zweifellos der nächste Schritt, wenn du es noch nicht zu deiner täglichen Gewohnheit gemacht hast. Alles, was Gott dir über das für dich bestimmte Leben der Fülle gerne sagen, zeigen und beibringen möchte, ist in diesem heiligen Text verborgen.

Während unserer gemeinsamen Zeit habe ich mein Bestes getan, einige bekannte Geschichten mit dir zu lesen und noch andere Bibelstellen auszugraben, in der Hoffnung, dass es lehrreich und erhellend für dich ist und dir eine neue Sicht auf diese zeitlosen Worte gibt. Feuer neigt zum Erlöschen, wenn es nicht ständig neue Nahrung bekommt, und der Weg, die Flamme des Geistes in dir zu entfachen, besteht darin, die von Gott eingegebenen Worte deines himmlischen Vaters zu hören.

In 5. Mose 29,29 (EÜ) steht: »Was noch verborgen ist, steht bei dem HERRN, unserem Gott. Was schon offenbar ist, gilt für uns und unsere Kinder auf ewig: dass wir alle Bestimmungen dieser Weisung halten sollen.« Willst du wissen, was alles offenbart wurde? Werde wie Apollos mächtig im Wort.

Dieser alexandrinische Lehrer war auch im Geiste feurig. Ich liebe es, leidenschaftliche Menschen um mich herum zu haben – Menschen wie Anthony, einen inspirierenden jungen Mann, der in unserem kalifornischen Büro für mich arbeitet. Jedes Mal, wenn Anthony mir über den Weg läuft, begrüßt er mich, indem er sagt: »Welch ein Tag!« Am Anfang, als ich ihn diese Lobeshymne immer wieder sagen hörte, lachte ich über seinen Eifer, denn ich bekam mit, wie er es an den besten und an den schlechtesten, an den kältesten und an den heißesten, an den einfachsten und an den schwierigsten Tagen sagte. Ist es nur oberflächliche Begeisterung oder ist Anthony davon überzeugt? Ich denke, er liebt das Leben und ist bestrebt, jeden Tag zu seinem besten zu machen. So ist er, und es ist ansteckend.

Dann ist da noch Lee, den ich in Kapitel 9 erwähnt habe. Frag Lee, wie es ihm geht, und er hat immer die gleiche Antwort auf Lager: »Ich lebe den Traum.« Er ist für diese Aussage bekannt, und ich denke, er hat sie vielleicht sogar in Existenz gerufen, denn ich sehe ihn in allem glänzen, was er in die Hand nimmt.

Menschen, die in Christus lebendig sind, wirken ansteckend. Und wenn du so lebst, kann dein Dienst an König Jesus in dir eine Leidenschaft entstehen lassen, die Menschen zu der Botschaft hinzieht, um die es uns allen geht. Stell dir eine Kirche vor, die für Gott leidenschaftlich brennt. Stell dir Menschenmassen vor, die jeden Sonntag zu seinem Haus drängen und gar nicht wieder gehen wollen. Stell dir bei deiner Familie und deinen Freunden eine feurige Begeisterung vor für die Liebe Gottes und die Ausgießung des Heiligen Geistes. Römer 12,11 (NEÜ) ermahnt uns eindringlich: »Werdet im Fleiß nicht nachlässig, lasst den Geist Gottes in euch brennen und dient so dem Herrn!«

Wir haben ja bereits über das Wesen der Wahrhaftigkeit und über die Notwendigkeit eines Lebens voller Aufrichtigkeit und

Offenheit gesprochen, also rede ich hier nicht davon, diese Art von Begeisterung vorzutäuschen und Tag für Tag eine frohe Miene aufzusetzen, nur um dich als würdiger Diener des Herrn zu zeigen. Es ist etwas Schönes, mit Leidenschaft zu leben, auch inmitten von Enttäuschung oder Trauer. Ich empfinde großen Respekt für Menschen, die inmitten von Kummer nach Hoffnung Ausschau halten und selbst in den dunkelsten Umständen einen Lichtschimmer finden können. Wenn man den Weg mit dem Herrn geht, ist so was möglich. Das bedeutet es, eine tiefe Beziehung, Vertrauen auf seine Verheißungen und ein Verständnis von »geistlichem Eifer« zu haben.

Gottes Liebe sollte uns dazu anregen, ihm mit Freude zu dienen. Das Geschenk der Erlösung, das wir empfangen haben, sollte zur Folge haben, dass in uns eine Quelle der Leidenschaft und der Hingabe sprudelt, Jesus mit unserem ganzen Leben folgen zu wollen. Apollo wuchs nicht nur im *Wort* des Herrn, sondern auch in den *Wegen* des Herrn. Apostelgeschichte 18,25 (MSG) sagt: »Er war gut geschult in den Wegen des Meisters.« Zu viele Menschen kennen nur das *Wort*, aber nicht die *Wege* des Herrn.

Was ist der Unterschied zwischen Jesu Wort und seinen Wegen? Hast du darüber schon mal nachgedacht? Im Lauf der Jahre bin ich vielen Menschen begegnet, die im Wort stark sind und den Kontext von Schriftstellen erläutern können, indem sie auch immer wieder auf andere Schriftstellen verweisen. Doch auch wenn sie das Wort gut kennen, schwächeln leider manche, wenn es in Bezug auf die Wege des Meisters um die Frucht des Geistes geht – um die Gnade, die Jesus gegenüber gebrochenen und verletzten Menschen gezeigt hat. Hast du schon mal jemanden getroffen, der stolz auf sein Wissen oder seine theologischen Kenntnisse und Qualifikationen ist, anderen gegenüber aber einen zornigen und kleinlichen Geist erkennen lässt? Ist eine solche Person geistlich lebendig? Da bin ich mir nicht so sicher.

Solche Menschen brauchen den Wunsch, in den Wegen des Herrn und nicht nur in seinem Wort leben zu wollen. Diese Art von Haltung spiegelt sich in Psalm 25,4–5 wider:

HERR, zeige mir deine Wege
und lehre mich deine Pfade!
Leite mich in deiner Wahrheit und lehre mich,
denn du bist der Gott meines Heils;
auf dich harre ich allezeit.

Hast du im Gegensatz dazu schon mal jemanden getroffen, der zwar im Geist feurig ist, dem aber eine solide Grundlage im Wort fehlt? Die Bibel sagt, dass Apollos nicht nur mit Leidenschaft sprach, sondern auch in seiner Lehre genau war. Sei überzeugt *und* sei genau. Verwässere das Wort nicht durch einen Mangel an Wahrheit. Wenn du ein erfahrener Christ bist, widme dich dem ständigen Lernen und verlasse dich auf Lehre, die nicht nur dein Leben aufbaut, sondern dich auch befähigt, das Leben anderer aufzubauen.

Mir gefällt, dass die Bibel auch Apollos' Begabung betont. Von einer Bibelstelle wissen wir, dass er nicht nur ein gelehrter Mann, sondern auch ein »glänzender Redner« war (Apg 18,24 NGÜ). Apollos hatte Erfolg mit seiner Gabe und benutzte sie, um Gott zu verherrlichen.

Wenn du deine Gaben mit den Zielen Gottes verbindest, wirst du dabei nie verlieren. Was tust du? Gehst du zur Schule? Bist du zu Hause bei deinen kleinen Kindern? Baust du eine Firma auf? Leitest du einen Dienst? Vielleicht sind deine Kinder gerade flügge geworden und du bist dir nicht sicher, was du jetzt mit dir anfangen sollst. Nun, wie sieht der morgige Tag aus? Wem wirst du begegnen und was hast du beizutragen?

Apollos folgte Christus. Er liebte die Dinge, die Jesus liebte, und verbrachte sein Leben damit, sie zu verfolgen. Genau wie Apollos kannst du das, was in deiner Hand ist, nehmen und es benutzen, um zu erfüllen, was in deinem Herzen ist. Benutzt du deine Gaben zur Ehre Gottes? Deine von Gott gegebenen Gaben werden erst vollständig zur Entfaltung kommen, wenn du sie für Gott einsetzt.

Ein fortlaufender Prozess

Wenn man einmal darüber nachdenkt, ist unser Wachstum ein fortlaufender Prozess. Das geistliche Leben ist eine Reise, kein Ziel. Apostelgeschichte 18,25 (MSG) hält fest: »Apollos war in allem, was er über Jesus lehrte, *bis zu einem gewissen Punkt* korrekt«. Er war mächtig in den Schriften, hatte aber noch viel zu lernen. Er war korrekt … bis zu einem gewissen Punkt. Auf welcher Stufe ist dein geistliches Leben stehengeblieben?

Wir können in einem bestimmten Rhythmus steckenbleiben: Sonntags beim Gottesdienst erscheinen, immer am selben Platz sitzen und immer mit denselben Leuten reden. Es kann leicht passieren, dass man all die richtigen Dinge sagt und all die richtigen Dinge tut, aber im geistlichen Ich trotzdem jegliches Wachstum fehlt. An welchem Punkt bist du? Bleib da nicht stehen – Gott hat noch so viel mehr.

Geistlich lebendig zu sein bedeutet, ein ständig Suchender zu sein – nach den Wegen Gottes zu suchen und auf ihnen zu gehen. Denk einen Moment darüber nach. Seine Wege sind es, die Verletzten zu lieben, das Reich Gottes zu predigen und die Gemeinde zu bauen. Jesus liebte den Vater, die Verlorenen, die Armen, die Welt und die Gemeinde. Wenn du dich fühlst, als hättest du dich festgefahren oder wärst an einem Punkt angekommen, von dem aus es nicht weitergeht, suche nach den Dingen, die Jesus liebte.

Der Apostel Johannes schrieb: »Wer behauptet, mit Gott vertraut zu sein, sollte die gleiche Art von Leben führen, wie Jesus es tat« (1Joh 2,6 MSG). Als Nachfolger Christi nehmen wir *schon jetzt* am Leben Jesu teil. Und die Art und Weise, wie wir mit unserem Leben umgehen, auch in den Bereichen, die noch unfertig sind, ist sehr wichtig.

Lass dich nicht durch persönliche Unzulänglichkeiten davon abhalten, vorwärtszukommen. Unterschätze nicht, was der Geist Gottes in dir tun kann, wenn du danach strebst, seine Wege kennenzulernen und ihnen nachzueifern.

Demütig und kühn

Begeben wir uns zu Priszilla und Aquila, die beiden anderen, die in Apostelgeschichte 18 namentlich genannt werden. »Apollos war in allem, was er über Jesus lehrte, bis zu einem gewissen Punkt korrekt, aber er kam nur bis zur Taufe des Johannes. Er predigte am Versammlungsort mit Macht. Als Priszilla und Aquila ihn hörten, nahmen sie ihn zur Seite und erzählten ihm den Rest der Geschichte« (Apg 18,25–26 MSG).

Hast du jemals innegehalten und dich gefragt, was das bedeutet? Wer waren diese beiden und was sagten sie zu ihm? Die Bedeutsamkeit dieser Beziehung geht weit über das hinaus, was diese eine Zeile vermuten lässt. Priszilla und Aquila waren Handwerker. Sie waren Zeltmacher, mit einem bescheidenen Handel, sie waren jüdischer Abstammung und vermutlich übten sie in der Gemeinde ein Ehrenamt aus.

Was mich an dieser Beziehung zwischen ihnen und Apollos am meisten beeindruckt, ist die Demut dieses redegewandten Alexandriners und seine Bereitschaft, sich von Zeltmachern unterweisen zu lassen. Er hatte in Alexandria wahrscheinlich zu den Füßen großer Gelehrter gesessen, aber er erlaubte einfachen Handwerkern, seine Predigten in Ephesus zu korrigieren. Die Bereitschaft zu empfangen ist für unser geistliches Wachstum entscheidend. Unsere Fähigkeit, Korrektur zu akzeptieren, Lehren zu hören und in unserem Denken herausgefordert zu werden, zeigt große Demut und Aufnahmefähigkeit:

Hochmut endet in Erniedrigung,
aber Demut bringt Ehre. – Sprüche 29,23 NLB

Beachte auch, wie Priszilla und Aquila Apollos gegenübertraten. Die Bibel sagt, »sie nahmen ihn zur Seite«. Sie gingen damit nicht in irgendwelche sozialen Medien. Sie kritisierten oder verurteilten ihn nicht öffentlich und nahmen ihn nicht vor allen anderen in die Zange. Sie versuchten nicht, ihn in Verlegenheit zu bringen oder ihn mit ihrem eigenen Wissen zu beeindrucken. Bei ihrer Herangehensweise ging es um Ehre.

Ich glaube, wir können von ihren Methoden alle etwas lernen. In einer Zeit der sofortigen Befriedigung und schneller Berichterstattung habe ich allzu oft erlebt, wie großartige Männer und Frauen mit großen Plattformen sich selbst in Verlegenheit brachten, weil es ihren Reaktionen auf Andersdenkende an Demut fehlte.

Ja, es gibt viele Menschen, die in böswilliger Absicht den Kontakt suchen, aber es gibt auch massenweise Menschen mit aufrichtigen Fragen und viele Leute, von denen wir etwas lernen könnten, wenn wir nur demütig genug wären, ihnen zuzuhören. Wir alle sind auf einer Lernreise. In dem Moment, in dem wir denken, dass wir Recht haben und alle anderen im Unrecht sind, bewegen wir uns auf gefährlichem Boden.

Tom Wright, einer der weltweit führenden Gelehrten des Neuen Testaments, sagte einmal, 20 Prozent dessen, was er lehre, sei falsch – er wisse nur nicht, welche 20 Prozent es sind![13] Keiner von uns hat ausgelernt und deshalb sind wir gemeinsam besser. Gott hat die Gemeinschaft aus gutem Grund geschaffen, also legen wir uns ins Zeug und lernen voneinander. Niemand hat alle Antworten und niemand hat die Wahrheit für sich gepachtet. Wir müssen demütig genug sein, damit unsere Unzulänglichkeiten uns nicht davon abhalten zu wachsen, zu lernen und in das Mehr hineinzukommen, das uns erwartet.

Schnalle deine Sauerstoffflasche um

Was fällt dir ein, wenn du an die Tiefen denkst? Wie oft bist du schon an der Oberfläche des Ozeans geschwommen und hast darüber nachgedacht, was da alles unter dir ist?

Vor einigen Jahren hatte ich das Privileg, am Great Barrier Reef zu tauchen. Es war schwierig, von der Oberfläche aus zu sehen, was genau da unten war, aber nachdem ich in die Tiefe des Wassers hinabgetaucht war, boten das Leuchten, die Farben, die unglaubliche Schönheit und die endlose Meeresfauna und -flora einen unbeschreiblichen Anblick. Ich hatte so etwas noch nie zuvor gesehen.

Es gibt unter den Wellen des Ozeans so viel mehr, als unsere Augen jemals wahrnehmen können, und das Gleiche gilt für unser geistliches Leben, unseren Weg mit Gott und unsere herrliche Zukunft. »Der Geist, der sich nicht damit begnügt, nur an der Oberfläche zu dümpeln«, schrieb der Apostel, »taucht in die Tiefen Gottes ein und bringt herauf, was Gott schon immer geplant hat« (1Kor 2,10 MSG). Ich *liebe* diesen Gedanken!

Tauchst du in die Tiefen Gottes ein? Forschst du nach der Weite seiner unendlichen Güte und Liebe? Erkundest du unbewohnte Orte und verborgene Schätze, die tief unter der Oberfläche seiner Barmherzigkeit und Gnade liegen? So tief und weit der Ozean ist, so tief ist seine Liebe zu dir und so umfassend sind auch seine Pläne für dein Leben. Glaubst du das? Bist du voller Leben und Hoffnung, im Inneren geistlich lebendig, oder bleibst du gerade so am Leben?

In dem Film *The Shallows – Gefahr aus der Tiefe* surft eine junge Frau namens Nancy vor einer verlassenen Küste und genießt den Anblick des weitentfernten Festlands. Wie aus dem Nichts geschieht das Undenkbare und sie wird von einem großen Weißen Hai gebissen. Sie hat Mühe, sich an ihrem Surfbrett festzuhalten und versucht, den unerwarteten Angreifer abzuwehren. Verwundet und allein klammert sie sich an einen Felsen und versucht verzweifelt zu überleben.

So sind viele Christen: einfach nur geistlich Überlebende. Sie wurden verwundet und gekränkt, vielleicht wurde ihnen auch Unrecht getan oder man hat sie verkannt, und statt in die Tiefe zu tauchen, dümpeln sie an der Oberfläche, um sich von ihren Verletzungen zu erholen.

Es ist nicht zu leugnen: Geistliche Wunden tun weh. Sie sind oft tief und verheerend und infizieren sich mit Zweifel und Hoffnungslosigkeit. Wir dürfen nicht zulassen, dass geistliche Wunden zum geistlichen Tod führen. Keine Enttäuschung diesseits des Himmels sollte uns von dem Reichtum des Lebens in seiner ganzen Fülle abhalten.

Wem musst du vergeben, damit du weitergehen kannst? Welche Denkweisen musst du ändern und welche Gedanken musst du zurückweisen? Welche gottwidrigen oder unangemessenen Worte, die über dein Leben ausgesprochen worden sind, musst du an der Oberfläche zurücklassen, damit du tiefer gehen und das Mehr entdecken kannst, das auf dich wartet?

In 1. Korinther 2,9–10 steht:

Wie geschrieben steht:
»Was kein Auge gesehen und kein Ohr gehört
und keinem Menschen ins Herz gekommen ist,
was Gott denen bereitet hat, die ihn lieben«.
Uns aber hat es Gott geoffenbart durch seinen Geist;
*denn der Geist erforscht alles, auch **die Tiefen Gottes**.*

Als wollte er diese Verse mit seinen Worten wiedergeben, schrieb der Prediger und Autor Max Lucado: »Unser Fassungsvermögen, um Gottes Liebe zu erfahren, wird voll ausgeschöpft sein, lange bevor Gottes Fähigkeit, sie zu geben, überstrapaziert ist.«[14]

Existierst du geistlich nur oder bist du geistlich lebendig? Bist du nicht mehr zufrieden damit, nur an der Oberfläche zu dümpeln, die Dinge Gottes nur aus der Ferne zu beobachten? Sehnst du dich stattdessen verzweifelt danach, in die Tiefe zu tauchen, zu all dem, was dort auf dich wartet?

So wie es am Meeresboden mehr gibt, als wir uns je vorstellen können – Höhlen voller Schönheit und Wunder, versunkene Berge voller Leben und brodelnder Kraft, unentdeckte Arten, unverrückbare Felsen der Wahrheit unter den Wellen –, werden wir auch in die Tiefen von Gottes Wesen niemals ganz vordringen. Wir werden niemals ans Ende der Wunder Gottes gelangen – der Facetten seiner Gedanken und der Wege seiner Hand. Es gibt mehr von ihm und mehr zu wissen, als wir erbitten, erdenken oder uns auch nur vorstellen können. Unermesslich viel mehr.

Schnalle deine Sauerstoffflasche um, lieber Freund. Mach dich bereit und er wird sich als treu erweisen. Bereite dich für den Tauchgang vor, sei bereit, tiefer zu gehen, und beschließe, alles zu wollen, was er hat, und noch mehr.

EPILOG

Es gibt mehr

Wie ich in Kapitel 13 erwähnt habe, genieße ich jedes Jahr einen Moment an einem bestimmten Sonntagabend im Februar, nämlich wenn wir unsere gesamte Kirche – jeden Gottesdienst, jeden Standort und jeden Campus rund um den Globus – versammeln und unsere Vision, wohin Gott uns als Familie im neuen Jahr führt, mit allen teilen. »Trommelwirbel, bitte« – das ist das Gefühl der Erwartung des Mehr für die Zukunft, das wir alle bei diesen Gelegenheiten haben.

Während ich hier sitze und dies schreibe, ist die Erinnerung noch frisch, denn es ist gerade erst zwölf Stunden her, dass wir uns an allen australischen Standorten versammelt und per Livestream mit allen verbunden haben, um unserer Kirchenfamilie von den spannenden neuen Aufgaben und Städten zu berichten, die Gott auf unsere Herzen und auf unseren Weg gelegt hat. In diesem Moment bereiten sich Hillsong Church Phoenix und Hillsong Church Los Angeles – der letzte der »Räume«, den der Visionssonntag auf seinem Weg um die Welt erreicht, auf ihre Sonntagsgottesdienste vor. Es liegen volle dreißig Stunden zwischen dem Beginn des ersten Sonntagmorgengottesdienstes in Sydney und dem Ende des letzten Sonntagabendgottesdienstes in Los Angeles.

Bobbie bezeichnet die globale Hillsong Church oft als »ein Haus mit vielen Räumen«. Sie erzählt dann die Geschichte von dem Tag, an dem der Herr dieses Bild in ihren Geist fallen ließ, nachdem sie von unserem allerersten Treffen bei Hillsong New York City weggefahren war. Unsere Gefühle für diese Stadt und die neu gegründete Gemeinde waren nicht ganz einfach, denn die Gründung in Manhattan bedeutete auch, dass wir unseren älteren Sohn an einen Traum verloren, an dem er viele Jahre lang festgehalten hatte – den Traum, sich eines Tages mit seinem Bibelschulfreund Carl Lentz zusammenzutun und eine Gemeinde in New York City zu gründen. So, wie Bobbie sich an die Vision erinnert, sah sie eine atemberaubende, weitläufige Villa mit vielen Fenstern – etwa so, wie man sich jene vorstellt, die im Himmel vorbereitet wird (siehe Joh 14,2–3) – und spürte, wie der Herr im Zusammenhang mit diesem Gebäude sagte: »Ihr habt soeben einen weiteren Raum zu diesem herrlichen Haus hinzugefügt, das im Entstehen ist. Nichts ist verloren, ihr habt nur dazugewonnen.« Der Ausdruck »ein Haus, viele Räume« kommt von dieser Vision und Offenbarung.

Als eine nun weitreichende, vielfältige und großartige globale Kirche bleibt Hillsong weiter vereint. Wir sind ein Haus, ein Herz, eine Vision und dienen einer bedürftigen Welt durch unzählige »Räume« und Gemeinden auf der ganzen Welt, aber alle unter dem Banner Jesu Christi.

Ich erzähle dir das alles, weil es mich immer wieder ungläubig den Kopf schütteln lässt und ich hier – an einem Montagmorgen in meinem Wohnzimmer – sitze und immer noch nicht fassen kann, was da stattgefunden hat. Gehen wir zurück zur gestrigen Abendversammlung, als wir unserer Kirche mitteilten, dass dieses Jahr nicht nur ein Raum, sondern drei Räume hinzukommen werden! Gerade werden Hillsong Church Portugal, Hillsong

Church San Francisco und Hillsong Church Israel von den richtigen Leuten, in den richtigen Städten, zur richtigen Zeit ins Leben gerufen. Allein beim Schreiben dieser Zeilen muss ich tief Luft holen angesichts des ungeheuren Ausmaßes der vor uns liegenden Aufgabe und auch aus Dankbarkeit für die Möglichkeiten, die sich uns eröffnen: eine weitere Hillsong Church an der europäischen Küste, eine in einer Stadt, die in der Entwicklung von Technologie und Innovationen weltweit führend ist, und eine im Nahen Osten! Und selbst bei all diesen Ankündigungen gab es noch so viel mehr über all die Dinge zu sagen, die der Herr unter seinem Volk und in seiner Kirche tut. Zeigt das nicht deutlich die Natur Gottes?

In einer Welt, die so schnelllebig ist und in der alles möglich zu sein scheint, überraschen dich solche Aussichten vielleicht nicht. Aber lass mich dich an das erste Kapitel dieses Buches erinnern, in dem ich dir mein siebzehnjähriges Ich vorgestellt habe: Einen schüchternen, stotternden Pastorensohn aus einer Sozialsiedlung in der kleinen Nation Neuseeland, der nichts als einen Traum in seinem Herzen hatte. Ich sage dir das alles nicht in der Hoffnung, dass du von dem, was wir erreicht haben, beeindruckt bist, sondern um dich zu ermutigen: Wenn Gott dein Weniges nimmt und seinen Segen, seine Gunst, Kraft und seine Absichten hinzufügt, sind die Ergebnisse mehr als alles, was du dir vorzustellen wagst.

Ich möchte unsere letzten gemeinsamen Augenblicke dazu nutzen, dich erneut daran zu erinnern, dass du für eine Aufgabe geboren wurdest, die größer ist als alles, was du aus eigener Kraft erreichen könntest. Dass du für Großes bestimmt bist und dass dir alle nötigen Werkzeuge zur Verfügung stehen, mit denen du dir einen Weg bahnen kannst, der mit dem Gott des Universums an deiner Seite zur Fruchtbarkeit führt – mit einem Gott, der keine Angst vor unserem Chaos hat, der sich freut, wenn wir froh sind, und sich zu uns hinunterbeugt, wenn wir schwach sind. Er ist immer bei uns und mehr als in der Lage, nicht nur alles neu zu machen, sondern auch aus dem Nichts etwas zu erschaffen. Er ist die Art von Gott, der allen Widrigkeiten trotzt und alle Hebel in Bewegung setzt, um es dir zu ermöglichen, dein Potenzial auszuschöpfen und ein Leben der Fülle zu entdecken, sowohl jetzt als auch für immer. Alles, was er dazu von dir braucht, sind dein Herz, deine Bereitschaft und deine Entschlossenheit in der Sache.

Das Reich Gottes rückt auf der Erde in beispielloser Weise vor, und ich weiß nicht, wie es dir geht, aber ich will Teil der Armee sein, die sich erhebt und den Nationen verkündet, dass es noch so viel mehr im Leben gibt als das, was wir bereits gesehen haben.

Ganz gleich, was du erlebt hast oder gerade erlebst, ich möchte dir Folgendes sagen:

Jenseits dieses Triumphes wartet das *Mehr* auf dich.

Jenseits des Misserfolgs wartet das *Mehr* auf dich.

Jenseits dieser Krankheit wartet das *Mehr* auf dich.

Jenseits des Berges vor dir wartet das *Mehr* auf dich.

Jenseits dieses Kummers wartet das *Mehr* auf dich.

Jenseits dieses irdischen Lebens wartet noch so viel *mehr* auf dich.

Epheser 3 ist nicht irgendeine unbedeutende Stelle, versteckt in einem großen heiligen Text. Wir wissen, dass jedes Wort der Bibel göttlich inspiriert und mit Wahrheit und Kraft durchdrungen ist und uns zur Erbauung und als Hilfe dient – sie ist ein Geschenk, das Gott uns anvertraut hat und das wir nicht nur auspacken, sondern auch nutzen und ausleben sollen. Die Verheißung, die in diesem Kapitel eingebettet ist, lässt mich meine Augen jeden Tag ein Stück höher heben, lässt mich größer träumen und tiefer in die unendlichen Weiten und Größen desjenigen eintauchen, der mich gerettet und befreit hat:

Gottes Liebe ist kometenhaft,
seine Loyalität astronomisch,
seine Bestimmung ist gigantisch,
seine Urteilssprüche gewaltig.
Doch in seiner Größe
geht nichts verloren;
Kein Mann, keine Maus,
schlüpft durch die Maschen. – Psalm 36,5–6 MSG

Nichts geht verloren. Wenn du dich unsicher oder unruhig, verloren oder übersehen fühlst, weil du das vergessen hast, dann lass mich derjenige sein, der dich erinnert. Er sieht dich. Er kennt dich (besser, als du dich selbst kennen könntest), und er wartet mit offenen Armen und hält alles für dich bereit, was du brauchst. Am Anfang dieses Buches habe ich den englischen Waisenjungen Oliver Twist zitiert, der verzweifelt war und sich einfach nach ein bisschen mehr sehnte. Lass mich dir versichern, dass du kein Waisenkind mehr bist, sondern zur Familie Gottes gehörst und Miterbe eines ewigen Throns und eines Erbes bist, das Zeit und Raum überdauern wird. Dein Erbteil ist weitaus größer als alles, was du erdenken, erbitten oder dir vorstellen kannst.

Es gäbe noch so viel mehr zu sagen. Ich kann dir gar nicht alles erklären und beschreiben, was vor dir liegt, oder ergründen, was Gott geplant hat. Dieses Buch kann das unendliche Wesen seiner Person nicht annähernd ergründen. Aber eines weiß ich gewiss: Ich werde ihm mein ganzes Leben lang dienen. Ich werde mein Bestes geben, um das zu bauen, was er liebt: seine Gemeinde. Ich werde an jedem Tag meines Lebens sein Angesicht suchen und mich für seine Führung und seine Verheißungen öffnen. Ich bete, dass auch du das tun wirst.

Also, hier kommt die Herausforderung. Lebe erwartungsvoll. Tauche in Gottes Verheißungen ein und geh den Weg des Gehorsams gegenüber Christus mit weit geöffneten Augen für alle Facetten seiner Treue. Schaffe für andere *mehr* Platz, gibt Gott *mehr* Raum und erlebe dann, wie er *mehr* deiner Träume zum Leben erweckt – die, für die du zu beten gewagt hast, und auch die anderen.

Danke für das Vorrecht, während der Zeit, in der du dieses Buch gelesen hast, in dein Leben hineinsprechen zu dürfen. Ich bete, dass du dich beim Umblättern der letzten Seite dieses letzten Kapitels ermutigt und siegreich fühlst – dass du dir der tiefen Liebe Gottes zu dir künftig besser bewusst bist und begreifst, dass das Leben mit Christus ein Abenteuer ist. Darin liegt ein unermessliches Potenzial – Pläne und Ziele, die über deine kühnsten Träume hinausgehen. Lass das auf dich wirken und erlaube mir als jemand, der das Mehr von Gott erlebt hat und von dem gewaltigen Ausmaß seiner Verheißungen und seiner Treue immer wieder umgehauen wird, diese Worte als Gebet und Segnung über dich zu sprechen:

Dem aber, der gemäß der Macht, die in uns wirkt, unendlich viel mehr tun kann, als wir erbitten oder erdenken, ihm sei die Herrlichkeit in der Kirche und in Christus Jesus bis in alle Generationen für ewige Zeiten. Amen.

DANKSAGUNGEN

Ich habe sehr viel Herzblut in *Leben. Lieben. Leiten.* gesteckt und genauso auch in dieses Buch, *Es gibt mehr.* Aber ich möchte besonders Karalee Fielding erwähnen, eine wunderbare junge Ehefrau und Mutter, die für diese Projekte ebenso viel Leidenschaft empfindet wie ich und mich auf jedem Schritt des Entstehungsprozesses begleitet hat. Obwohl sie schwanger war und eine Zeit schwerer Morgenübelkeit durchlebte, während wir dieses Buch schrieben, und nebenher auch noch ihre und meine internationalen Reisen koordiniert hat, schaffte sie es, den Prozess am Laufen zu halten und die ganze Zeit über alle Fristen einzuhalten. Ben Fielding (danke für deine Geduld) und Karalee, ihr seid solche Geschenke für Bobbie und mich.

QUELLENNACHWEISE

1. Charles Dickens, *Oliver Twist* in »Gesammelte Werke«, sechs Bände, Frankfurt am Main: Zweitausendeins Verlag, 2003.

2. *Oxford Living Dictionaries*, s. v. »abundance«, https://en.oxforddictionaries.com/definition/abundance.

3. Text und Musik von Joel Houston, Dylan Thomas und Michael Guy Chislett, »Touch the Sky«, *Empires*, copyright © 2015 Hillsong Music Publishing. Übersetzung: Ellen Röwer & Martin Bruch. Mit freundlicher Genehmigung.

4. David Brooks, »Lost in the Crowd«, *New York Times*, 15. Dezember 2008, www.nytimes.com/2008/12/16/opinion/16brooks.html.

5. Lemony Snicket und Brett Helquist, *The Slippery Slope*, A Series of Unfortunate Events, Book 10 (New York: HarperCollins, 2003), S. 21.

6. Anthony Burke, »A Danish Architect, an Australian Icon: The History of the Sydney Opera House«, ABC, 21. Oktober 2013, www.abc.net.au/news/2013-10-21/anthony-burke-on-sydney-opera-house-history/5034028.

7. Frank Gehry, zitiert in Eric Ellis, »Utzon Breaks His Silence«, *Sydney Morning Herald*, 16. September 2014, www.smh.com.au/good-weekend/gw-classics/utzon-breaks-his-silence-20140904-10c93e.html.

8. Corrie ten Boom, *Jesus Is Victor* (Old Tappan, NJ: Revell, 1985), S. 183.

9. C. S. Lewis, *Dienstanweisung für einen Unterteufel*, Freiburg: Herder-Bücherei, Bd .19, 1959, S. 69–70. Dt. Übers. von H. Doebeli.

10. David W. Dunlap, »Life on Mars? You Read It Here First«, *New York Times*, 1. Oktober 2015, www.nytimes.com/2015/09/30/insider/life-on-mars-you-read-it-here-first.html?_r=1.

11. Jon Greenberg, »The Man Behind the Legend«, *ESPN*, 12. September 2009, www.espn.com/chicago/columns/story?columnist=greenberg_jon&id=4468210.

12. Winston Churchill, zitiert in John M. Martin, »Winston Churchill's Cold War«, Library of Congress Information Bulletin 62, Nr. 1 (Januar 2003), www.loc.gov/loc/lcib/0301/churchill.html.

13. David Wenham, Rezension von Tom Wrights »Justification: God's Plan and Paul's Vision«, *Evangelical Quarterly* 82, Nr. 3 (Juli 2010), S. 258–266.

14. Max Lucado, *Book of Ephesians: Where You Belong*, Life Lessons Series (Nashville: Thomas Nelson, 2006), S. 59.

ÜBER DEN AUTOR

Brian Houston, internationaler Bestsellerautor, ist Gründer und globaler Senior-Pastor von *Hillsong Church*, einer Gemeindefamilie mit mehr als 100.000 Gottesdienstbesuchern jede Woche. Pastor Brian wird von vielen als eine führende Stimme bei der Gestaltung zeitgemäßer Führungswerte und Gemeindekultur geachtet und ist für seine mutigen Neuerungen und seine Leidenschaft für die lokale Kirche hoch angesehen.

Brians ansteckende Liebe zu Menschen und sein aufbauender Führungsstil erreichen durch seine Sendung *Brian Houston TV* wöchentlich Millionen von Menschen und lassen Zehntausende zu den jährlichen Hillsong-Konferenzen in Sydney, London und den USA strömen. Er ist außerdem Vorsitzender des *Hillsong Channel* (ein 2016 gestarteter Fernsehsender), Vorsitzender des Hillsong-College und leitender Produzent zahlreicher Gold- und Platin-Alben des Hillsong-Worship-Teams.

Brian und seine Frau Bobbie haben drei erwachsene Kinder und wohnen in Sydney, Australien, sowie in Orange County, Kalifornien, USA.

Weitere inspirierende Bücher
findest du unter:
www.gracetoday.de